本书得到苏州大学人文社会科学学术专著出版资助

本书为江苏高校哲学社会科学研究重大项目"包容性视角下江苏推进长三角公共服务一体化高质量发展的协同性与优化策略研究"（2021SJZDA040）、江苏省社会科学基金青年课题"江苏社区公共服务多元供给的合作机制及优化研究"（21SHC012）的阶段性成果

朱志伟 著

社区基金会资源动员的行动过程研究

Research on the Action Process
of Resource Mobilization
of Community Foundation

社会科学文献出版社
SOCIAL SCIENCES ACADEMIC PRESS (CHINA)

代 序

进入新发展阶段,社区基金会越来越受到国家的重视与认可。2021年7月,《中共中央、国务院关于加强基层治理体系和治理能力现代化建设的意见》指出,要发展公益慈善事业,"创新社区与社会组织、社会工作者、社区志愿者、社会慈善资源的联动机制,支持建立乡镇(街道)购买社会工作服务机制和设立社区基金会等协作载体",社区基金会被纳入"五社联动"的支持范畴之内。2022年初,《国务院办公厅关于印发"十四五"城乡社区服务体系建设规划的通知》也明确提出"鼓励通过慈善捐赠等方式,引导社会资金投向城乡社区治理领域"。但从社区基金会在我国的发展来看,最早的以"社区"命名的社区基金会成立于2009年,社区基金会整体上呈现起步晚、发展快的特点。社区基金会作为一种新的组织形态,近年来也受到了国内学术界的广泛关注。志伟的这本《社区基金会资源动员的行动过程研究》是比较有代表性的一本专著。这本专著是志伟在他的博士学位论文基础上修改而来的。我作为他的博士生导师,目睹了他在攻读博士学位期间为了完成博士学位论文所做出的努力,扎实的实地调研为他这本专著最终的出版奠定了良好的基础。这本专著在当下出版可以说是恰逢其时,既回应了社区基金会的理论创新需求,也可以为社区基金会发展提供指导。综观这本著作,主要有三个特点。

第一,这本专著立足于社区基金会资源动员行动过程研究,很好地回应了当下社区基金会筹资难的问题。目前,社区基金会在发展过程中普遍存在筹资难的问题。以上海为例,上海的社区基金会数量到2022年10月底有88家,占全国总量(238家)的1/3以上,已经成为上海创新社会治理、加强基层建设的重要力量,在利用社会资源、回应民众需求、解决社区问题、推动社区治理高质量发展中发挥着积极作用。但也应看到,社区基金会因发展同质化现象严重、缺少专业人员、独立性差等,在资源筹集方面面临很多问题,这极大地限制了社区基金会优势的发挥,不利于其进一步拓展服务网络，回应社区问题。这也是社区基金会创新发展亟须解决的问题。

这本专著的结构安排合理，章节间的逻辑关系比较清晰。书中认为社区基金会资源动员经历了吸引、竞争、分化、整合的基本过程，有着社会信任与价值共识、互惠协作与偏利共生、求同存异与张力弥合、网络重塑与制度生产的实践形态。各个章节的内容衔接清楚，既可以很好地呈现不同阶段社区基金会资源动员策略的不同，也可以让读者从整体上把握社区基金会资源动员的结构过程与网络关系。

这本专著调研扎实，调研资料比较丰富，不仅有很多一手资料，而且有相关的数据支撑，为观点的提出提供了丰富的佐证材料，研究结论具有较好的代表性，既可以为社区基金会筹集资源提供很好的理论支持与实践指引，也在很大程度上回应了基金会在发展中的一些难题。

范　斌

华东理工大学教授、博士生导师，

上海市社会工作者协会会长

序　言
第三次分配需要社区基金会有新作为

志伟是我指导的博士后。在他做博士后期间，我们共同做了很多有关社区基金会与慈善公益方面的项目，《社区基金会资源动员的行动过程研究》是他在博士学位论文基础上修改而成的专著。他请我写个序，谈谈我的感受。

社区基金会是整个社会领域中新成长起来的重要主体。当下，政府、市场与社会部门是彼此协作、相互支持的。随着改革开放的不断深入，服务型政府的理念已经深入人心，社会主义市场经济也得到很大的发展，各类社会组织的发展速度也比较快。党的十八大以来，社会领域的改革是全方位的，进一步激发了社会的活力，而社区基金会恰好是社会改革发展的重要成果。这本著作主要以上海的社区基金会为例。我很早就主张上海要因地制宜地发展社区基金会，走在社会治理的前沿，体现出上海这座城市的包容性与创新性。2013年上海市委邀请我出席一号调研课题会议时，我就建议上海要发展社区基金会，把社区的资源全部用起来。很幸运的是，2014年底出台的上海市委一号调研课题"创新社会治理、加强基层建设"形成的"1+6"文件中明确提出要发展社区基金会。在政策文件的推动下，上海社区基金会得到了快速发展，到2016年8月，共有22家社区基金会。让我没有想到的是，志伟在前期已经对这22家社区基金会做了实地调研。这意味着该专著有很扎实的实证基础。虽然在研究中他在政府发起型、企业发起型、个人发起型的社区基金会中各选择了一个，但由于同类型社区基金会在组织运作、资源动员、制度安排等方面都有很强的相似性，它们在很大程度上反映了社区基金会的发展与资源动员情况。

社区基金会在社区治理中发挥着积极作用。社区基金会不同于其他组织，它既是社区社会组织，也是基金会，可以改变传统的社区资源的配置模式，成为开拓社区资源的新平台，是社区治理共同体的重要组成部门。

社区基金会是筹资社会资源、解决社区问题、促进公众参与、改善社区公共福利、激发社区活力最好的组织形式。2021年7月，《中共中央、国务院关于加强基层治理体系和治理能力现代化建设的意见》指出，要发展公益慈善事业，完善社会力量参与基层治理激励政策，创新社区与社会组织、社会工作者、社区志愿者、社会慈善资源的联动机制。在"五社联动"的基层治理过程中，社区基金会也是汇聚慈善资源、助力社区服务与发展的最好选择，这为社区基金会作用的有效发挥赋予了新的价值。

社区基金会推动社区公益服务体系建设。社区中存在多种形态的慈善主体，如社区基金会、慈善超市、福利彩票服务站、社区捐助站等，但这些主体之间都是割裂的，彼此之间缺少合作互动，存在功能混乱、结构失调等问题。社区基金会的兴起与发展恰好可以助推这些主体社区慈善资源的整合，将基层政府、社区社会组织、社区企业、居民都链接起来，形成一个多元参与、嵌入融合、功能互补的现代社区公益服务体系。这一点在推动第三次分配的战略格局之下显得非常重要。非常庆幸的是，这本专著在"第8章　迈向新范式：社区基金会资源动员机制建构"中及时回应了社区基金会在社区公益服务体系建设中的作用与作用路径问题。

社区基金会需要不断创新，做出有特色的东西来。虽然我国的社区基金会起步晚，但发展快，到2022年10月，全国已经有将近250家社区基金会，在全球范围内数量仅次于美国。但同时，我国社区基金会资金总量仍然相对较小，有的社区基金会发展同质化与空心化严重，个别社区基金会已经沦为"僵尸组织"。这就意味着社区基金会需要因地制宜地创新，要有各自发展的特色。未来，多元的法人结构、社会企业家理念都可应用于社区基金会，社区基金会可以不断地创新组织模式，走专业化与职业化发展之路。

这本专著与其他以社区基金会为研究对象的专著相比，具有以下几个特点。其一，研究主题更加聚焦。该专著主要以社区基金会资源动员的行动过程为主题，围绕社区基金会如何动员资源展开研究，并不是一本面面俱到的科普式的著作，具有很大的理论价值与实践价值。其二，研究体系比较合理。该专著认为社区基金会的资源动员经历了吸引、竞争、分化与整合的基本过程，并据此提出社区基金会资源动员的机制模型，各个章节安排合理，逻辑性较强。其三，研究成果有代表性。社区基金会既是社区社会组织，也是基金会，有与其他基金会相似但又不同的特征。该专著立足于社区基金会资源动员的行动过程，不仅仅呈现社区基金会资源动员的特殊过程，同时还反映出基金会资源动员的一般特征与优化路径。

　　作为《社区基金会资源动员的行动过程研究》的第一个读者，我愿意将该书推荐给所有读者。通过阅读该书可以熟悉社区基金会的发展情况，了解社会组织在国家治理、社会治理、市域治理和基层治理中所发挥的作用。共同富裕是中国特色社会主义的本质要求和战略目标，社会组织将借助第三次分配，为国家治理体系与治理能力现代化做出特有的贡献。

徐家良

上海交通大学国际与公共事务学院特聘教授、中国公益发展研究院院长

目录

第1章 导论 /1
一 研究缘起及意义 /1
二 核心概念 /7
三 研究方法 /12
四 本书结构 /14

第2章 文献综述 /16
一 社区基金会研究现状 /16
二 慈善组织资源动员的研究现状 /30
三 相关研究述评 /39

第3章 理论基础与分析框架 /43
一 资源重构与社区基金会资源的回归 /43
二 理论基础 /52
三 研究框架 /57

第4章 社会信任与价值共识：社区基金会资源动员的行动起点 /59
一 从规制到合作：社区基金会与政府部门的多层面互动 /59
二 社区基金会的主体行动与信任关系营造 /67
三 社区性回归：社区基金会共识价值的实践方向 /74

第5章 互惠协作与偏利共生：社区基金会资源动员空间的争夺 /84
一 社会化链接：社区基金会资源竞争的实践脉向 /84
二 协商一致的环境：建立组织间竞争行动的集体构架 /92
三 选择性的依赖：社区基金会的理性选择 /102

第 6 章　求同存异与张力弥合：社区基金会资源动员的主体冲突与应对 / 112
一　认同性危机：社区基金会阶段性发展的迷思 / 112
二　社区基金会与组织行动关系的局部性裂变 / 122
三　社区基金会组织关系维护的实践逻辑 / 130

第 7 章　网络重塑与制度生产：社区基金会资源动员的总体实效 / 140
一　公益网络的链接：社区基金会资源空间的扩展 / 140
二　制度的生产：资源动员何以持续有效 / 150
三　基层治理格局的形态推进与变革 / 157

第 8 章　迈向新范式：社区基金会资源动员机制建构 / 169
一　社区基金会资源环境的系统性考量 / 169
二　社区基金会资源结构的持续性塑造 / 179
三　社区基金会资源动员要素、价值的类别化链接 / 188

第 9 章　研究结论与讨论 / 201
一　研究结论 / 201
二　讨论 / 212

参考文献 / 218

后　记 / 245

第1章 导论

一 研究缘起及意义

(一) 研究缘起

自20世纪90年代初提出开展社区建设的思路和政策以来，我国的社区建设走过了30余年的历程。30多年来，城市社区管理体制改革和社区服务体系建设取得了丰富的成果，但同时仍然面临治理模式转变的困境与公共服务供给不足的难题。为强化城乡社区自治和服务功能，"十二五"规划明确提出了要积极培育社区服务性、公益性、互助性社会组织，引导各类社会组织、志愿者参与社区管理和服务，鼓励因地制宜创新社区管理和服务模式，并加快建立政府投入与社会投入相结合的经费保障机制。与此同时，各级政府也在不断加大投入，积极培育和发展社区服务性、公益性、互助性社会组织，社区社会组织成为居民参与社区建设的桥梁与公共服务供给的重要主体。但从总体上来看，社区社会组织参与社区建设的能力仍然不足，资金的支持和保障缺乏可持续性，尤其是社会投入的经费保障机制还没有真正建立起来，这导致社区社会组织的发展仍处在初级阶段，不仅数量少、规模小，而且绝大部分是在政府支持下成立的，在社区公益资源转化过程中还不能形成有效的治理机制。

在此背景下，社区基金会作为促进社区发展的新兴主体应运而生。与以往社区社会组织不同的是，它可以向社会广泛动员资源，资金来源比较广泛，并服务于本社区，有自己的资产，对外部的依附性相对较弱。从理论与实践来看，社区基金会以从事本地公益慈善活动为使命，向本地居民、企业、政府、非营利机构与其他基金会筹集资金，由社区居民组成的理事会负责管理，通过第三方非营利组织开展项目，解决社区面临的问题，并且服务于捐赠人，协助他们实现公益目标，资助的项目也主要集中在本地，是社区需求与本地资源之间联系的纽带，在提高社区居民参与程度与社区认同感、丰富社区社会资源、增进社区公共服务供给和提高居民满意度、强化社区价值等方面有积极作用。正因如此，国家也认识到社区基金会在社区建设与社区治理中的价值，并将其上升到国家政策层面。如2017年6月发布的《中共中央、国务院关于加强和完善城乡社区治理的意见》明确指出要"不断拓宽城乡社区治理资金筹集渠道，鼓励通过慈善捐赠、设立社区基金会等方式，引导社会资金投向城乡社区治理领域"；同年12月底民政部颁布的《关于大力培育发展社区社会组织的意见》（民发〔2017〕191号）也指出要"鼓励有条件的地方设立社区发展基金会，为城乡社区治理募集资金，为其他社区社会组织提供资助"。在实践层面，自2008年全国第一家专门负责培育社区社会组织的基金会成立以来，上海、深圳、南京、天津、成都等地先后成立多家社区基金会，部分城市甚至已经把发展社区基金会上升到政策规划层面。如深圳在2014年出台《深圳市社区基金会培育发展工作暂行办法》，南京于2015年发布《关于推动南京市社区型基金（会）发展的实施方案（试行）》，而上海也把社区基金会的发展写进2014年"一号课题"的成果即《关于进一步创新社会治理加强基层建设的意见》以及6个配套文件中。经过几年的发展，社区基金会不仅在数量上取得了巨大突破，而且在促进慈善发展模式转型、传播公益理念、动员社区资源、解决社区问题方面取得积极效果。

然而，实践中的社区基金会发展并不平衡，也出现了一些问题。笔者于2016年对当时上海市仅有的22家社区基金会进行了调研，有了进一步探寻社区基金会发展现状的契机。通过那次调研笔者初步认识到尽管现有的社区基金会总体数量在不断地增加，但是社区基金会发展得并不平衡，有的社区基金会发展较快，取得了较强的区域影响力，有的社区基金会发展较慢，甚至处于停滞状态，且不同社区基金会服务社区、回应服务对象需求的能力也存在差异，这在很大程度上限制了社区基金会实效价值的发挥。此后，为了进一步明确引发这些问题的原因，笔者对不同类型的社区基金会进行了跟踪调研，最终认为各个社区基金会的资源动员能力对自身的发展产生了重要影响，拥有较强资源动员能力的社区基金会发展速度较快，有较好的组织发展规划，也可以很好地回应服务对象的需求，反之则相反。因此，在很大程度上讲，资源动员不仅关系到社区基金会的生存与发展空间有多大，更是其体现组织发展优势、维护公益使命的关键所在。在此种情况下，社区基金会该如何动员资源就成为一个亟须讨论与解决的问题，值得进一步研究。在现代社会中，资源是组织或共同体生存与发展的基础，政府组织可以通过自身权威来动员资源，市场组织可以通过市场获利动员资源，而作为社会组织的社区基金会在没有政府赋权与市场盈利的情况下又该如何动员资源，资源动员的基本过程又是怎么样的？这背后隐含的是在现有体制下，以社区基金会为代表的基层社会组织该如何寻求资源支持，如何扩展发展空间的理论问题。带着此疑问，笔者在上海范围内开展了全面调研，最终决定将社区基金会资源动员的行动过程研究作为研究选题。

（二）研究意义与研究内容

1. 理论意义

以社区基金会为研究对象开展论述对于社会工作学科而言意味着什么，社会工作的价值在何处？这是笔者首先要尝试回答的问题。其一，综观现有的研究，社区基金会一方面被看作加强社会建设、壮大社区服务队伍的重要力量，有助于实现社区自治与社区共治，解决社区建设面临的困境；另一方面也被看作创新基层治理的重要主体，是具有合法的资源募捐资质的社区社会组织。无论是从哪个角度进行分析，都突出社区基金会的社区价值，而社区即是社会工作主要的研究对象，社会工作参与社区治理更多的是一种服务型治理模式（王思斌，2014），研究社区基金会资源动员的行动过程对于我们理解社区社会工作的行动系统、增强服务型治理模式适应性具有重要意义，这也是本研究最先体现出的理论意义。

其二，纳入了结构交换论与理性选择理论，将社区基金会资源动员过程分解为相互吸引阶段、竞争阶段、分化阶段及整合阶段，并对资源整合下资源动员的实效以及社区基金会资源动员机制的建构进行了论证，可以说既是对结构交换论的继承，也是对结构交换论适用范围的探讨。与纯粹的"经济人"视角下的理性交换不同的是，公益领域尽管也存在功利主义的交换行为，但是同样存在社会性的交换行为，即公益参与者的期望得到回报的参与在层次性上超越了自我本身，扩展到了社区公益、社会发展方面。此种存在与分析过程可以说是对于结构交换论的反思性补充。

其三，本研究旨在探讨以社区基金会为代表的基层社会组织何以动员资源，何以在社区场域下处理不同组织关系，是对社区自治与共治服务体系的一种完善。社区自治与共治不仅仅是一个实践性的命题，更值得从理论上做出明确与回应。自治与共治何以联动、何以有效、何以持续的问题在社区基金会资源动员的实践过程中都得到了体现，社区基金会以来源于社区、服务于社区、发展于社区的先天优势，连接着社区居民、社区组织、社区单位等行动主体，但又与社区外的主体发生互动，蕴含着吸引、竞争、分化、整合与重构的行动逻辑，是社会资源社区化转化与应用的过程，是社区自治与共治的实践化逻辑，对此进行研究对于完善社区自治与共治服务体系的理论意义较为明显。

2. 实践意义

对社区基金会行动过程进行研究的直接结果来自探讨社区基金会资源获得量的多少，主要过程在于讨论社区基金会如何获得资源，但本研究对于过程的重视程度远大于结果，特别是将对社区基金会如何处理好政府、市场与社会的关系，如何考虑到各方利益平衡性，如何合理配置资源，最终实现资源相互转换的研究融入了本书的每一个部分，这些研究进一步丰富了本书的实践意义。

本研究的第一个实践意义在于为社区基金会在发展中如何处理好政府、市场与社会的关系提供重要参考。在当下的社会环境中，社区基金会的存续与发展直接得益于社会空间的扩展，是国家进行社会经济体制机制改革的结果，能否处理好政府、市场与社会的关系直接影响到了社区基金会获得政府合法性、社会合法性与文化合法性的充分程度与发展空间的大小。社区基金会的资源动员直接涉及不同的服务主体，包括政府、企业、社会组织，协调彼此之间的关系成为基金会获得资源的关键性策略。本书所研究的社区基金会资源动员的行动过程涉及社区基金会与各主体为获取资源而开展的一系列竞争、合作、分化行为，很好地呈现了各主体间的关系形态与应对这些关系的策略，可以为社区基金会以后处理政府、市场与社会关系提供很好的参考样本。

本研究的第二个实践意义在于通过对社区基金会资源动员行动过程的研究为社区基金会如何进一步拓展公益服务资源、践行公益使命提供参考视角，为社区基金会的管理者提供一些"如何做"的操作指南，即社区基金会应该在什么时候以及以什么方式吸引资源流入与开展资源动员。资源是社区基金会赖以生存与发展的基础，如何获取公益服务资源成为本研究始终贯彻的一个主旨要点。本研究通过系列实地调研，扎根在社区基金会的实践领域，通过对社区基金会不同发展阶段的成长路径、主体间关系、环境对于组织的影响及组织对环境的应对等方面的研究，使得社区基金会获取资源的行动过程更加清晰；强调组织间吸引、竞争、冲突及资源动员综合实效的阶段性特征及行为策略，对于权威资源、信任资源、符号资源及网络资源下的人、财、物、项目等资源的调动与转化，从实践过程中把握社区基金会资源动员背后的行动逻辑，针对性地制定应对策略有着重要启示意义。

本研究的第三个实践意义在于对"五社联动"的路径探索。"三社联动"强调社区、社会组织与社会工作者间的相互联动，自提出以后经过不断的发展现已成为基层社会治理的重要议题，倡导在政府主导下，构建一种以社区为服务平台、以社会组织为服务载体、以社会工作者为服务支撑的联动格局，被看作破解社区治理困境的创新机制（田舒，2016），本身就具有很强的实践导向。当下，以社区、社会组织、社会工作者、社会慈善资源、社区志愿者为主体的"五社联动"又成为一种发展新趋势。社区基金会作为一种独特的社区服务主体，既融合了社会组织的主体特性，又为其他组织提供参与社区服务的资源支持，扩大了其他组织的资源获取空间，在一定程度上改变了政府与社会组织的互动关系，可以实现各方优势互补与职能协作，不仅拓展了社会组织的外延，而且对于实现社会慈善社区化平台建设具有积极意义，为五个主体的再次联动提供了路径选择。

3. 研究内容

社区基金会的资源动员行动既是社区基金会组织发展的行动过程，也是组织发展结果的呈现。本书对于资源动员行动过程的策略性研究远多于结果性研究，这主要是由过程在资源动员中的作用与位置决定的。因此，本书的主要研究内容如下。

其一，研究何谓资源与何谓社区基金会生存和发展的资源。资源是本研究的核心内容，但是何谓资源、何谓社区基金会的资源却很少有明确的解释。本研究拟通过梳理政治经济学、社会学以及组织管理学中具有代表性的学者对于资源的基本观点与主张，从资源的价值、结构、系统与形态四个层面提出资源分析的四维框架。其中，价值是共同体生存与发展的基础性要素，即说明资源是有价值的，可以满足某种利益诉求；结构旨在说明资源宏观的社会结构与微观结构；系统则是指资源的产生需要与环境联系起来，需要一个开放性的组织生态；形态则是说明资源是可以相互转化的，处于动态变化的过程中，并在此基础上对资源做出了全新界定。在资源的基础上，将结合社区基金会的基本特征、运作模式提出社区基金会的资源概念，以期对社区基金会资源范畴问题有更加清晰、准确的回应。

其二，研究社区基金会资源动员经历了哪些过程，具体的实践形态如何。社区基金会资源动员是一个系统性的组织过程，在研究中从社区基金会的吸引、竞争、分化与整合四个方面研究其资源动员过程，且不同过程的表现形式与应对策略存在差异。根据社区基金会的实践性运作与行为表征，笔者从如何让各主体产生捐赠行为、在竞争基础上如何争夺劝募空间、如何应对竞争中的分化与矛盾以及如何进行资源整合几个方面讨论社区基金会的资源动员过程，从纵向的时间链中探寻社区基金会资源动员的策略性规律。同时，一方面社区基金会在组织生态中通过各种行动策略来动员资源，获得其他主体的支持；另一方面社区基金会的行动也受到结构性制约，在行动的理想性效应与现实有限性之间存在张力，对此张力背后的生发逻辑的探寻也同样需要重视。

其三，研究社区基金会与不同资源主体间的组织关系。社区基金会的资源动员涉及多主体间组织关系的协调，是将分散资源集中起来的过程，从本质上讲是各资源主体基于特定的公益目的放弃资源使用权而引发的资源再分配的行为，在此过程中如何处理各资源主体间的关系成为社区基金会能否取得公益资源的关键点。在社区基金会的资源动员过程中国家、市场与社会成为资源来源的主要场域，这几个场域虽然已经被很多学者反复讨论过，但是蕴含的资源主体的特性对于把握公益资源动员的规律具有很强启示性。国家场域中的政府部门，市场场域中的企业，社会场域中的社会组织、公民甚至家庭都是重要的资源主体且彼此间因价值观念不同而存在一定的利益冲突，社区基金会如何在平衡各利益相关方利益的同时获取公益资源也是本书在资源动员过程中重点讨论的内容。

其四，研究社区基金资源动员机制该如何建构。资源是社区基金会生存与发展的基础，无论是何种类型的社区基金会都需要获得足够的资源才有能力履行公益使命、满足社区服务需求、解决特定的社区问题。但社区基金会的资源动员既是一个开放的系统，也是充满不确定性与不稳定性的过程，需要有资源动员机制的保障。因此，如何建构社区基金会资源动员机制直接关系到资源动员的整体实效，也是本书研究的重点内容。在充分理解社区基金会已有的实践形态、探寻资源动员内在规律的基础上，本研究从系统、结构与要素的角度建构出社区基金会资源动员机制，认为资源环境是社区基金会在动员资源时要予以系统性考量的，资源结构是社区基金会动员资源的持续性力量，且也要注重合法性、信任度、品牌化与关系网这些基本要素对于社区基金会资源动员的影响，这也是一种由宏观到中观、由中观到微观的分析思路，希望以此来回应社区基金会资源动员该如何持续、机制该如何建构的问题。

二 核心概念

为了进一步明确本研究的对象与内容，有必要在此对研究中的一些基本概念做出说明与解释。根据研究内容，笔者将社区基金会、资源、资源动员以及行动作为核心概念进行界定。基于社区基金会在不同的国家与地区间发展存在差异，具体概念也不同，对于社区基金会的概念界定需要从国外与国内的角度进行梳理；对于资源则因其复杂程度较高，笔者将从不同学科角度用一个章节做出详细梳理，以此明确概念，此处内容仅呈现笔者对资源进行界定的分析框架与结论，详细分析过程可以参见本书第3章部分内容；资源动员与行动的概念也在本书中得到了大量应用，与本研究主题紧密相关，为此笔者也将采取综合性的分析视角对这两个关键词在本书中具体应用时的内涵进行界定，以期可以较为准确地呈现本书相关内容。

（一）社区基金会

社区基金会作为基金会的一种类型，在其发展过程中受到了学者们的广泛关注。从国外研究来看，美国密歇根基金会委员会认为社区基金会是一个永久收集资金并将其用于特定地理区域长期发展的免税的、独立的、享有公众支持的慈善组织，该基金会通常被称为社区信托、基金或能传达捐赠基金的概念的类似名称，广泛支持所服务地理区域的慈善活动（Council of Michigan Foundations，1998：15）。在该委员会看来，社区基金会最主要的基础在于社区性，其服务于一定的区域，筹资的基础在于社区信任关系的建立。而德国学者则从社区基金会治理的角度认为社区基金会是一个受到广泛反映其服务的社区的公民委员会管辖的、在特定地理区域工作的独立慈善组织，随着时间的推移，建立了对许多捐赠人所捐赠的资金的永久性募集，为这些捐赠人提供服务，并提供赠款和进行社区领导活动，以满足其服务领域的各种短期和长期需求（Feurt，1999：23－49）。长期致力于推动社区基金会培育、促进社区基金会发展的莫特基金会从社区基金会的基本特征入手对其概念做出了描述性解释，认为社区基金会是致力于满足特定区域内的重要需求与提高生活质量的一种独立的慈善组织，可以通过其更好地识别服务需求、将运营计划与赠款相结合、筹集资金和资助民间社会、提供捐助服务、召集民间社会团体、链接机构到其他部门、提供技术援助和培训（Council of Michigan Foundations，1998：10）。美国学者 Walkenhorst 和 Command（2002：12）则从社区基金会的社区性出发，认为社区基金会是通过调动本地的服务资源，协调本地的利益相关者、解决本地区域内问题的慈善组织。此外，也有学者通过比较研究，认为美国、加拿大以及英国在一定程度上对社区基金会形成了一些共同的认识和观念，将社区基金会看作为了某一特定区域的长期发展，通过广泛的慈善活动而成立的面向捐赠人开展永久性劝募的享有免税待遇、独立性、政策支持的慈善组织（Agard et al.，1997：15）。在日本，社区基金会是指贡献于特定区域的基金会，由多个捐赠人独立出资设立，这些独立基金通常是允许捐赠人自由命名的，是一种财团法人（俞祖成，2017）。

最早将社区基金会概念引入国内的学者为资中筠，她在《散财之道——美国现代公益基金会述评》中首次向国内介绍了社区基金会的概念，认为社区基金会是由一个地区的居民为解决本地的问题而成立的非营利公益组织（资中筠，2003）。此后，王巍在首次谈到社区基金会在社区自治中的作用时认为社区基金会即是一个社区内的居民为了更加有效地处理本地区的公共事务而设立的一种带有基金会性质的非政府性的公共组织（王巍，2006），在我国的特殊语境下明确了社区基金会对于城市社区自治的积极意义。而由我国基金会中心网所编的《美国社区基金会》一书将社区基金会定义为"资助特定社区社会发展、教育、宗教等公益活动的大众支持的基金会"，并指出其资金一般从社区内多渠道筹集而来，主要来源有个人捐赠或遗赠、家庭捐赠、公司及其他机构捐赠（基金会中心网，2013）。

综合分析来看，国外研究和国内研究对于社区基金会的定义存在一定的共有特征：其一，都强调社区基金会的区域属性，认为社区基金会是基于一定的服务区域发起成立的,服务于特定的范围,其具体范围可因"社区"概念不同而存在差异;其二,强调社区基金会的目的属性,即认为社区基金会是为了解决社区问题而存在的,旨在满足特定群体的服务需求,提高其生活质量;其三,强调社区基金会的公益属性,具体表现在自身的非营利性、依靠接受社会捐赠而存在发展、享受税收优惠、在社区内开展公共服务等方面。正是这些基本属性为笔者界定社区基金会提供了很好的分析视角。同时,因社区基金会来源于国外,其在我国进行生存与发展的过程中还有一个本土化的过程,必须与我国的政策法规相结合。鉴于此,笔者在遵循社区基金会共有的基本特征的同时,参考我国《基金会管理条例》《慈善法》《上海社区基金会建设指引(试行)》《深圳市社区基金会培育发展工作暂行办法》等法律条文相关规定,将社区基金会界定为"利用自然人、法人或者其他组织捐赠的财产成立的,为解决特定的社区问题、提高社区居民生活质量与服务水平、推动社区健康发展而在社区内开展公益服务的,参与社区活动与事务,享受国家税务优惠的独立性、非营利法人"。根据这一定义,社区基金会具有三大基本特征,即服务范围的社区性、存在目的的问题性、运作方式的公益性。

(二) 资源

传统的资源理论认为,资源只有通过被占有才能被开发、使用。而社会关系理论认为,资源也可以通过关系网络来获取。而这里的"资源"一词的具体内涵是不确切的,可以说,任何通过人际行为传递的物质与符号均可以成为资源。在以信任为基础的社会交换中,布劳将资源提供者可能得到的报酬概括为四类一般性报酬形式,依次为金钱、社会赞同、尊敬和依从,而社会赞同、尊敬、依从这类非物质性要素同样可以成为一种交换资源。从一般意义上讲,资源根据不同的标准可以有不同的分类。对社区基金会来说,从形态来看,资源可以分为物质资源与非物质资源,物质资源包括资金、办公场地、组织规模、组织数量以及组织开展的服务项目等可以直接观察到的资源,非物质资源包括组织关系、组织任务、信任关系、权威关系、领导结构、支持力量、品牌符号等需要在参与过程中去连接的资源;从范围来看,资源可以分为组织内部资源与组织外部资源,内部资源涉及组织的人员配置、物资规模、财务情况、组织能力等方面,外部资源则包括政策资源、媒体资源、项目资源以及各类关系资源(与政府、市场及社会组织的关系）；从提供主体来看，资源可以分为政府、企业、慈善组织及个人等方面的资源。但是无论是从何种层面上论述，资源总是可以被创造、消费、转移、聚集、重新分配、交换甚至损耗的（Oberschall，1973：27）。

正是因为资源具有多样性与复杂性，本书对政治经济学、管理学与社会学中的资源观进行梳理后，发现无论是何种形式的资源都存在价值、结构、系统、形态上的一致性，这为重新构建资源的概念提供了很好的分析视角。根据"价值-结构-系统-形态"的分析框架，本书认为资源是个体或群体所拥有的旨在维持生存与实现发展、满足利益和服务需求的可利用、有价值的，存在于一定的环境系统与组织结构中，在社会行动的作用下可以实现形态转换的一切物质、非物质及事件，有着目标要素、场域要素与形变要素三大基本要素。其中，目标要素强调了资源的价值性，其是可以满足特定的利益需求的东西；场域要素强调了资源的结构性与系统性，是在回答资源何以存在的问题；形变要素则说明资源的基本形态是可以相互转化的，从一种形态变化到另一种形态。除此之外，资源也具有稀缺性。具体的资源界定过程可参见本书第3章部分内容。

（三）资源动员

就资源动员而言，在明确了资源的概念之后，就有必要对动员的概念做出进一步界定，以回答什么是资源动员这一问题。动员，一方面意为"通过宣传、说服而调动积极性，使个人或团体投入某项活动中去"（贺国伟，2009）；另一方面也是一个政治专用术语，通常指通过宣传、命令或通知把国家的军事力量、经济力量的全部（对应总动员）或一部分（对应局部动员）从平时状态转入战争状态，以及采取统一调度指挥、管理人力、管制物力的措施，使政治、经济、文化等活动完全服从战争需要的一整套宣传措施（刘建明，1993）。很显然本研究所采用的动员含义特指前一方面的含义，强调社区基金会积极地通过宣传、说服的方式使个人或团体投入捐赠服务活动中。资源动员特指通过一系列的行为措施将分散的社会公益资源集中起来的过程，是需要策略、专业化知识与技巧的市场化运作的过程。社区基金会的资源动员是基于基金会宗旨与目标，向政府、企业、社会大众或者大型基金会等主体募集资金、物资或者劳务的过程。在对此概念的分析与理解中，需要明确如何动员资源与动员资源的对象是谁。就前者而言，笔者拟以一种事件与过程的分析视角来看待此问题。在本研究看来，分析社区基金会的资源动员要在考虑到社区基金会基本特性的基础上将资源的类别纳入分析范围，人、财、物是社区基金会资源动员的结果，属于结果资源，而权威、信任、符号、网络既是动员手段，也是动员对象，属于过程资源，结果资源是否充分是直接由过程资源决定的。换言之，人、财、物是权威、信任、符号与网络的结果，本研究采用利用过程资源动员结果资源的分析视角。就后者而言，社区基金会的资源动员对象涉及政府、市场与社会结构中的所有主体。在现有的体制环境下，作为社会组织的社区基金会向其他主体开展资源动员的前提是获得合法性身份，在制度范围内得以成立并取得基层政府部门的支持与认可，行政力量赋予其的资源动员能力远高于其他力量，蕴含的价值预设在于后权威时代政治合法性高于其他一切合法性。在市场结构中，企业成为最主要动员对象，在其影响下，社区基金的资源动员所涉及的主体扩展到了媒体、互联网、信息技术等方面；在社会结构中，与社会组织开展合作，向大型基金会展开募捐成为资源动员的主要形式。

简言之，资源动员是通过一系列的服务措施面向特定对象将分散的资源向某一主体汇集起来的过程，是一种过程导向的选择倾向。在社区基金会的资源场域下，以人、财、物、项目为代表的物质资源体现了资源动员的结果，而非物质资源，如权威、信任、符号与网络则可以呈现资源动员的过程，结果资源在很大程度上是由过程资源决定的。

（四）行动

本书将社区基金会资源动员的行动过程作为研究主题，在此"何谓行动"对于我们理解本研究的整体内容也至关重要。行动就字面意思而言，可以拆分为"行为和动作"，特指为了达到某种目的而进行的活动，在此我们可以看出行动至少具有两种典型特征，其一是具有很强的目的性，其二是需要有行为表现或者动作表征。此外，行动还具有连续性。而本研究中的行动则特指社区基金会为了达到资源动员的目的而采取的一系列活动，具体的资源动员行动表现在两个方面：一方面，社区基金会为了动员支持组织生存与发展的资源必须开展大量的服务性工作，不仅要吸纳、培养一定数量的组织工作人员，完善组织治理结构，确保社区基金会动员资源的合法性基础与基本条件，而且要适时制订有效的资源动员服务方案，依靠自身的组织力量进行资源生产，实现自我造血；另一方面，没有任何一个组织可以在不与其他主体互动交流的前提下实现资源持续性获取，社区基金会必须与组织以外的资源主体，如政府主体、企业主体、同类组织与服务性机构进行交流互动，向不同资源主体展开一系列的劝募活动，适时制订有针对性的服务方案，在社区基金会资源需求与其他主体服务资源供给中寻找平衡点，减弱因主体利益、服务需求不同而产生的动员张力。这两方面内容可以很好地诠释社区基金会资源动员的具体行动，前者主要是指社区基金会围绕着资源动员而展开的系列内部行动，侧重于社区基金会的自我行动；后者是在开放系统的视角下讨论社区基金会向其他资源主体动员资源的情况，强调社区基金会的外部行动。此两方面内容构成了社区基金会资源动员的具体行动，也是本研究中对于行动的全面诠释。

三 研究方法

(一) 研究对象及其选取

基于上海市范围，本研究选择了 Y 社区基金会、M 社区基金会、N 社区基金会作为具体的研究对象，重点分析其资源动员的生成机制、实践逻辑与动员效果。其中，上海 Y 社区基金会由街道办事处发起成立，于 2013 年 8 月在上海市社团局注册登记，成为上海市第一家具有公募资质的社区基金会，注册资金 400 万元，全部由街道出资。上海 M 社区基金会是于 2012 年 9 月成立的地方性非公募基金会，注册资金 200 万元，属于个人出资成立，是上海第一家以"社区"命名、拥有专业心理学和社会学背景、旨在为困境人群和志愿者提供心理学专业服务、运用社区资源解决社区问题的基金会。N 社区基金会是注册于上海市浦东新区民政局的一家非公募基金会，该基金会开始筹备于 2015 年初，于当年 6 月得以正式成立，注册资金 200 万元，全部由企业筹得。

选择以上三个社区基金会主要基于以下考虑。一是从横向的空间域来看，此三个社区基金会都在上海社区基金会发展的组织生态中有着较强的影响力，代表了在上海基层建设中三类不同的社区基金会实践模式。其中，Y 社区基金会是由政府发起的社区基金会，经过持续性发展目前已成为上海最具有代表性的社区基金会之一，是政府发起型社区基金会的典型；N 社区基金会由企业发起，有着较好的公益经历，其独特的运作方式使其在企业发起型社区基金会中的发展优势较为突出；而 M 社区基金会则以个人发起型社区基金会的典型特征创造了独有的社区基金会发展模式。二是从纵向的时间链角度考虑，此三个社区基金会都经过了较长时间的发展，有着较为清晰的起步阶段、探索阶段、成熟阶段，对社会环境与组织自主性之间的关系有着较强的感知力，经历着社会结构对于组织的制约与社会组织对于结构的重塑。三是此三个社区基金会的发展模式较为成熟，建立了良好的社会关系与组织网络，从本质上讲社区基金会的资源动员即是组织基于工具理性之上有目的、有指向地使资源从分散到集中的过程，需要不同行动主体的不断互动形成组织网络，而组织发展模式是组织资源投放、组织关系融合、组织网络构建的结果。基于以上三点原因与实践调研结果，笔者最终确定上述三个社区基金会为本研究的研究对象。

（二）资料收集与分析

1. 资料收集方法

在资料收集上，基于研究需要以及已有的入场调研条件，本研究围绕社区基金会资源动员的主题展开调研，主要采用文献法、访谈法和观察法进行资料的收集。

第一，文献法是围绕研究主题与研究对象收集那些已经成文的素材与资料的一种方法。在本研究中笔者通过查阅国内外学界对社区基金会已有的相关研究成果，了解社区基金会的发展现状以及我国各级政府出台的有关基金会及社区基金会的制度规范、相关统计数据，从宏观层面把握社区基金会的资源环境。同时，收集对象也包括一些由调查对象提供的、反映组织日常运作情况的基本资料，如 M 社区基金会、Y 社区基金会及 N 社区基金会的年检报告、年终总结及年报和记录项目实施情况、主要财务收支情况的文件等。

第二，访谈法的应用主要涉及正式访谈与非正式访谈两个方面。正式访谈对象主要包括三个社区基金会的理事长、理事及部分工作人员，政府发起方代表（涉及市民政局相关人员、街道人员），企业发起方代表，居委会主任，同类社会组织成员，社区居民等人员，正式访谈 30 多人，访谈时间主要集中在半小时与一小时之间，并对其中的关键人物进行了重复性访谈，累计录音时长 40 余小时。同时，考虑到访谈对象对于录音的接受程度，笔者及其团队的成员也对相关人员做了非正式访谈，访谈后根据要点对相关内容做出文字性整理，字数接近 8 万字。从总体上讲，受访谈对象时间与具体事务影响，访谈以非正式访谈为主。

第三，在调研过程中笔者也通过观察法收集到了部分资料，主要是在进行调研时对社区基金会的参观中观察其基本的文本制度、组织架构、人员数量等。还利用参与社区基金会服务活动的机会观察政府、同类组织、社区居民对社区基金会的基本评价以及一些表达性的话语。通过观察性研究，笔者对社区基金会的总体情况经历了一个认识由浅到深、由简单性描述到整体性反思的转变。

2. 资料分析方法

第一，比较分析法。在本研究过程中，三个不同的社区基金会都处在相同的社会环境与结构中，享受相同的政策优惠，经历了从不成熟到相对成熟的过程，但是在目标群体、资源拥有量、资源网络与关系构建等方面也存在差异，需要在比较的视角下探寻社区基金会资源动员存在的规律性。

第二，举例说明法。在本研究中，存在政府发起型、企业发起型、个人发起型三类社区基金会，在实际的资源动员过程中存在同一阶段的不同性资源与不同阶段的同一性资源的区分，并且动员策略也是不尽相同的，这些差异性成为分析社区基金会资源动员过程的重要关注点。在资料分析中需要充分考虑到社区基金会的这些不同特点，它们体现在社区基金会动员资源的每一个阶段及全过程，特别是在组织策略、竞争关系、策略体系建构方面，这些都成为本书中支撑观点和探寻策略性证据的重要基础，需要对其做出举例性说明以增强本研究的代表性与科学性。

四　本书结构

本书共有九章内容。第 1 章是导论。第 2 章主要是围绕研究主题做了文献综述，以期可以较为全面、准确地把握已有研究，为笔者的研究创新做准备。第 3 章为理论基础与分析框架。尽管资源一词被广泛应用，但对究竟何谓资源、在慈善事业持续发展的当下何谓社区基金会发展的公益资源一直缺少明确的界定，在笔者看来对这一概念的界定与清晰化直接涉及本书研究内容，需要在学科差异性的视角下予以充分讨论，并在此基础上提出本研究的理论基础与分析框架。第 4 章至第 8 章为本研究的主体章节，按照本研究的分析框架与资源动员的基本过程展开分析。首先，笔者从社区基金会何以有效吸引其他主体为其提供发展资源入手，旨在回答社区基金会凭借什么可以获得其他不同资源主体的支持，使这些主体放弃资源的使用权或者所有权的问题。其次，在有限的慈善资源与无限的慈善组织需求不协调的情况下，社区基金会为了获得组织生存与发展的资源就必须融入现有的竞争环境，与其他慈善组织包括其他不同类型的基金会围绕慈善资源获取展开竞争，此竞争过程中呈现的具体化策略同样值得进一步研究。再次，社区基金会与其他慈善组织在展开资源竞争的同时因组织策略、行动逻辑、主体利益与关系不同也会产生一定的冲突，存在着冲突与分离的现象，为此社区基金会也采取了相应的组织策略予以平衡与自救，以实现慈善资源的持续性供应。最后，在社区基金会吸引其他主体参与社区基金会资源供给或者发展过程，与其他慈善组织展开资源竞争、冲突之后，社区基金会暂时获得持续性资源，凸显了其发展的实效性价值。社区基金会具有双重属性，即社区性与公益性：一方面来源于社区，服务于社区，发展于社区，具有社区社会组织的典型特征；另一方面致力于社区问题的解决与社区发展，享有政策优惠并得以公开募集资源。因此，在对其进行基本的成效衡量时需要综合考虑这两方面，并且立足于社区基金会的资源动员过程。本书从社区基金会资源动员的环境、结构与要素出发，综合宏观、中观与微观的价值考量，构建出社区基金会资源动员的基本机制，以回应社区基金会该如何动员慈善资源的问题。第 9 章为研究结论与讨论，主要是对全书的一种总结性回顾与提炼，是对研究问题的回应，并对现有慈善组织的资源动员过程进行了反思。

第 2 章 文献综述

一 社区基金会研究现状

1914年银行家 Frederick H. Goff 在克利夫兰成立世界上第一家社区基金会后,社区基金会在全球范围内得以兴起与发展,也引发了国内外学者的广泛关注与讨论。综观现有的文献,有关社区基金会的研究主要集中在以下几个方面。

(一) 社区基金会的角色定位研究

1. 基于传统发展角色演化:服务供给者的反思

社区基金会角色定位直接涉及其运作与发展的方向,是组织设置的基础性要素,在这一论题下服务供给者的角色成为众多学者讨论的热点话题。这主要受到了早期社区基金会成立与发展的影响。早期克利夫兰社区基金会的成立主要基于两个目的:首先,为慈善捐赠人提供咨询,即使捐赠人原有的捐赠目的已经过时,也要为其制订有效的慈善方案;其次,建立一种人人可以参与的慈善模式,为慈善活动提供资金分配与支持(Council of Michigan Foundations, 1998)。在此基础上形成了社区基金会运作与发展的两个传统任务:一是激励建立服务于当地当下与未来的公益资助组织,识别捐赠人捐赠需求,引导捐赠人的捐赠用途,做好捐赠人服务工作;二是动员社区主体参与社区管理与服务。可以说,开展捐赠人服务与开展社区服务已成为社区基金会兴起与发展过程中的两大基本任务。

早期的一些捐赠人去世后留下了大量用于定向捐赠的资产,但是随着社区需求的持续变化,他们原有的定向捐赠用途需要受赠机构做出科学合理调整,这也是 Goff 起初成立克利夫兰社区基金会要回应的问题之一(Council on Foundations, 1992)。就克利夫兰社区基金会而言,为了确保去世捐赠人的善款得到最佳利用，该基金会成立了公开指定的委员会，并将银行用遗赠资产投资的收益分配给了社区基金会，用于不断变化的社区服务。同时，成立后的社区基金会为了不断吸引捐赠资产，维持社区基金会的资产增长，也积极开展了大量捐赠人服务，以让捐赠人长期为其提供资金支持，特别是对于美国东部城市的一些社区基金会而言此倾向最为突出。该地区的社区基金会将开展捐赠人服务作为基金会最重要的任务，认为捐赠人服务是一种个人慈善行为、一种汇集与分配慈善资源的机制，如纽约社区信托基金会为个人捐赠人提供了有效服务的"机制"保障，以此在慈善事业的全面重组中脱颖而出（Hammack，1989）。总体而言，捐赠人服务主要是通过服务财务计划人与捐赠人建立捐赠基金，涉及服务于不同的捐赠人类型、制定相应的捐赠计划、为已有捐赠人提供附属材料和网页内容，正因如此，大部分工作人员的时间花在捐赠人关系维持上（Wang et al.，2011）。尽管大多数社区基金会是按照捐赠人服务战略开始运作基金会，但也有部分社区基金会在利用已有的资源开展服务活动，为社区内的相关主体提供服务，认为提供服务是社区基金会重要的组织战略，特别是对一些老的社区基金会而言。为了在地方治理中发挥更大的作用，让社区居民参与到社区服务过程中，就必须要从一些实践项目或服务入手，这可以创造一个让所有"兴趣个体"与"组织单位"联系起来的机会，但在此过程中不能指望那些刚成立或者还处于发展初期的基金会去建立社区联系，为社区服务提供专业知识，使自身能够在社区服务中发挥作用，因为它们会将更多的精力重点放在捐赠人服务上（Graddy and Morgan，2006）。本土化视角下的社区基金会也对社区服务表现出了极大的热情，研究认为，社区基金会在微观层面可以有效提供社区公共服务，激发社区发展的活力；在中观层面有助于转变基层政府职能，优化基层社区自治标准；在宏观层面也可以促进社会共治与自治发展（原珂等，2016）。从本质上讲，社区基金会提供社区服务是一种资源再分配的方式，通过社区服务达到提升社区普通民众生活质量的目的，也是社会财富的第三次分配，成为福利国家主义向多元主义转化的有效方式，是社会保障社区化的重要载体，可以弥补政府福利供给的缺口（李莉，2007），与养老保障的公共性相符，为我国养老保障制度的改革提供主体力量（宋娟，2011）。总体而言，无论是更重视捐赠人服务的社区基金会，还是那些着重开展社区服务的社区基金会，都是在围绕捐赠人的利益与社区的需求开展相关服务工作，致力于服务供给与服务需求的匹配，并且重视发展和维护与捐赠人和社区的关系。

2. 组织"中间身份"认同：资源链接者的价值

社区基金会成长于社区，对社区的熟悉程度与组织优势已经被多数个体与组织所认可，它连接着社区、社会服务机构和捐赠人，通过在不同时期建立起的合作机制可以促进彼此之间的联系。社区基金会通过多样化的资源为捐赠人创造了一个可以连接社区发展的空间，支持私人部门的发展，为不同社会组织提供参与政策决策平台，是一个中介组织（Malombe，2000）。在美国，本地化的基金会资源，特别是在捐款和其他活动的选择方面，巩固了社区基金会作为"权力中介商"的作用，从而形塑了特定地区的社区发展（Martin，2004）。目前，社区基金会的资金规模相对于法定的彩票公益金来说还是比较小的，社区基金会的资金是以自愿捐赠和社区组织的形式存在的。但是人们普遍认为行业内的资金竞争已经非常激烈，为了寻求资金支持，一些群体的活动将由捐赠人的利益和要求决定，需要有跨主体的互动，这是社区基金会首先要面对的（Taylor and Warburton，2003）。

在实际发展中，社区基金会接受各类资源捐赠，帮助捐赠人识别服务与需求，为有发展需求的组织提供资助，也可以代表捐赠人甚至与基金会一起参与一系列的能力建设。它还可以为社会组织提供资源支持，与它们展开密切合作，随时了解该地区的需求，充分利用当地的知识和经验将捐赠人与非营利组织联系起来，然后将这些信息提供给寻找捐赠需求的捐赠人。在这些合作过程中，社区基金会的员工在吸纳捐赠人和与非营利组织合作上花费的时间差不多，从而减少了捐赠人的信息和监督成本，为非营利组织提供了更广泛的捐赠人基础，实现了其通过网络重塑影响社区发展的目的（Graddy and Morgan，2006）。也有研究者认为社区基金会可以为社区组织的生存与发展提供重要资源支持，它们有共同的目标，可以调动社区资源，解决社区问题，促进"社区治理机制"的形成并发挥积极作用（Carman，2001）。社区基金会利用自身的身份优势在参与政策制定上作为中间召集人，可以把相互分离的私人部门与公共部门召集起来参与到政策对话过程中，建立可以解决社区问题的行动框架，并向当地机构提供技术援助、为其他基金会提供资源库、制定奖学金计划和低息贷款计划（Council of Michigan Foundations，1998）。鉴于此，我国学者在对美国社区基金会与地方联合劝募基金会进行对比后认为我国社区基金会应该定位在

"本土化社区公益的支持型组织"上，构建适应我国实际情况的社区公益的支持体系，在资金募集、使用与培育上可动用联合劝募的组织化策略（徐宇珊，2017）。此外，社会资本建设成为学者们关注社区基金会资源链接者角色的又一方向，有学者认为其在缓解社会弱势群体生存困境、增强福利性的同时，对于化解社区不稳定因素、促进社会整合有积极作用（王建军、叶金莲，2006），提倡社区基金会通过资助支持社会资本项目、鼓励社会资本建设者、针对社区居民开展能力建设、围绕社区发展议题筹集社会资本、成立问题解决小组、建立致力于建设社会资本的新组织、开展社区倡议活动，为其他组织或个人提供桥梁、倡导亲社会态度和行为、促进社会资本政策的出台（Easterling，2008）。同时，社区基金会要注意社区资本建设过程也会受到社区历史、人口结构、宗教、文化等其他结构因素的影响，需要积极支持变革，重点从社会信任、社会网络链接、非正式的社会网络、公民参与、组织的活跃度等方面检视社区基金会的资本分布与资源开发，注意社区的教育水平、种族同质性、住房所有权、宗教信仰对社区资本建设的影响（Graddy and Wang，2009）。同时，社区基金会的资源链接者角色作用的发挥也需要一个过程，对于社区基金会发展不成熟的发展中国家而言，大部分社区基金会扮演着"准资源平台"或者"有限资源平台"的角色，随着资源平台功能的不断发挥，社区基金会才能真正担负起资源链接者的责任（田蓉，2017）。周如南等（2017）在对政府发起型社区基金会、企业发起型社区基金会与居民发起型社区基金会进行对比分析后认为，尽管社区基金会在支持社区发展、培育社区慈善事业与促进公民参与中做了很多努力，但是仍面临治理结构不完善、组织能力低下的问题，特别是在人才培养与资产管理能力方面需要做出进一步提升，也要提高在社区的认知度。

3. 变革下何以可为的探寻：社区领导者的兴起

20世纪福利国家改革后，社会组织得以广泛兴起并发展，社区基金会的发展环境发生了巨大变化，已经不能像传统定位的那些社区基金会一样主要致力于吸引捐赠人、设立捐赠基金和服务于捐赠人，社区基金会必须做出积极主动的改变，承担起社区领导者的角色，提升在组织生态中的竞争力，此角色的兴起可以说是环境对组织产生影响而组织反作用于环境的结果。有学者指出，社区基金会如果不对如何更深地融入社区慈善组织网络进行深入思考，自身就不能得到新的发展，如此一来，它们就要浪费时间和精力进行没有必要的或重复的努力，或者从外部引入新工具或新产品，承担失去服务效率与效果的风险（Bernholz et al.，2005）。在领导者角色兴起缘由上也有学者提出了不同的看法，指出对美国的部分大型社区基金会而言，领导关系的建立是美国外交政策的一部分，目的在于软化全球化的尖锐棱角，以营造良好的美国舆论，对推动舆论转向主张自由主义的国际主义和强大的国家政府有积极意义（Parmar，2015）。

对于社区基金会领导关系何以可为的问题，美国基金会委员会（Council on Foundations）认为当社区基金会作为一种催化力量，通过解决社区最关键或持续的问题、团结人员与机构、链接资源并产生较好的社会影响，为人类创造更美好的未来时，它就开始变为领导者（Maker，2008）。有学者则认为，为了回应面临的挑战，就必须确立社区基金会独一无二的位置和社区领导力，发展和增强其领导力，进行必要的体制调整，促进基金会发生积极变化，可以在提出社区发展想法和信息、培育战略联系、扩大用于改变的资源来源、利用系统变化和促进绩效五个方面进行转变，基金会内部也要通过澄清使命和战略、调整组织、建立领导委员会的方式做好准备（Hamilton et al.，2004）。当新兴的面向贷款的社会投资机构可能越来越多地吸引潜在的社区基金会捐赠人时，社区基金会需要通过社区领导与服务，引导社区捐赠走向地方主义（Jung et al.，2013）。此外，一些大型基金会也开始注重对社区基金会领导力的培养，有学者认为正如责任归属于联邦政府的州和地方行政机关一样，国家基金会开始鼓励社区基金会在地方一级担任领导职务，他们认为社区基金会能更好地了解当地的需求和庞大的社会网络，这些网络可能对应对社区发展面临的许多挑战产生更大的影响（Mayer，1994）。其中，莫特基金会是最早致力于社区基金会支持的大型基金会，在它看来，社区领导关系的培育需要关注更多公众和政治问题，召集各利益相关方共同制订新的解决方案，创建一个关注当地重要问题的新组织，开发、测试和传播创新的程序模型，倡导改变公共政策和社会规范，鼓励人们和组织采取新的做法，建立个人、组织和社区资产（National Committee for Responsive Philanthropy，1994）。为了建立自己的社区领导力，社区基金会需要平衡领先变革与促进变革两种相互竞争的领导方式，第一步是创建一个"服务点"，这个点足以促使社区居民和组织主动参与，改变现状；第二步是支持制订战略分析和协作解决问题方案；第三步是确保这些解决方案可被应用到实践中（Easterling，2011）。

尽管现有的文献在社区基金会的领导关系方面做出了大量的研究，但是缺少理论的连贯性与整合以及经验基础。鉴于此，Mabey 和 Freeman（2010）尝试构建关于地方领导的话语框架，提出了从对话、建构主义、批判到功能主义的分析视角。其中对话视角是拒绝将地方领导关系看作单一、客观和静态的，认为传统意义上的领导是不存在的，应该将研究重点放在领导的行为上；建构主义方法也主张把地方领导行为看作跨合作者网络、分散且相互依存的一套集体活动，致力于共同创造和共享未来；在批判视角下，领导关系是共同的或分散的需要引导不同的声音走向由社会正义原则支配的协作行动；而功能主义者主张地方领导是采取一种机械的、基于技能的方法围绕成功的社区领导所需的能力和实践形成的行为。有学者在认同以上分类的基础上认为这些范畴之间的界限比较模糊，认为当把一个范畴从一个范畴移到另一个范畴时它们彼此之间可以相互转化。也就是说，一个倾向于"对话"的地方领导和"区域"的社区基金会可能包含更具体的范畴，受地方领导与区域观念的影响，社区基金会的领导关系具有功能主义、批判、建构主义、对话视角的基本特征，其中在功能主义视角下社区基金会需要建立捐赠资金，为捐赠人服务，强化资本建设与地方性；在批判视角下需要促进慈善服务新形式产生；在建构主义视角下需要促进社会公正，重新定义服务区域与范围（Jung et al.，2013）。然而，社区领导的倡导也遇到了一些问题，风险规避是最重要的障碍之一，许多社区基金会对放弃传统的管理角色和参与这种不确定的社区变革感到不安。传统的社区基金会主要围绕捐赠关系、投资、捐赠人服务与管理者开展工作，在召集、倡导和能力建设等方面几乎没有任何责任。为了确保实施有效的社区领导工作，社区基金会需要雇用额外的员工。即使社区基金会想扮演社区领导者的角色，也可能面临没有员工和组织结构来支持新的角色的扮演的情况，也许最令人头疼的是首席执行官可能没有做这项工作所需要的技能，特别是他在较早时期就被聘用的时候（Ballard，2007）。

但是对于社区基金会的角色该如何扮演还存在争议，有学者认为基金会的角色应该由基金会成立时的核心事务和使命决定，分析社区基金会成立的特定背景和需求，而不是预设基金会的角色，提前界定角色容易使社区基金会服务"脱轨"（Carman，2001）。与之相似的是 Agard（1992）通过对美国基金会委员会的 89 家社区基金会的研究发现，社区基金会的具体特征与角色会随着基金会的成立时间与规模发生变化，特别是社区基金会管理系统、社会系统、战略系统、技术系统、捐赠人、领导关系、资金管理、捐赠人服务、资产这些方面的特征的变化都会影响到社区基金会的发展方向，社区基金会经历的稳定与混乱期都与基金会的人员安排紧密相关，而资产规划则被认为是比基金会成立时间更有影响力的预测指标。总的来说，对于社区基金会角色定位应该持一种因时因地制宜的观点，根据社区特征与组织特点进行定位。

(二) 社区基金会的主体关系研究

1. 政社如何互动：社区基金会与政府的关系

在组织关系改变的情况下，我们需要再次清醒地认识到国家与社区基金会的关系如何。有学者认为社区基金会的兴起限制了国家力量的扩展，改变了社会的结构与市民社会的生态关系，市民社会理念得到了很大的发展，开始认识到有意义的、长期的持续性发展需要社区基金会的全面参与（Malombe，2000）。国家为社区基金会创造了发展条件。1969年，美国颁布了《税收改革法案》，该法案为社区基金会及其捐赠人提供了最佳的税收优惠，此后社区基金会的数量与资产获得了很大增长。此后，随着里根、布什和克林顿政府呼吁志愿服务和国家基金会的支持，第三代社区基金会在20世纪末成为发展最快的慈善事业组成部分之一（Lowe，2004）。此时，国家为社区基金会的发展创造了环境，促进了社区基金会的发展，赋予社区基金会合法性基础与组织身份。例如，Frumkin（1997）认为社区基金会的合法性地位主要体现在两个方面。第一，基金会章程，这是社区基金会制定满足国家法律要求的基础性文本。第二，另外提交的两份材料：一是证明该基金会属于美国税法改革后501（c）（3）条款中的免税组织，可以不缴纳联邦所得税，捐赠人的所有捐款也可以抵税的材料；二是社区基金会提交的证明基金会是公共慈善性质的而不是私人性质的的材料。正因如此，社区基金会得到了较好发展，它在地方主义发展方面发挥了关键作用，被认为是重新平衡国家与民间社会关系和二者互动的核心（Walkenhorst，2008）。但在我国，因社区基金会属于新生事物，制度发展并不是很完善，对其商业活动的规制性较强，需要降低社区基金会的准入门槛，加强过程监管（崔开云，2015）。吴磊（2017）在通过应用"合法性-有效性"的分析框架研究了上海与深圳的社区基金会案例后也得出了类似的结论，认为要解决社区基金会的合法性缺失与有效性流失的问题必须从营造良好的制度环境入手，明确社区基金会的性质与地位，不仅国家层面的政策要注重对社区基金会的规范化指导、扶持与培育，而且地方各级政府也要根据各地情况开展具体政策变革。

政府的支持成为社区基金会得以发展的重要基础，但受地方主义与组织发展程度影响，社区基金会也有依附于国家的一面。在英国，因撒切尔政府实施积极的改革政策，削减对地方当局的经费资助，很多志愿组织和社区组织也不能享受国家资助，而是基于合同提供服务，社区基金会的合同资金被视为政府资助的替代资金。此后，政府联合慈善互助基金会为社区基金会的建立提供种子基金，于20世纪80年代先后建立了6家社区基金会，这些社区基金会都有很强的政府性（Daly, 2008）。也有学者采用访谈法对英国社区基金会进行调研后发现，英格兰的社区基金会非常依赖政府资金，与政府签订了服务协议，从而在社区捐赠方面缺少独立性，社区领导关系也受到了影响（Jung et al., 2013）。即使在美国，法官也可能有权任命社区基金会董事会成员，社区基金会通过与政府机构建立公私合作伙伴关系来解决当地的问题（Sacks, 2000）。在日本，政府在扮演"制度供给者"的角色时，也为社区基金会提供捐赠原始基金（俞祖成，2017）。有学者甚至认为社区基金会的发展基金主要来自国家基金会、大型公司和联邦政府的资助项目，社区基金会要作为国家资助者的"眼睛和耳朵"，否则将无法在当地评估中获得小额资助（Council of Michigan Foundations, 1998），这种围绕着社区基金会形成的组织关系恰好成为社区基金会强化公共政策话语权的重要方面（Pugalis, 2011）。在我国的社区基金会实践中，政府作为社区基金会最大的支持者，不仅为社区基金会的发展提供资金援助，也通过理事、监事身份嵌入社区基金会与社区基金会共同决策。社区基金会有被行政化的倾向，这种现象也引起了学者的关注。如徐家良、刘春帅（2006）认为目前政府主导型社区基金会普遍存在着资产筹资可持续性较低、理事成员代表性不足、专职人员缺少、独立自主性差与社区居民参与的积极性不高等问题。

2. 组织关系如何：与社会组织关系的探讨

社区基金会生存发展于一定的系统环境中，具有筹资本土化、管理自治化、服务社区化的组织优势（杨伟伟，2015），在与政府部门相互依赖和相互嵌入的同时也因其特有的组织优势与区域实践中的市场主体和社会组织系统有互动关系。早期克利夫兰社区基金会的成立，得益于美国克利夫兰信托公司律师兼总裁 Frederick H. Goff 的努力，一方面是出于他对以往捐赠人的慈善资金使用偏离方向这一问题的考虑，另一方面也是因为一些捐赠人留下了小额的非限定性资金，对于这些资金的银行信托管理费用昂贵，费时费力，往往需要有专业委员会对这些小额的非限定性资金进行管理。可以说，该基金会的成立是社区公共部门、私营部门与非营利部门合作的结果（Tittle，1992：34）。社区基金会的发展从睦邻的社会运动，到睦邻的组织发展，现已经融入了城市社区发展产业体系中，它已经将传统的城市机构中地方政府、企业慈善和宗教组织紧密联系在一起（Yin，1998）。

社区基金会的理（董）事会成为社区基金会开展多元合作的重要条件，理事会成员的代表性决定了社区基金会可以在多大程度上动员资源、利用资源。如有学者从组织生态学的视角探索了环境与组织因素和社区基金会发展绩效之间的关系，他们认为绩效可以被概念化为财政效率和捐款表现，董事会表现与财政效率呈正相关，组织密度增加与财政效率呈正相关，却与捐款表现呈负相关（Guo and Brown，2006）。就组织外部而言，社区基金会也可以为其他组织提供日常事务咨询与紧急拨款、进行财务代理、提供信息以及培训和技术援助，开展有组织的慈善活动为社区提供服务（Keyes et al.，1996）。社区基金会必须积极参与各种网络的开发和管理，敏锐地面向捐助人和利益相关方提供服务与良好的资源管理（Graddy and Morgan，2006）。与此同时，也有学者基于调查发现，如何更好地回应网络中线上的利益相关者越来越成为一个关系到组织发展的战略问题，要成功完成组织使命就需要认真考虑自身开展的资助服务内容、数量和主体间的互动关系，让核心利益相关者参与组织活动，回应他们的个人需求、共享信息、建立关系、教育客户、瞄准服务、收集数据以及解决组织和社区问题，更有效地利用互联网技术来提高自己的组织能力，以回应和包容的方式满足社区不断变化的需求（Saxton et al.，2007）。除此之外，社区基金会对新组织的形成和邻里运动产生了重大影响，在城市管理中扮演重要角色，是政府部门与私人部门合作、城市治理走向公私合作的重要方式，这些社区组织也可能会因为与地方政府的合作伙伴关系以及强有力的政府支持而在政治领域受到更多的关注，获得更强的合法性（Martin，2004）。在此，城市治理或社区治理成为研究社区基金会组织关系的重要感知场域，这种倾向在我国的社区基金会实践中表现得更为突出。在我国，社区基金会被赋予助力"社区行政化"改革的任务，获得强化社区居民的自治理念和为政府、市场、社区自治组织的合作提供契机的价值（王巍，2006），是重建社区治理体系、重塑社区治理格局、缓解地方治理中集体行动困境的重要革新（陈朋，2015），可以丰富社区共治主体、壮大社区发展实力，是促进社区机制创新、拓宽居民参与社区建设与发展渠道的重要平台（朱耀垠，2015）。

在社区基金会支持其他组织的同时其特有的社区价值也成为一些大型基金会与组织支持社区基金会的理由，社区基金会也成为某些主体争相合作的对象。莫特基金会是最早认识到社区基金会价值的国际基金会，它在20世纪70年代后期开始用挑战性补助金支持美国个人社区基金会，然后通过基金会理事会扩大其项目规模为技术援助项目提供支持，此后这一模式在国际上得以推广。Malombe认为，培育有效的伙伴关系是世界银行对社区基金会的工作的重要期待（Malombe，2000）。但是社区基金会也与其他组织存在一定程度上的竞争关系，这成为社区基金会组织发展转向的直接原因，具体后文再做进一步详述。

尽管这些学者对社区基金会与社会组织的互动关系提出了积极正向的看法，但是也有学者对此提出了批评，他们试图将社区基金会与社会组织区分开，认为社区基金会对社会组织的支持，特别是对一些社区服务组织的支持使得这些社会组织在平衡社会问责性与对基金会的资金问责性关系上更加困难（Roelofs，1987），提高了其他社会组织对社区基金会的依赖度，损害了其他社会组织的独立性，容易引发社会组织发展的同质性现象，降低组织活力（Stoecker，1997），这为社区基金会与其他社会组织组织关系的处理提出了警示。

3. 社区关系之争：以社区为中心还是以捐赠人为中心？

社区基金会也被看作一种新的社区发展模式，特别是在自上而下的联邦项目被当地组织的发展创新取代、政府资源被多元资源取代的情况下，社区基金会的服务目标与社区发展理念有着本质上的契合，社区基金与社区发展都自然地服务于生活在同一区域范围内的民众，致力于提供通过解决社区问题增加社区资本的服务，强调社区居民参与和团体合作（Carman，2001）。但是，今天的社区基金会正面临比以往任何时候都复杂和碎片化的社区、更加严峻的资金环境、更加激烈的竞争关系、更加强烈的公信力期待与日渐增加的社会需求（Hamilton et al.，2004），对于如何服务于社区、致力于社区发展存在着组织关系上的争议。其中社区基金会是以社区为中心还是以捐赠人为中心开展社区服务是比较典型的争议。

  以社区为中心还是以捐赠人为中心的选择直接影响到社区基金会的发展方向与社区服务，反映的是社区基金会筹集与管理资金、服务于社区的能力。社区焦点模式致力于建立可以用来解决社区常见问题的社会资本，强调要构建社区领导关系、参与社区创新活动、为那些社区弱势群体提供非限制资金，更能有效回应企业和职场领袖服务社区的需求。甚至有学者认为以社区为中心是社区基金会根本价值所在，在实际工作中表现为可以充分动员各类社区参与者，是社区基金会发展必不可少的服务导向（Reiner and Wolpert，1991）。Bernholz 等（2005）认为社区基金会要将关注重点从捐赠人转向社区，最大限度地发挥社区优势，聚焦于社区问题与服务。捐赠人焦点模式则是将社区基金会看作"扩展个人慈善的工具"（National Committee for Responsive Philanthropy，1994），该模式主要根植于纽约社区信托基金会及美国东北部一些城市的实践，强调考虑到捐赠人的慈善利益，管理捐赠人建议基金。Harrow 和 Jung（2016）就持此观点，认为要将资产建设作为重点，明确资产收支，确保捐赠人的资金得到合理利用，对当地的捐赠人负责，特别是将资产建设工作提升到了新高度，认为该理念对于实现社区建设从"输血式投入"到"造血式生产"、满足社区治理的多种现实需求具有重要意义。然而，在很多学者看来以捐赠人为中心的社区关系导向有可能进一步加剧冲突而不是帮助缓解社区面临的压力。正如 Ostrander 所言，以捐赠人为中心的慈善方式是为私人利益发声，减少了社会组织和社会团体通过影响力塑造获得资助的机会和管理资金的机会，在这方面慈善捐赠的潜在效力被削弱了（Ostrander，2007）。Martin（2004）认为以捐赠人为中心的方法在哲学和实践层面都是有问题的；在哲学层面，以捐赠人为中心的方法存在问题，因为它关注的是一个社区富裕阶层的慈善利益，很少关注全社会的共同利益；在实践层面，以捐赠人为中心的模式假设社区中有足够多的富人维持以捐赠人为中心的社区基础，但现实情况并非如此，这是对社区基金会宗旨的误读。以捐赠人为中心的社区基金会引起了更多对"慈善家长主义"的批评，因为那些控制大部分资源的人决定了社区的需求，当社区成员感到自己的需求没有得到满足时，社区基金会和居民之间的潜在冲突容易加剧（Martin，2004）。对于一些评论者来说，涉及一系列代表不同社区利益的决策角色的，特别是在财务资金分配方面的社区声音最为突出（Carman，2001），也是他们对社区基金会最核心的理解（Fulton and Blau，2005：37）。

两种服务模式的不同在很大程度上影响到了社区基金会的绩效测量维度。一般而言，遵行社区焦点模式的社区基金会绩效评价需要了解与判断其对解决社区问题的资产投入情况，而遵行捐赠人中心模式的社区基金会的绩效判断则需要评估它在获取个人捐赠资金和维护捐赠人个人慈善利益方面做出的努力。值得注意的是，随着社区基金会作用日渐凸显，也有学者认识到在实践过程中既要解决社区问题，也要兼顾捐赠人利益，要将两者结合起来。在绩效测量时要考虑到社区基金会的双重功能，不仅关注社区基金会获取与管理资源的组织效果，还要引导资源投入满足社区需求，与社区基金会的链接资源、满足需求的独特定位结合起来（Guo and Brown，2006）。

（三）社区基金会的发展范式研究

1. 统一中的差异：对社区基金会运作模式与发展模式的多元理解

社区基金会百余年的发展与成长之路不断地扩展着其组织空间，是组织发展的内生型路径与外发型嵌入的结果。社区基金会是"结构性社区慈善事业最明显的形式"，为社会公正提供了"承诺"和"潜力"，社区基金会吸引、管理和分配所得的资金来自多个（主要是当地的）不同的资源主体，且资金被用于不同的社区目的（Harrow and Jung，2016）。从本质上讲，社区基金会主要服务于慈善捐赠人、非营利组织以及社区利益相关者，通过组织服务的形式回应社区问题。一方面，这些利益相关方一方面为社区基金会的发展提供支持力量，是维护其持续性的组织力量；另一方面，主体力量的强弱不同也造成了社区基金会发展方向的不同。在我国的实践进程中形成了政府主导的运作模式、企业主导的运作模式及居民主导的运作模式（徐家良、刘春帅，2016），是一种基于社区基金会的资源依赖性的生成逻辑。就政府主导的运作模式而言，存在着基层政府出于自身需求自下而上地推动社区基金会成立的组织情形；企业型社区基金会可以说是公益营销与企业社会责任双向相互作用的产物；居民主导的社区基金会也会因其具有较强的社会性而成为发展"主流"（刘长春、李东兴，2017）。并且随着我国公益环境的不断优化，一些个人也开始成立社区基金会，只是这种社区范围比较大，没有固定的区域划分（朱志伟，2018）。

其实在社区基金会兴起与发展之初，各种组织力量尽管对于社区基金会有影响，但是并没有影响到社区基金会的发展模式。社区基金会诞生以来，其慈善活动长期以银行模式（Bank Model）存在。事实上，1914年克利夫兰社区基金会通过银行信托的管理方式从事社区慈善就已经开启了银行慈善的发展模式，此种银行模式主要用于筹集资金，为捐赠人提供金融服务、评估资产和促使捐赠成功（Kinser, 2009），社区基金会以此扮演着慈善信托人与社区需求的中间人的角色。这种模式使得社区基金会在二战后积累了较为丰富的资金，为社区基金会的发展提供资金保障。但是随着经济与社会的不断发展，其他金融公司、信托组织也可以为捐赠人提供捐赠支持服务，银行模式的发展受到了市场挑战，也因其是一种"重上游，轻下游"运作模式，一定程度上忽视了社区的多元性服务而受到了批评。此后，聚集模式得以产生，该模式的产生是社区基金会发展重心转化、走向社区多元性服务的结果，主要特征在于工作重点社区化与工作成果走向实践化。此后受其启发，有学者认为我国的社区基金会发展也可以用此模式做出说明，存在着兼具银行模式与聚集模式特征的混合模式及类聚集模式，我国社区基金会模式的选择需要从确定工作重点、明确角色任务、处理好横向的组织关系方面入手（章敏敏、夏建中，2014）。

时代变迁不断地重塑着社区基金会的发展模式，社区基金会的运作模式也在不同的特定环境下有所不同。如徐宇珊、苏群敏（2015）对社区基金会的"形"与"神"的论述；朱照南（2016）通过对比个案研究认为社区基金会从初始到成熟要经历捐赠人主导、成为财务代理人、项目主导与成为社区领导者四个不同阶段，每一个阶段的工作目标与运作模式都存在不同。可以说，社区基金会的发展具有很强的地方主义色彩，发展区域的地方性差异与组织政策的不同都可以引导社区基金会走向不同的方向。为此，社区基金会运作模式与发展模式需要放置于组织本土化的过程中理解，要在地方主义视角中把握社区基金会运作模式与发展模式中的统一性与差异性。

2. 与时俱进的促变：社区基金会发展转向性研究

目前，国家与社会的关系已经从长期的社会福利政策提供关系向新的公私伙伴关系转变，越来越多的国家和地方政府对社会服务的资助和提供负有责任，开始将注意力转移到营利性机构或非营利性组织上，这些事态发展以及20世纪80年代开始的传播革命，促进了全世界民间组织的发展，这种现象被称为"全球性的社团革命"（Salamon et al., 1999）。社区基金会是这场"全球性的社团革命"的一部分，它们是寻求国家与市民社会之间平衡的核心，战略定位是通过培育当地的慈善事业和公民参与来增强社区能力。近年来，在"全球性的社团革命"之下社区基金会为了适应不断变化的环境也开始有了新变化。

首先，社区基金会的发展经历了从以机构为中心走向合作发展之路的转变。在过去一段时期内，面对新的竞争环境，一些社区基金会强调运营效率，对机构进行了防御性保护，很多社区基金会开展了成本基础研究，构建起了一种以捐赠人为中心的基金会发展模式。这些回应和策略是至关重要的，但是正如前文所言，以捐赠人为中心的发展模式本身存在很大的弊端，受到了众多学者与实务者的批评，这一模式下也存在一个非常危险的事实，即社区基金会容易脱离社区服务与社区发展，社区基金会的慈善活动成为捐赠人个人意志的演练场域。并且随着个人流动性的增加与互联网沟通方式的变化对包括社区基金会在内的其他机构的瓦解，社区基金会不能再像以前一样保护自身的业务范围不被取代，开始出现认同危机（Carson, 2015）。随着组织环境的发展变化，现在的社区基金会已经进入应当扩展组织外服务网络的时期了，它们需要在迅速变化的社区背景下重新审视社区基金会的功能和工作影响力（Bernholz et al., 2005）。经过不断发展，社区基金会开始走向了合作发展之路，与其他主体共同解决一些社区基金会面临的问题，如通过合作手段解决一些最紧迫和长期存在的社区问题，并以此促成了永久性捐赠基金的建立，这些捐赠基金离不开当地广泛的捐赠人贡献，这些捐赠人既有富裕的，也有不富裕的，壮大了永久性捐赠基金的规模（Hall, 1989）。对于永久性捐赠是多元合作关系的产物，徐宇珊（2015）做出了进一步说明，她认为永久性捐赠理念的普及是一个循序渐进的过程，需要与捐赠人共同商议，可以采取"不动本金而花投资收益"的方法长久支持社区发展。但是，合作关系的生成是多方互动的结果，平衡社区基金会与政府、居民、社区其他社会组织、驻区单位的关系，组织内外部关系及与国内外的关系形成有机的关系体系，成为政府、市场与组织有效共治的基础性条件（徐家良，2017）。可以说，合作发展之路的转向与组织环境变化紧密相关，是市民社会发展的一个缩影，各主体共同致力组织价值的维护与社区服务的推进。

其次，社区基金会发展的组织绩效也开始从仅涉及资产管理向包含多元维度转化。组织绩效是社区基金会存在的基本价值，直接关系到组织合法性的获得。在以往的社区基金会绩效评估中资产管理情况成为其最主要的评价标准，然而，建立资产虽然是帮助社区基金会运行下去的一个重要部分，但不是衡量社区基金会存在价值的最后标准，社区基金会蕴含的民主集体决策机制，本身就对社区精神的倡导与忠实于社区服务的价值取向发挥着正向激励的作用（刘建文，2008）。这说明社区基金会的组织绩效评价标准必然不是唯一的。因此，有学者直言以社区基金会的资产管理情况作为组织绩效评价标准是对社区服务的"折损"（discounting），迫切需要加入除资产规模和筹集情况之外的其他标准，既可以是围绕关键问题在社区中召集不同的群体，协调不同的利益关系，也可以是通过赠款改变社区固有的权力关系，收集并利用公众意见（Harrow and Jung, 2016）。也有学者认为考虑到当今社区呈现的前所未有的需求，社区基金会以及那些有能力满足社区需求的组织必须加紧实现社区变革，而不是让大量毫无根据的担心阻碍捐赠人开展捐赠活动（Kania et al., 2009）。社区领导力的出现也可以说是对此转向的一种回应，特别是在 Sullivan 的论述中就可以看出此种倾向。该学者对社区领导做出了价值解释，认为社区领导是社区变革的象征，组织"话语联盟"通过强调这一点，试图在地方政府中产生"现代化"的"主导性叙述"，社区领导作为公民"发言权"的表达，有助于通过建立的伙伴关系解决交叉问题，是一种社区发展战略，利于形成契约关系，提升社区福利（Sullivan, 2007）。也有学者通过研究东亚社区基金会的社会与制度背景发现社区基金会在培养慈善文化、挖掘地方传统中发挥着作用，这也是衡量社区基金会运作绩效的中心因素（Wang et al., 2011）。可以说明的是，组织绩效的多元维度转向是一个持续性的过程，在让捐赠人感到安全、让他们感觉长期服务社区是一件有价值的事情的同时也有助于解决社区问题、优化组织的绩效评价标准。

二 慈善组织资源动员的研究现状

《中华人民共和国慈善法》（以下简称《慈善法》）规定，慈善组织是指依法成立、符合该法规定，以面向社会开展慈善活动为宗旨的非营利性组织，主要包括基金会、社会团体、社会服务机构等组织形式。同时，资源动员在不同的文本中也有不同的表达，如资源获取、资源筹集、慈善募捐等说法。在笔者看来，相关研究虽然对慈善组织资源动员的表达不尽相同，但是其内在的价值内涵却存在相通之处，在很大程度上都是在回应慈善组织如何筹集资源、如何寻求生存与发展以达到特定慈善目的的问题。就现有研究而言，具体的有关慈善组织资源动员的研究主要集中在以下几个方面。

（一）慈善组织资源动员的制度价值研究

1. 对慈善组织资源动员的正式制度的研究

制度对慈善组织的价值规训具有重要作用，具有正式制度与非正式制度之分。在正式制度方面，继1998年我国先后颁布《民办非企业单位登记管理暂行条例》与《社会团体登记管理条例》之后，2004年，《基金会管理条例》也得以实施。2005年1月1日起实施的《民间非营利组织会计制度》对各非营利组织的会计准则做出了明确规定，为非营利组织会计规范奠定了良好的法律基础。其中，基金会因其独特的组织功能与基本定位，受到了社会的广泛关注。为了确保基金会财务的公开与透明，民政部于2006年开始对各家基金会的年度报告进行网络公布，涉及基本情况、公益活动及财务会计报告等方面，对基金会的有形资产进行了披露。其中，基金会总体规模从本年度总收入、公益事业的支出总额、净资产合计方面进行说明；资金来源渠道涉及捐赠收入（包括境外捐赠收入）、投资收益、政府补助收入、限定性收入；筹资效率主要从捐赠收入、筹资费用角度进行测量；而对于基金会公益性的衡量则是用公益事业支出占上年度总收入与本年度总收入的比例（公募基金会）、公益事业支出占上年度基金余额（非公募基金会）以及工作人员工资福利和行政办公支出占总支出的比例进行说明。很大程度上基金会年检从法律层面规划出了基金会有形资源的具体特征。

在法律规范持续推进的同时，各学者也从制度的改进与建构层面对慈善组织资源动员的制度环境做出了讨论。例如，杨珊（2013）认为为了提升慈善公益组织的执行效率与透明度，在明确慈善公益组织的法律地位、保障慈善公益组织平等获取公益资源的合法性与便捷性的同时也需强化政府对慈善公益组织的监管与指导，完善规范监管的法律规则与组织的退出机制，防止出现慈善发展乱象。马立和曹锦清（2014）认为在我国基层社会组织资源不足、资源单一及受政策约束的情况下，要把社会组织对资源的依赖转化为政策工具，从直接支持性政策、间接保障性政策、规范引导性政策入手加强基层社会组织的政策支持。关信平（2014）提出虽然目前的政府购买服务在一定程度上解决了社会组织运作与单笔资金的微观效益问题，却没有很好地解决社会组织的资源持续性的问题，必须加强政府购买服务的制度建设，建构以社会组织公益性和非营利性为基础的资源保障制度。而秦晖（2007）在谈到民间组织资源与现代国家整合的问题时指出现代国家的行动逻辑是确保各种形式的自由、竞争和认同、合作都在"群己权界"的规则下运作，但是对于基层组织的出现要以平常心待之，做到"规范"国家，防止国家对于组织资源的过度侵犯。

2. 对慈善组织资源动员的非正式制度的研究

非正式制度对于组织资源的动员作用也成为不可忽视的力量，需要与资源动员的差异性紧密联系起来。例如，赵秀梅（2004）认为通过关系可以解决那些利用正式制度解决不了的问题，获得制度渠道外的资源，但是这种基于关系、人情的资源获得的应用更多地取决于社会组织领导者的个人能力及社会背景、组织自身的社会网络，具有不稳定性与不可预测性的特征。张紧跟和庄文嘉（2008）在研究草根组织运作时也提出了"非正式政治"的概念，认为草根组织在无法顺利依托正式的规章制度和程序进行运作时，就不得不利用非正式渠道获取政府的默许与认可，通过寻找代言人、结盟友、利益互换、寻找媒体支持等方式进行运作，国家与草根组织在一定程度上存在隐性的契约关系，从而拓展了组织的生存空间与行动空间。同时，在慈善组织资源动员的非正式制度的研究方面，一个既定事实是非营利组织的发展千差万别，为增强非营利组织资源保障能力，也需要各级职能部门因地制宜地探寻有利于非营利组织生存与发展的制度，考虑到区域、组织间的差异性，不同的民俗风情、区域文化，移用发达地区的组织标准则容易引发地区组织发展混乱，使其游离于法律监管之外（田晋，2017）。

总体而言，学者们对非营利组织制度环境的讨论既有整体性视角下的制度的统一规划与设计，并以此扩展到资源动员的国家行动，也有个体化视角下的差异性，聚焦于非正式制度如何发挥作用，致力于制度保障力的塑造与组织差异的回归。

（二）慈善组织资源动员的机制性研究

1. 慈善组织资源动员机制的基础性要素研究

资源动员是行动主体向其他利益相关方寻求生存支持的过程。在此过程中行动主体要进行资源动员必须拥有一些基础性要素,换言之,这些要素是行动主体实施资源动员的前提条件。在社会交换论的视野下,这些基础性要素构成了行动者的社会资本,行动者必须依靠这些资本与其他行动者展开交换。在慈善组织资源动员的行动机制中,慈善组织也必须拥有一些基础性要素以构成其资源动员的交换资本。正是认识到这些要素的重要性,众多学者对此展开了较充分的研究。如有学者认为随着我国慈善事业的持续性发展,慈善组织在动员资源时必须把握好合法性、信任度与资源网——三者之间是相互补充的,合法性是慈善资源动员的基础,信任度是慈善资源动员的服务资本,资源网是慈善资源动员的发展路径(朱力、龙永红,2012),除此之外,还要充分利用慈善资源动员的机会结构、公信力及动员技术(龙永红,2011)。在这些已有研究的基础性要素中对合法性因素需要做出进一步考量:在组织生态中政治合法性成为官办非营利组织依赖政府资源与行政力量获取体制内资源的重要身份保障,而外部制度成为组织获取体制外资源、开展特卖经营的支持性条件(李霞,2008);公民权利、民主、环境保护主义等价值,为社会广泛共享,符合权力合法性需求的意识,有助于运动团体广泛动员社会道德资源(陈映芳,2010)。与合法性价值意蕴相似的是,也有学者认为要重视政治环境和政治机会给组织资源动员带来的便利条件,主张社会组织需要与政府内的成员建立联盟关系(Tilly,1979);孙语圣和宋启芳(2013)在分析中国红十字会资源动员条件与路径时指出红十字会的合法性、优势性、公信力及法律赋权是开展资源动员的基本条件。而对于合法性论述也有学者得出了社会组织应淡化宗教色彩等基本结论(周爱萍,2017)。黄诚在探讨民间组织何以可能时指出,民间组织在服务社会、帮助他人时,要积极开展组织或项目公益意义与自愿意义的共意建构,这是资源动员的基础,同时民间组织要善用公信力开展资源动员与获取,加强组织建设,提高服务专业化与科学化水平,不断创新资源动员的策略与技术,注重资源动员中目标人群与组织的差异性(黄诚,2015)。此外,刘应响和卓彩琴(2016)在谈到残障社会工作服务资源动员时认为慈善资源的动员需要在积累信任资本、互惠资本、权威资本及人力资本的基础上重视社会网络的构建,对政治、经济、社会文化体系进行分析。此基础性要素的探讨可以说是立足于慈善组织发展本源性的回答,即是在回答慈善组织开展资源动员要具备什么样的条件。

2. 慈善组织资源动员机制的组织技术研究

组织技术直接关系到慈善组织实践策略的生成问题，对于这一问题，学者给予了较为充分的关注。第一类研究主要侧重于多类型的慈善组织资源动员策略及转型研究，特别是对官办慈善组织与民办慈善组织的慈善资源获取方式的差异性的讨论，指出两类不同性质的组织动员的策略存在差异。例如，毕素华和张萌（2015）认为官办慈善组织多属于体制内，以政府补助和国有企事业单位的捐赠为慈善资源的重要来源，与政府机构部门是行政隶属关系，享受到的体制优待较多。相比之下，民办慈善组织与政府较疏远，通常以企业游说与动员个人捐赠的方式获得捐赠，与募捐平台和媒体关系较为紧密。龙永红（2011）则认为官办慈善组织动员技术上注重行政组织的网络化动员和符号价值动员，资源动员往往是单向性的，意识形态色彩较强，不能获得广泛的社会信任，也不可能形成平等公正的慈善资源动员生态，在未来发展过程中要打破现有的体制约束，向市场化转型。随着我国慈善环境的优化与公益理念的转变，越来越多的官办慈善组织开始采用社会化的方式筹集资源，如中国青少年发展基金会在开展"希望工程"时通过商标注册和授权使用的方式，以非行政的方式建立了网络关系，放弃官方组织系统的优势，通过站在社会、面对体制，准组织化动员，采取捐赠人参与模式广泛动员各类资源（俞可平等，2002）。有的组织利用"准社会化动员"，借助体制力量，以动员社会资源为目标，采用社会化手段和具有社会倾向的方式来获取组织生存发展资源（玉苗、慈勤英，2013），对于此种通过利用国家合法性获取社会领域中资源的方式，有学者将之称为"寄居蟹的艺术"（邓宁华，2011）。同时，由于体制资源的重要性，民办慈善组织也在采取各种方式吸纳动员体制资源，建立日常实践框架，运用象征性仪式话语与符号，进行互惠交换的动员的理性选择以开展组织活动（王国伟，2010）。从长远来看，无论是官办慈善组织还是民办慈善组织，动员策略的社会化始终是未来之路，是我国资源动员与获取模式实现从总体性社会中"全能动员"向现代社会中"参与动员"的转化的结果，动员策略的多元化、虚拟化特征明显，呈现身体表演型参与、依附回报型参与、自愿响应型参与的服务形式（刘威，2010），并在实践多元主体力量与组织形态中不断变化着。

第二类研究是讨论公益慈善品牌在慈善资源动员中的作用。在慈善环境不断发展的背景下，慈善组织之间的竞争日益激烈，这种竞争在很大程度上是品牌服务的竞争，品牌作为慈善组织驱动竞争的潜在力量，在组织发展中的重要性日益突出。早前萨拉蒙（Salamon，1999）就指出慈善组织家长式的工作作风与有限的专业性已经影响到了慈善品牌的发展。国外有学者在研究了服务个体的捐赠时间、金钱数量与其他资源的捐赠动机后，以案例分析的方法比较了交换捐赠范式与利他捐赠范式下的捐赠行动，发现交换捐赠范式侧重于慈善品牌赋予的情感价值与自我效用的表达，突出了品牌服务带来的情感体验，而利他捐赠范式更加注重慈善组织项目、服务或事件与捐赠人价值观的匹配性（Lindsay and Murphy，1996）。Kylander和Stone通过研究发现，现在越来越多的慈善组织已经将组织品牌化发展提升到组织战略高度，以此作为组织的长远发展目标，它可以提升慈善组织的竞争优势，有助于良好形象的建立，也可以扩大组织的社会影响力，提升组织能力，吸引多主体关注，赢得主体信任（Kylander and Stone，2012）。这与我国学者周延风的观点存在相似之处，他认为慈善品牌服务需要被纳入组织发展的管理过程，明确组织品牌或服务品牌的定位与管理，注重品牌标识的注册与保护，加强慈善品牌公益力建设，实现品牌服务战术层面与战略层面的综合发展（周延风，2015）。此外，也有学者在分析品牌服务对象对组织发展的影响后指出品牌服务对内可以增强组织员工的归属感、提升忠诚度，对外可以培养捐赠人对于组织的信任（Hankinson，2001），基于品牌信任形成的品牌认同感可以帮助慈善组织与捐赠人进行沟通，明确捐赠人的心理服务需求，形成差异化优势（Tapp，1996）。慈善品牌的溢出效应在于可以提升各社会主体对慈善组织的信任度，帮助慈善组织更加高效地践行组织使命，而慈善品牌也已经成为一种可靠的筹资工具。

第三类研究强调了联合劝募的公益价值。一般而言，联合劝募是指通过一个专责募款的机构，有效地集结社会资源，通过专业的、高度问责的方式将资源按需分配给有实际需求的社会服务机构或组织，并代替捐赠人对慈善资源的分配支出效果进行评估，进行善款的管理，监督善款的使用情况。在部分学者看来，此种方式不仅可以公开、透明地向社会大众募集资源，合理分配资源，实现资源利用最大化（席恒，2003），而且还可以通过专业性审查问责机制，有效支持社会组织，激发社会组织互融互助（官有垣、邱连枝，2010），提升社会组织的社会公信力，树立良好的组织形象。同时，联合劝募模糊了组织间边界，有助于塑造积极伙伴关系，增进组织间的相互认知，打破社会组织发展的等级化分隔，有效化解官办慈善组织与民办慈善组织的筹款困境（毕素华、张萌，2015），具有筹集资源效率高、成本低的比较优势，代表了一种"募用分离"的慈善资源使用新形态，是我国慈善劝募的革新（李健，2016）。总的来看，联合劝募是将不同慈善组织整合起来为多主体合作创造了机会，形成慈善资源组织、分配的募捐平台，承担着连接社会捐赠人与慈善组织的中介功能，指引着社会公众与企业的捐助行为，在使公众明确捐赠资金来源去向与实际的项目操作方式的同时强化了联合劝募组织及其成员单位对捐赠人的双重责任。

3. 慈善组织资源动员机制何以可能的研究

慈善资源动员是一个持续推进的过程，需要行动者做出努力以回答动员机制何以可能的问题。在对这一问题的回应中，学者们主要从系统论与结构论两方面开展论述。就系统论方面而言，有学者认为慈善资源的开发与配置需要从慈善意愿、慈善能力、慈善体制和慈善文化等四个维度进行，构建起法律监督、行政监管、财务与审计监管、公众舆论与行业自律的善款使用机制（何立军，2015）。罗婧和虞鑫（2016）认为资源动员需要经过动员资源到动员逻辑与机制再到持续机制的发展，其中动员资源主要发挥了政策基础、媒体宣传、社会支持的作用，动员逻辑与机制是组织项目、获得资源、招募志愿者的过程，而持续机制的建立需要政策鼓励、舆论共识与社会建设的支持。卢咏（2014）认为筹款需要把握好筹款的理由、筹款引领者、可能捐赠人及筹款计划四大基石，并对常见的筹款方式、资金来源、筹款过程做出了较为详细的说明。此外，基于文化系统的共享价值也得到了讨论。有学者认为这种文化系统在公民权利、民主、环境保护主义的利用中发挥着作用，蕴含着符合权力合法性需求的意识（陈映芳，2010），在以共意动员传播价值、促进认同的同时，还需要通过行动联盟构造合作领域，促进新型网络关系的形成（谢静，2012）。这与斯诺和本福特的观点类似，他们通过研究社会运动的意识形态与话语策略在组织资源动员中的重要作用后认为，"一致的意识形态主张可以在动员者心里产生共鸣，可以得到新团体的拥护，降低资源动员的组织成本"（Snow and Benford, 1988）。就结构论方面而言，有学者认为资源动员需要协调社会的组织结构并予以优化。如罗文恩和周延风从行政化与市场化角度探讨了慈善组织劝募与救助机制的差异化路径，认为行政化模式下慈善组织主要依赖政府动员的行政化方式进行劝募，经常分级下达募捐指标，通常以直接经济救助为主，而市场化模式则通过项目创新、品牌塑造与组织公信力提升吸引社会大众捐赠，依据捐赠人特点与需求展开市场细分，为受助者提供多元化、专业性服务，需要使行政化模式向市场化模式转变（罗文恩、周延风，2010）；徐家良和侯志伟（2013）也认为我国慈善体制改革的核心在于从官办慈善组织向民办慈善组织转变，进行社会化、企业化与市场化改革，构建社会化的筹资网络与执行网络。同时，任慧颖（2005）通过分析基金会与政府的权威关系、与社会公众和企业的信任关系以及市场关系，构建出了我国第三领域的基本服务框架，指出第三领域的存在成为整合各类组织资源、实现社会结构优化的重要条件。也有学者将慈善作为一种团结机制，认为慈善的信任危机实质是团结危机，根源在于新自由主义制度下国家与民族、个人与共同体间的"双重断裂"，要克服慈善不足、资源匮乏，需要建立超越新自由主义治理逻辑的主体性、团结策略及普遍性话语（战洋，2014）。对慈善组织而言，也要不断地进行结构优化，吸纳不同主体的资源，动员政府、市场主体参与组织服务过程，发挥好董事会的作用（Drummer and Marshburn，2014）。可以说系统论与结构论的分析视角都是在围绕着慈善组织资源动员机制何以可能展开论述，是一种宏观性的框架建构过程。

（三）慈善组织资源动员的组织关系研究

1. 慈善组织资源动员的主体关系研究

慈善组织处于一定的组织系统中，为了获取系统中的资源它必须与外界环境发生互动，其实质是组织与各行动主体间的互动，因此主体关系的好坏直接关系到慈善组织可以动员的资源广度与深度。对此从现有文献来看，学者们的观点主要集中于对合作关系与权变关系的探讨。就合作关系而言，有学者认为政府与官办慈善组织的关系属于亲缘型关系，存在业务合作之外的特殊关系，实质是政府对官办组织特殊的政治依赖与职能安排，形式上有"隶属执行"的特点；而与非营利组织的关系是业缘型关系，两者之间仅存在业务合作关系，实质要件表现为"自创自主"，形式要件则为"平等合作"，两种关系的本质不同，发展方向有差异。但随着近几年改革力度加大，政府与官办慈善组织的关系实现了业缘型关系形式要件与亲缘型关系实质要件的结合，演化为"亲缘基础上的合作关系"（褚鎣，

2016）。与之相似的是何艳玲等（2009）也认为合作并非草根组织处理与其他组织间关系的最优的行动策略，存在着拒绝（不愿合作）、避免（不敢合作）、默许（可以合作）、欢迎（积极合作）四种不同性质的行动策略，主要影响因素在于决策者对组织对其他主体依赖度与信任度的判定。慈善组织与其他主体间有以与政府的分工协作，与企业的合作互利，与个人的我为人人、人人为我为出发点进行白慈善资源的筹集，需要建立自己的"拥护群"（辛甜，2002），各主体需要在"目的"、"资源"和"供给"领域中有高度互动，有长期互信与相互尊重，在自由与依赖关系中寻求平衡（翁士洪，2015）。在权变关系方面，陈天祥和徐于琳（2011）用"游走的策略"概括社会组织与政府的关系，即当政府有资源供给时，组织会积极地向政府靠拢，与政府建立互惠合作关系，反之则远离，向其他主体寻求资源，进行资源转换，将社会资源内部化，强化内部资源的整合，以此获得生存与自主性平衡。郭小聪和聂勇浩（2013）从政府购买服务入手，认为政府与社会组织间存在着买家与卖家的市场交易关系、平等伙伴关系、政府对组织的吸纳关系与分类控制的基本关系形态。徐宇珊和韩俊魁（2009）从捐赠人与受助者的角度认为两者存在逻辑上存在着多对多、多对一、一对多、一对一以及哑铃型结构。

但是无论是从合作关系来看还是从权变关系进行分析，慈善组织都要向其他主体学习并实现资源策略的转化。正如麦卡锡和左尔德所倡导的市场-经理型的资源动员模式所提出的那样，"要以企业寻找赞助商的方式，从捐赠人的权衡成本花费及收益的功利主义心理出发，用专业化的策略手段不断开发服务资源"（McCarthy and Zald, 1977）。慈善组织需要采取营销战略获取资源，考虑利益相关者的发展问题，寻求与不同发展阶段匹配的合作伙伴的关系联结与合作方法，建立稳定的资源获取网络（余维臻、万国伟，2014），实现主体关系的良性发展。

2. 慈善组织资源动员的信息网络及关系研究

近年来，随着网络社会的持续发展，信息网络在公益慈善组织资源获取中的作用越来越大，因其打破了不同个体、组织的空间与时间制约也受到了众多学者的广泛关注。目前对于网络慈善资源的动员或获取可以从宏观视野与微观层次做出说明。在宏观视野方面，现有研究主要侧重于网络慈善的价值、分类与组织策略。例如，朱力和龙永红（2012）认为信息传播策略是慈善组织筹资动员机制中的重要手段，注重网络传播所蕴含的公益资源将会是未来我国慈善组织发展的重要方向。沈阳等（2013）认为网络公益的组织关系可以根据群内动员、跨群动员和超群动员的模式来划分，其中群内动员以公益团体为核心，跨群动员中动员话语的归因框架与解决问题框架在产生愤怒与培养信任方面的效果比较明显，而超群动员则需要公益组织取得媒体的支持。刘秀秀（2014）从网络捐赠的动员与参与关系角度做出说明，指出动员需要运动创业家的主体动员与互联网紧密的制度设计相结合来完成，参与则是在支持与反对中形成的基本形态，网络慈善的成功是动员技术、运动创业家的权力、网络慈善的"非制度性"、国家与社会关系共同塑造的结果，并存在着"网友自发型""企业倡导型""慈善组织主导型"等网络慈善类型，需要构建起制度信任、激励机制，推进社会结构发展，以构建长期的运作模型。在微观层次方面，众学者侧重于网络慈善的现实应用，结合组织关系，探寻网络资源动员的"实然"效果。例如，章友德和周松青（2007）认为动员对象间的互动、劝说和信任对网络资源动员的重要性超过了对现实资源动员的影响力。宋辰婷和刘秀秀（2014）以"免费午餐"为分析案例提出主体认同的观点，认为慈善网络中意见领袖的话语权是认同培育的关键，情感与价值的共鸣激发了对公益项目的认同，公开透明的财务管理则会带来认同的加固，而认同到行动需要汇聚各方基层力量、引领政府行动，实现线上认同与线下行动的对接，以民间资源撬动政府资源。王玉生等（2014）认为网络公益资源的动员需要注重获取网络资源的信息化策略，拓展信息渠道与呈现形式；注重获取人力资源的伦理化策略，建构起行动者的意义框架；注重获取政府资源的合法性策略，善用法律合法性与行政合法性；注重获取市场资源的市场化策略；注重获取社会资源的网络化策略。

从总体上看，无论是从慈善组织资源动员的主体关系进行研究还是从信息网络进行分析，都需要看到慈善组织的资源动员是一个开放的系统，需要多主体的相互配合与多技术植入并处于不断变化与发展中。

三 相关研究述评

（一）以往研究特征及不足

综观以往学界关于社区基金会、慈善组织资源动员的两大重要议题以及具体的分论题的研究,有着理论研究与实务研究相结合、纵贯研究与横向研究相结合的特点,对于丰富关于社区基金会与慈善组织发展的知识体系有积极作用,同时也有一定的不足之处。具体表现在:其一,社区基金会自兴起以来,已有百余年历史,在全球范围内发展的实践形态与组织特征也在不断地变化,当其被引入我国之后,被看作创新社会治理、加强基层建设的重要举措,以此得到了很大程度上的发展,形成了不同类型的组织形态,但是国内学术界对其的现有研究较少,社区基金会的理论体系并没有建立起来,在一定程度上存在着理论研究滞后于实践发展的情况;其二,社区基金会在我国的发展在很大程度上是政府出于自身的治理需要动员相关主体共同参与的结果,具有很强的政治导向,社区基金会是基层治理的又一创新主体,也有着多样化的发展趋势,学者们对于这一主体的中国价值做了较好的解释,将资源吸纳作为最主要的价值优势,但对社区基金会资源动员的研究处于一种碎片化状态,如何获取资源、获取的过程如何则成为准确定位社区基金会基层价值的关键;其三,社区基金会的组织类型存在很大差异,针对这一点,部分学者在类型学视角下做的研究,成为把握社区基金会横向发展的重要探索性研究,但是在一定程度上局限于社区基金会的组织模式、类型问题,对于模式背后的行为逻辑则较少关注,有着宏观叙事为主、微观分析薄弱的特征,对于如何在不同类型中分析社区基金会行动的差异化逻辑,明确不同类型的组织同一性中的差异性,则缺乏深入探析。

(二) 研究空间

从总体上来看,尽管以往有关社区基金会与慈善组织资源动员的研究已经取得了一定成果,但是还是存在许多有待进一步研究的理论思考与实践空间。鉴于此,本研究在"过程-事件分析"与"结构-制度分析"相结合的视角(孙立平,2001;张静,2000)下从以下几个方面进行具体分析。

其一,关于社区基金会资源动员行动过程及策略的探索。虽然部分学者将社区基金会利用本地的资源,协调本地的利益相关者,解决本地的问题作为其重要特征,并在现有的语境中将社区基金会可以利用本地资源的优势提高到了新的高度,认为中国语境下社区基金会在解决社区治理困境与社区服务参与不足的难题中可以发挥重要作用,在资源动员过程中具有天然的身份优势，可以广泛动员社会及社区内的各种资源，但是对于如何动员资源的研究较少，这在很大程度上使社区基金会的资源优势停留在了理论层面，难以有在地化的实践发展，社区基金会"应然"研究偏多，"实然"研究偏少，结果讨论偏多，行动过程讨论偏少。在笔者看来之所以出现两者之间的失衡，其主要原因有两方面，一方面实践中的社区基金会存在着同质性较强的一面，特别是在政府发起型社区基金会中较为突出；另一方面有部分学者对社区基金会资源动员策略感知度较低，这在一定程度上限制了动员策略从实践层面上升到理论层面。然而从实际情况来看，尽管社区基金会有同质性的特征，但是差异性也比较明显，不仅体现在同类型的社区基金会发展程度不一，有的较为成熟，有的则处于"空置状态"——其原因是资源动员过程的策略不同，组织赖以生存的资本量存在差异——上，还体现在不同类型的社区基金会存在差异上，特别是在个人发起型社区基金会与企业发起型社区基金会的行动策略中表现得较为突出。而这也成为本研究将政府发起型社区基金会、企业发起型社区基金会与个人发起型社区基金会作为研究对象的重要原因。

其二，关于公益慈善与社区治理何以结合的议题。尽管公益慈善与社区治理是社会转型期学者研究的两大重要热点话题，但因两者分属于不同的组织领域，其中公益慈善属于"第三域"层面，是社会的一种组织行为，社区治理则更多地强调国家对于基层社会的管理与服务，是国家视角下的运行逻辑，所以现有的学者对其的讨论也多限于各自的领域范畴，特别是对于公益慈善与社区治理何以有效契合、何以在两者中探寻到主体利益平衡的讨论较为缺乏。然而，随着共建共治共享社会治理格局构建的持续推进与公益环境的不断优化，关于公益慈善与社区治理结合的议题日显重要，需要学术界与实践者共同努力以探寻通用的指导策略与实践路径。社区基金会资源动员的基层化发展与社区化运作则为我们理解公益慈善与社区治理提供了很好的分析视角。基于此，笔者将探索社区基金会资源动员中的国家性与社会性，需要在把握不同组织域发展特征的同时以此寻找两者相互磨合与嵌入之处，这是对以往研究范式的一种补充与突破，可以有效弥补现有研究中公益慈善与社区治理理论与实践的分离的不足。

其三，关于社区基金会组织关系的议题。尽管部分学者在研究中已经指出社区基金会要正确处理好与政府部门、驻区单位、社会组织、社区自组织、社区居民的关系，甚至有的学者将组织内部关系、国内外关系也纳入研究范围之中，为丰富社区基金会的组织关系维度提供了很好的参考视角，但是此部分研究更多的是提出了社区基金会组织关系的议题，对于如何处理组织关系、关系过程如何变化则很少涉及。在笔者看来，社区基金会的组织关系实质是各主体围绕某种特定事件而开展的互动过程，互动的关系场域处于社会环境中，在受到社会结构制约的同时，也在形塑着社会结构，具有社会行动的"结构二重性"，其间既有主体间的竞争，又有利益相悖的冲突，这恰好是社区基金会获取资源的重要行动逻辑。换言之，只有将社区基金会置于一定的社会环境与社会结构中，才可以更好地理解社区基金会的组织关系。因此，从根本上探寻社区基金会与其他行动者之间的关系，是弥补以往研究不足的重要创新。

第3章 理论基础与分析框架

在实践化进程中无论是从政府组织来看还是从企业组织入手进行分析，甚至是对慈善组织而言，资源都是组织生存与发展的基础性元素，有着较为明确的主体地位。在社区基金会资源动员过程的研究中需要对社区基金会资源类型做出进一步明确，这是理解社区基金会资源动员的重要条件。该内容的明确有助于更好地理解社区基金会资源动员的理论基础与分析框架。

一 资源重构与社区基金会资源的回归

"资源"一词在不同的学科中有不同的解释，对于社区基金会资源的理解可以在把握资源学科理解的差异性与同一性的基础上进行概念重构与维度划分。对于社区基金会资源的理解既需要在对资源做出整体性理解的基础上进行，也需要将其放置在社会组织的场域中进行具体分析，以此综合把握社区基金会资源的类型与生成。

（一）何谓资源：再论资源该如何界定

1. 各学科对资源理解的差异性

综合而言，学科视角不同，对于资源的理解也会存在差异，这也是资源很难被明确界定的重要原因。政治经济学、社会学与组织管理学对于资源的理解差异性首先表现在对资源存在形式的理解差异上。在政治经济学那里，资源更多地呈现有形形式，它不仅存在于政体、法律制度与官员选拔、人口、疆域、公民、粮食中，是对城邦安定有序的条件的一种概括性总结，而且也是一种生产要素，土地、劳动力、商品、工厂、技术、机器等是其具体表现形式，有自然资源与社会资源之分，尽管社会秩序也需要法治、公平、正义与善等无形资源进行维持，但政治经济学学者们主要围绕着有形资源进行论述。而在社会学视野下资源更多的是一种资本形式，它存在于社会结构、社会关系、社会网络中，虽然也有对有形资源的涉及，但总体上以无形资源为主，具有抽象性，需要综合理解其存在形式。如布迪厄是最早提出社会资本的概念的，认为社会资本即为"实际或潜在资源的集合，这些资源与由相互默认或承认的关系所组成的持久网络有关，而且这些关系或多或少是制度化的"，以此看来社会资本在很大程度上也是一种资源，但是它需要与关系、网络联系起来，具有稳定性。组织管理学中的资源则融入了政治经济学与社会学的资源观，将有形资源与无形资源都作为组织发展的重要因素，早期古典管理学注重有形资源的论述，但是当代管理学则提倡一种理性、自然与开放的分析视角，整合了环境对于组织资源的影响与组织对于环境资源的依赖。此外，各学科对于资源来源的潜在假设不同。在政治经济学视角下，资源可以说是一种政治安排或者自然分工的结果。国家根据发展需要有意识地安排国家机器，设置政体形式、制度内容、职业结构，并控制着人口、土地、教育等方面，根据需要配置资源；在经济学意义上，资源则是社会分工后的一种理性分配，如亚当·斯密认为正是分工使得个体已不能单靠自身力量满足对于生存与发展的需求，需要与其他主体进行资源交换（斯密，2015b）。在社会学视角下，资源或者资本的产生与社会关系、社会网络紧密相关，离开了社会关系与网络，资源或资本就失去了存在的价值。如科尔曼就认为资源之所以成为资本就是因为在复杂的行动系统中，人们建立了各种社会关系，有了各种人际关系网络，这种关系网络成为资源的新形式（科尔曼，2008）。在组织管理学视角下，资源的产生既是一种理性安排与选择，也与环境相互作用，强调不同主体自身所拥有的资源，需要通过在不同主体间组织行动实现利用效率最大化。资源组织形式与来源这两点成为把握对资源理解学科差异的关键性因素。

2. 探寻各学科对资源理解的同一性

尽管各学科对于资源的理解存在差异，但是在把握差异性的同时，我们也应该应用对比的方法寻求各学科对资源理解的同一性，这对于我们界定资源概念至关重要。经过分析发现各学科下资源的同一性主要体现在以下几个方面。一是资源在共同体或组织中的价值具有同一性。无论是从亚里士多德城邦中的资源、马克思的生产要素，还是从布迪厄的经济资源、文化资源、社会资源及符号资源，以及组织管理学中组织对于资源的依赖性来看，各学科的学者都将资源看作共同体存续与发展的重要基础，资源是各学者笔下的"基本条件"、"重要支持"以及"组织基础"。从马克思的论述中可以看出劳动资料更多是从生产要素的层次上讲的，是经济学视角下的资源。二是在很大程度上都承认社会结构对于资源存续的影响，认为社会结构影响资源配置或者分类。如亚里士多德认为城邦社会结构由农民阶级、工匠阶级、商贾阶级、雇工阶级、防卫部队、司法审判者、富人集团、行政人员等八个阶层组成，不同的阶层掌握的城邦权力不同，社会地位存在差异，对城邦资源的拥有情况也不同；而科尔曼尽管以基本行动与系统行动为视角论述资源与资本，但是遵从了结构与行动的分析逻辑，认为行动者是在社会结构中展开行动的，在争取控制能使他从中获利最多的资源，由社会关系、组织网络形成的资本也形成于社会结构中，并且重点强调了行动系统中资源的交换给社会结构带来的影响，具有目的理性的一面。三是都是在开放系统下讨论资源，资源存在于组织与社会环境中，需要将组织与环境结合起来理解资源，此种视角赋予了资源更大的广度，扩展了资源的外延。正如在《国富论》中将资财分为个人通过自己创造拥有的资财与通过交换从外界获取的资财那样，亚当·斯密直接肯定性地提出"在彻底实行分工之后，一个人劳动的产物，便仅能满足自身随时发生的需要的极小部分。其他大部分需要都必得仰赖他人劳动的产物进行供给"（斯密，2015b：259），极大丰富了资源来源。在组织管理学视角下，这种开放系统的分析模式更加明显，并与结构结合在一起，提出资源与环境相互作用，无论是学者们国家与社会的二元分析视角还是国家、市场与社会的三元论，都是对资源多元性的一种回应。四是资源在形态上都是可以相互转化的。无论是从亚当·斯密所说的投资所形成的固定资本与流动资本来看，还是从布迪厄的经济资本、文化资本、社会资本与符号资本，甚至是当代管理学开放系统所倡导的系列资源来看，资源总是可以相互转化的，即从一种形态转化为另一种形态。根据此四项资源论述的同一性，可以说资源处于"价值－结构－系统－形态"的相互作用之中，此种相互作用力之下的塑造对于我们理解资源为何有着重要的启示意义，为笔者再次梳理资源概念提供了基本的"四维"分析框架（见图 3－1）。

3. 价值、结构、系统与形态：资源概念的重构

不同的学科视角下对资源的理解存在很大差异，这也恰好说明了资源的复杂性，正如科尔曼所言，"行动者控制的并且和在其中的资源（直接或间接的利益），种类繁多，从概念上表述颇为困难"（科尔曼，2008：33）。这样看来，资源概念的界定是一件仁者见仁、智者见智的事。但是幸运的是，通过对以政治经济学、社会学及组织管理学为代表的学科中的资源进行梳理，笔者发现各学科对于资源的理解存在"价值－结构－系统－形态"上的同一性，这为重新构建资源的概念提供了很好的分析视角，并有助于构建出资源的"四维"分析框架（见图3-1）。首先从资源的价值上讲，无论是作为个体的个人还是作为共同体的家庭、组织，资源都是其生存与发展的重要基础与基本要素，对资源拥有量的大小直接决定了行动者生存与发展的空间范围，为此有必要从生存与发展的层次上分析资源的价值。就前者而言，资源为个体或组织的生存提供了最基本的条件，它维持着行动者的生命体征与存在，无论是孤岛上的鲁滨孙为了满足生活的服务需要，做工具、制家具、养羊驼、捕鱼，还是亚当·斯密认为的社会没有产生大分工以前的个人自给自足的资财供给，资源都是其中最基本的生存物；就后者而言，资源也是个体在实现了自我生存的满足后进行自我发展的需要，是亚当·斯密笔下在"为目前的消费而保留的资财"基础上进行投资获取利益的那部分资本，具有明显的层次性。在资源的结构性方面，必须要充分考虑到资源的宏观结构与微观结构。对于资源的宏观结构的理解必须与其社会结构联系起来，社会结构影响甚至是决定了资源在社会中的基本位置、网络与社会关系及分配方式，需要从更加广泛的视角进行分析。而分析资源的微观结构则需要考虑到资源的存在形态，具体可以从个人资源与社会资源两方面进行分析，个人资源即个体所拥有的资源，可以先天获得与通过后天培养得到；社会资源是通过个人与个人、个人与组织、组织与组织的社会互动、关系网络而得到的，是重点研究对象，这也遵从了林南的资源结构观的思想。在资源的系统性方面，强调资源与行动者之间是一个开放的系统，资源与环境紧密相关，相互发生作用与影响，任何一个行动者（包括个体与集体）都必须与环境进行互动才能获取相应的资源，行动者与环境共处于一个系统，环境既可以是自然环境也可以是社会环境，彼此共同构建了组织的存在系统。在资源的形态方面，各种资源是可以相互转化的，资源的形态处于一个不断发展变化的过程中，这对于我们理解资源的形态与变化至关重要，可以说这种转化恰好是资源价值的流动，存在于结构、环境之中，又与结构和环境相互作用。

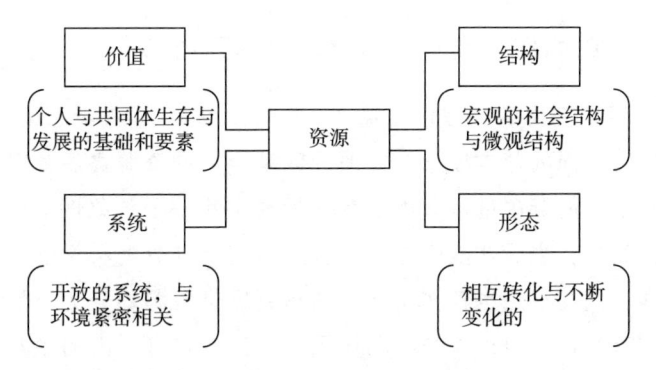

图 3-1 资源的"四维"分析框架

根据"价值-结构-系统-形态"的"四维"分析框架，本研究认为资源是个体或群体所拥有的旨在维持生存与实现发展、满足利益需求的可利用的、有价值的东西，存在于一定的环境系统与组织结构中，在社会行动的作用下可以实现形态转换，转化为一切物质、非物质及事件。对于此概念的理解，需要把握好资源的三大要素，分别为目标要素、场域要素、形变要素，其中目标要素的理解需要充分考虑到资源的价值性，明确资源是旨在维持生存与实现发展的、可以满足特定的利益需求的东西，这是理解资源为什么而存在的关键点；场域要素的理解则需要把握资源的结构性与系统性，旨在回答资源何以存在的问题；而形变要素则需要将资源的基本形态与组织转化联系起来，强调资源的形态并不是一成不变的，可以在社会行动的主观作用下从一种形态变化到另一种形态。此外，还有一点需要注意的是资源是具有稀缺性的，尽管它存在于一定的社会结构与系统环境中，可以实现形态的转化，但是并不意味着它是无限供给的，因为资源是具有价值的，价值的探寻与价值的赋予需要持续性的过程，在此过程中不同的行动者都在争取获得相应的有价值的资源，资源总是存在很大程度上的供给小于需求的情况，稀缺性特征明显。正确把握以上内容对于我们理解资源概念至关重要。

回归到社区基金会，本书讨论社区基金会的资源动员，那么什么是社区基金会资源就值得做出首要说明。结合社区基金会的特征与资源的概念，本研究认为社区基金会的资源即社区基金会为了维持自身的生存与发展，实现发现社区需求、解决社区问题的服务目标，从社会结构与环境中获得的一切有价值的物质、非物质与事件，并且围绕特定的目标各形态资源可以相互转化，共同维持着组织的生存与发展。

（二）资源如何分类：从结果、过程到场域

1. 社会组织资源的类型化透视

在明确了资源的基本概念与何谓社区基金会的资源之后，有必要对资源及社区基金会的资源进行分类。首先需要回答一个本源性的问题，即资源是如何分类的，之后才能确保社区基金会资源划分的科学性。对于资源的划分，学者们的观点也存在差异，如马克思将资源划分为自然资源与社会资源，前者特指未经过人类劳动作用的、没有被打上人的主观能动性烙印的资源，后者指经过人类劳动而产生的事物（《资本论》第一卷，2004：209）；布尔迪厄（2015）对经济资本、社会资本、文化资本与符号资本的划分则直接体现了他的资源分类标准；林南（2005）则更加鲜明地提出个人资源与社会资源的区别在于资源的微观结构，其中他重点强调社会资源，而组织管理学则将个人资源放置于较高位置。鉴于本研究重点讨论社区基金会这一社会组织的资源分类，限于篇幅，本研究仅讨论社会组织资源的分类标准，以期为社区基金会的资源划分提供启示。就现有研究情况来看，对于社会组织资源如何分类的问题进行的探讨主要集中在以下几点。

有部分学者基于社会组织官民二重性进行资源划分，属于一种组织二元论的讨论。如王名认为无论是社会团体、基金会还是民办非企业，它们拥有的资源可以划分为两类，一类是基于政府改革形成的自上而下的体制资源，涉及党政系统的政策资源、财政资源、人事资源、权力资源等；另一类是基于社会转型与市场经济发展形成的可以利用的市场缝隙与经营资源。前一种资源具有"政府性"，运作管理倾向科层结构，具有官办色彩；后一种资源的利用带来了民间组织的"营利性"，容易背离公益宗旨（贾西津，2005：18）。与之相似的是，姚迈新立足于社区社会组织发展，将组织资源划分为制度资源、行政支持资源与志愿资源，前两项资源的提供需要政府部门做出努力，获得志愿资源需要动员各个支持主体（姚迈新，2012）。虞维华认为社会组织资源可以分为政府掌握的资源与组织掌握的资源，前者包括经费投入、办公场地及设备支持、政策优待等，后者涉及公信力、信息传递与沟通、专业知识与公众认同等（虞维华，2005）。基于社会组织官民二重性的资源划分标准从本质上讲是国家与社会关系的分

析视角，既体现了"总体性社会"的资源供给特点，也体现了"后总体性社会"的组织特征。

此外，还有部分学者从资源的基本形态上分析社会组织资源，涉及的资源范围较广。徐家良在谈到第三部门资源困境时，认为资源有狭义和广义之分：狭义的资源仅是指项目资源、政府组织资源、公司组织资源以及社会关系资源、政策资源、媒体资源、志愿者资源、荣誉资源等；广义上的资源除了狭义上的资源外，还包括人力、物资以及日常办公用品、服务场所等。而第三部门所需资源需要通过第三部门圈、政府圈、企业圈的不断互动，达到配置最优化和有效化的目的（徐家良，2012）。而 Ready 从组织整体出发，认为非营利组织要从资源吸取（resource attraction）、资源分配（resource allocation）、非捐赠人游说（non-donor to convince）等方面做组织工作，并特别强调了社交网络在帮助非营利组织解决资源与财力有限问题中的积极作用，对非营利组织营销的网络价值与影响范围做出了进一步总结（Ready，2011）。周批改和周亚平（2004）则认为资金是社会组织发展最主要的资源，主要来源于民间捐赠、服务收费、政府补贴及外国援助，但是民间捐赠事实上的地位与理想状态存在矛盾之处。此外，因社会企业的非营利性，也有学者将社会企业纳入社会组织范围内讨论其资源属性。如劳伦特·卡丹在《社会企业内的多种资源混合》一文中提出社会企业处于一种市场、国家和民间团体的交叉点中，处于中间位置，是拥有"多种资源"的组织，它可以动用不同的市场和非市场资源来实现其目标，有货币型资源与非货币型资源之分，其中货币型资源包括销售、补贴与赠予，非货币型资源包括间接补贴（人员借调、设备贷款、降低社会保障金）与志愿者服务（参见尼森，2014），此种资源划分与定位也为我们界定社区基金会资源范围提供了一定借鉴。而赵辉和田志龙（2014）在研究企业社会责任时指出非营利性资源不仅仅包括钱财，组织与政府、其他非营利组织及营利组织间良好的合作互助关系，以及企业自身拥有的知识、信息、经验与荣誉都可以成为其行动资源。可以说，从社会组织基本形态上探讨资源涉及的资源范围较广，不仅涉及政府、市场与社会的各个结构层面，而且有对某一结构层面资源的细化研究，具有很强的理论价值与实践意蕴。

2. 结果、过程与场域：社区基金会资源类型的再划分

由以上社会组织资源的划分可得，无论是从基于官民二重性的资源划分标准来看，还是以资源的基本形态为切入点进行分析，资源性质都会存在一定的相似性，受到政府结构、市场结构与社会结构的约束，但是此种结构划分法也存在很大的模糊性。为了进一步明确资源的类别，笔者暂以物质资源与非物质资源作为基本的划分标准，其中物质资源包括人、财、物、项目等，非物质资源包括政策、权力、荣誉、符号、关系等。对于两者的关系，笔者认为这些物质资源更多体现的是资源动员的结果，回答了资源取得了哪些成就的问题，是可以测量的；而非物质资源则体现了资源动员的过程，是在回应这些物质资源如何动员、如何转换为可测量的形态的问题。结果在一定程度上是由过程决定的，物质资源的呈现也可以说是非物质资源作用的结果，物质资源仅是非物质资源的一种转换物。鉴于此，本研究重点研究非物质资源是如何动员的，而在对于非物质资源的划分上，引入了布迪厄的场域概念进行区分。

在布迪厄看来，场域概念所要表达的是在某一个社会空间中，由特定的行动者相互关系网络所表现的各种社会力量和因素的综合体。任何行动者，包括社会学家在内，所面对的场域都存在不同的形式与表达方式，有着实际存在的场域、行动者和社会学家所观察到的场域、行动者和社会学家用语言和概念感知到的场域（高宣扬，2004），就第一种场域，即实际存在的场域而言，其各个组成因素及相互关系都由包括实际的物和实际的无形精神因素的社会生活所构成；第二种场域是行动者与社会学家所观察到的场域，这种场域并不是客观地实际存在的场域，而是行动者和社会学家感知与观察的结果，属于感受到的场域；而第三种场域，即行动者和社会学家用语言或概念感知到的场域，则是以人所独有的语言和概念等象征性形式所表达的场域结构。而在社区基金会的资源结构中，同样存在着布迪厄视角下的资源场域。一方面，无论是从政府或者企业发起型社区基金会，还是个人及居民发起的社区基金会来看，社区基金会都拥有合法性身份和法律制度带来的各种权力，并在很大程度上与政府保持着较好的关系，这些都是客观存在的一种事实；另一方面，随着网络社会的发展，越来越多的社区基金会开始重视网络技术对其的影响，在调整内部结构的同时，采用各种技术手段开展服务项目、筹集服务资源，这已经是一种既定事实，是由现实生活组成的。就前一种客观事实来讲，它集中地存在于现有的体制之中，表现为一种权威资源，并以此囊括了合法性、权力、政策等方面；就后一种既定事实而言，其直接体现为一种网络资源，这是基于信息化与网络而生成的资源属性,包含了技术、传媒等方面。权威资源与网络资源存在于实际存在的资源场域中。同时,在社区基金会与其他主体的互动过程中,若要使得一方得到另一方的认可与支持,其彼此间的相互信任则成为互动有效的关键和建立良好关系的重要资源,而这种资源并不是实际存在的、看得见的,而是需要行动者予以观察才可以发现的,因此存在于布迪厄的行动者和社会学家所观察到的资源场域中。此外,从实际情况来看,社区基金会自身拥有的品牌项目、名人参与效应也影响到了人、财、物的基本流向,为社区基金会的发展创造了良好的社会影响,成为一种符号资源,是布迪厄视野下的行动者和社会学家用语言或概念感知到的具有象征性的资源场域所承载的。此三种资源场域造就了四种资源(见图3-2),为社区基金会的资源提供了存在基础与分类依据。

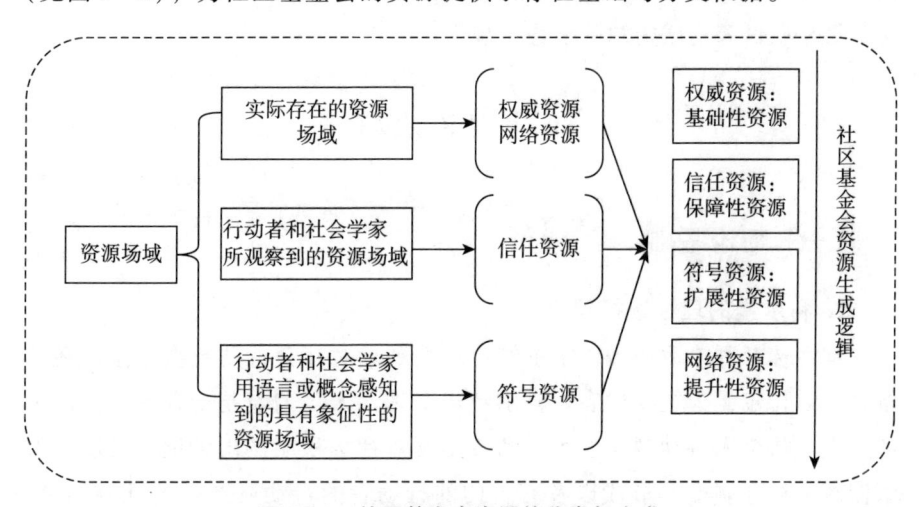

图 3-2 社区基金会资源的分类与生成

至于四种资源的相互关系,从社区基金会的兴起与发展来看,社区基金会首先受益于权威资源的空间释放,通过这种权威社区基金会获得合法性身份,在政策范围内得以成立,依照法律制度要求增设理事会、监事会及各职能部门并以此与政府部门发生着互动。尽管每个社区基金会在成立后对权威资源的开发程度存在差异,但来自体制内的权威资源属性却在很大程度上决定了社区基金会可动员资源的广度,成为资源动员的起点和基础。信任资源是动员其他资源的重要保障,社区基金会作为一个区域特色很明显的基金会,在成立之后就面临如何获取社区民众信任、如何获得其捐赠人的支持来维持社区基金会的生存与发展的问题,在此种情况下强调社区基金会对信任资源的动员十分必要，它甚至可以决定资源动员的深度、可以在多大程度上获得资源。而符号资源则是社区基金会扩展资源来源、塑造社会影响力的有效手段，对于符号资源的动员更多是社区基金会基于权威资源和信任资源的开发与塑造而形成的，是品牌服务与动员技术的结合，可以说是社区基金会发展进入成熟期的表现。网络资源则是社区基金会对于资源开发的一种提升，从现有情况来看，网络资源的动员往往是将权威资源、信任资源与符号资源的动员集于一体，通过现代信息技术而形成的一种新的动员方式，具有很明显的时代特征，是公益慈善与信息技术理性选择的结果。从权威资源到信任资源，再到符号资源，最后到网络资源，形成了社区基金会资源生成逻辑（见图3-2）。四类资源都是社区基金会生存与发展需要综合考虑的，其动员的程度直接影响到了人、财、物与项目等物质资源的汇集与规模。

二 理论基础

（一）理论基础

1. 科尔曼的理性选择理论

理性选择理论运用经济学中的合理性观点对社会行动与秩序做出新的解释，以科尔曼为主要代表。科尔曼在"理性人"假设与个人主义方法论的基础上从个人行动者与法人行动者出发对社会秩序做出了重新说明，他试图解释社会制度的形成以及有目的的行动者的行动所产生的社会结果，但其理论关注的是从微观到宏观的转变问题，是"人与社会作为两种独立而又相互作用的行动系统（个人行动系统与社会行动系统），怎样共存"（科尔曼，1999：6）。他认为一个行动发生的可能性是行动者所期望从多种可能的行动结果中获得的功利的函数，行动者的这种行动所追求的是价值或利益的最大化。"不同行动（在某些情况下是不同的商品）有不同的'效益'，而行动者的行动原则可以表述为最大限度地获取效益。"（科尔曼，1999：18）

科尔曼认为有四个基本概念构成了理性选择理论的基础，分别是行动系统、行动结构、行动权利及社会最优。其中行动系统涉及行动者、资源与利益。行动者是经济学视角下的有目的的理性人，有着很强的利益偏好且从事着各种经济社会行动,而行动系统则在行动者的基础上增加了行动者的利益,主要存在三种不同的行动:第一种是行动者为了满足个人的利益,控制着他能够从中获利的资源,但是由于此行动过程只有一个行动者,所以不具有社会意义,因此不在科尔曼讨论的范围之内;第二种是行动者总是在尽力争取控制可以让自身获利最多的资源,此行动类型可以解释很多社会行为,行动者可以利用控制或掌握的这些资源与其他行动者进行交换,他们都在尽力控制着可以使自身获利最多的资源;第三种行动即行动者控制着可以让自身获利的资源,但是却对这种控制实行了单方面转让,科尔曼认为这种行动在社会生活中非常普遍,"这种转让之所以出现,是一种有目的的行动,实行转让的行动者期待这将使他获益更多"(科尔曼,1999:40)。最简单的行动系统可以说是两个人交换资源,这种资源具有私人物品的性质,而社会生活中的交换则比较复杂,因为在社会生活的众多领域里,"有关人们交换控制(指对于资源的控制)的各种制度(特别是有关多方交换控制的制度)还是很不完善"(科尔曼,1999:46)。与之相比,经济生活中的各项交换制度则发展得较好。而在行动结构上,科尔曼指出社会内部存在着不同的行动结构,这是由各种行动中包含的资源不同、行动各异以及行动背景不同所造成的。他首先区别了有目的的社会行动与不具备社会性的私人行动,明确了其专门研究的是前者,而认为有目的的社会行动主要包括如下关系:①交换关系;②市场;③分离的权威关系;④共同的权威关系;⑤分离的权威系统;⑥共同的权威系统;⑦信任系统与集体行为;⑧规范形成结构;⑨集体决定结构。科尔曼认为行动者只能通过两种关系与资源(间接地与其他人)建立联系,即控制资源与获利于资源,而最大限度地获取利益则是行动者仅有的行动原则,但是在有些情况下,行动者为了最大限度地实现个人利益,在对事件进行控制或对控制权进行交换的同时,还会单方面转让控制或者控制权,这其实是对三种行动方式与社会结构的一种融合。但他同时也指出,在交换过程中,当利益与控制的矛盾在某一时刻得到了缓解,不再有任何能够增加双方利益的交换时,就会形成一种社会均衡状态。它可以说是存在于空间中的一个均衡点,正是在该点上,每个人可以最大限度地满足个人利益,而满足的程度如何则取决于双方在交换之前的资源多少或需求程度。而对于社会均衡概念的介绍则是为了引入"社会最优",它是属于系统层面的概念,是指在行动者双方的自愿交换没有受到外在影响的情况下,双方都可以获得取较多的利益，没有任何一方的利益被损害。科尔曼认为如果这种交换是发生在非竞争性的结构环境中，尽管交换行动将会出现一定的浮动，但是此种结构会使双方获得的交换完成后就可以达到一种最佳状态，处于社会最优。"社会最优"这一概念在理性选择理论中占有重要地位，"是因为它使理论具有评价不同社会组织的能力"（科尔曼，1999：67）。

科尔曼笔下的理性选择理论不仅注重个别行动者的行动，而且也在努力地从微观行动的分析上扩展到宏观社会结构的分析中，这集中体现在他对于法人行动的分析，法人行动可以说不只是其行动系统的一个重要概念，更是现代社会的重要标志与显著特征。他认为在现代社会，人们所处的环境主要是"人为建立的环境"，在这种环境中，最突出的方面就是现代法人行动者的存在，它是由一系列个人占据的职位所组成的，包括公司、政府部门、工会等，是自然人将权利转让给共同的权威机构而形成的一种正式组织。在此法人又与自然人存在很大差异，自然人只是暂时占据着各种职位，一个自然人也可以占据多个职位，在不同的场域中用不同的身份行动（张缨，2001），而法人权利获得与使用是不同于自然人的，它是将自然人交付的权利集中起来，再交予特定的组织代理人进行具体活动。但是对两者的约束手段也是存在相似之处的。一般而言，无论是对自然人还是法人行动者的约束都要遵守制度法律、税收政策、社会规范与价值共识，尽量达到个人最优状态、效益最优状态、施加影响的最优状态（科尔曼，1999：410～412）。但是法人行动也会产生一定的问题，在特定的情况下，一方面，如果一个个体行动者既是自然人也是组织法人或者代理人，那么他将会有意无意地转换角色，以最大限度地控制资源为自身谋取利益，这样就会增加制度规范的制定与实施的难度（李培林，2001）；另一方面，会出现个人选择与社会选择相互矛盾的地方，个人的选择是自然人基于利己性价值的行动，是可以利用获得的资源满足其利益需求的个人行为，而法人行动则需要遵守一定的组织规范，是一种集体行为的博弈过程，与主体成员的构成、社会关系结构、组织方式存在很大关联，代表着特殊群体的利益。在法人行动的论述上，可以说，科尔曼理性选择理论将宏观的社会系统作为其研究的主要目标，以微观的个人行动作为其行为研究的基本起点，通过分析个人行动的结合如何产生制度结构与社会系统行为，实现微观与宏观的链接（谢舜、周鸿，2005）。

总体而言,科尔曼的理性选择理论具有很强的现实倾向,他的理论为现代社会的结构特征与发展趋势提供了有力解释,正如科尔曼在《社会理论的基础》中文版序言中所指出的,"本书为社会理论提供基础之时,也为行动提供了基础,而不仅仅是理解行动"(科尔曼,1999:2)。他为重建社会对理论的需要奠定了较好的基础,特别是其法人行动概念在现代社会中的贡献在学界举足轻重。在现代社会中,总的发展趋势就是人工结构正在取代自然结构,法人行动者在社会中的地位与作用会越来越突出,"在新型的社会结构中,新出现的法人行动者担负了原先社会关系所承担的大部分职能,原始性的关系已退居次要地位,可以把旧的社会结构称为自然形成的社会环境,与此相反新型社会结构是人工构建的社会环境"(科尔曼,1999:671)。社区基金会作为一种新生的慈善法人,是现代慈善事业发展到一定阶段的产物,也是推动慈善事业发展的重要法人行动者,资源是社区基金会生存与发展的基础,社区基金会在其获取过程中也是在"理性人"假设之下开展着系列组织服务活动,将理性选择理论作为分析社区基金会资源动员过程的一个理论基础将有助于我们更好地理解社区基金会何以维持自身利益与践行公益使命、何以持续有效地动员资源以体现出社区基金会时代价值与实践成效。

2. 结构交换论

本研究所用的结构交换论主要是基于布劳的交换理论的。布劳将社会结构区分为宏观结构与微观结构,社会交换存在于这两种结构中,他认为宏观场域下的社会交换是复杂的,交换的主体从个人扩展到了群体与社会组织,交换性质也由直接扩展到了间接,由先于创造社会制度与社会结构的过程变为受社会制度与结构制约的过程。正因如此,布劳的交换理论注重从社会结构的原则出发考察主体与主体间的社会交换过程,考察社会结构中整合性质与潜在冲突力量。他的社会交换理论是从实证主义出发,以归纳与演绎的方法论为基础,先从日常的人际交换的微观过程中概括出基本性的原则与概念用以解释社会结构的出现,再将研究领域扩展,通过不断解释新概念、新原则,以达到解释宏观过程的目的(文军,2006),这是一种在微观社会学理论基础上建立宏观社会学理论的分析过程。

布劳将交换理解为一种特定类型的社会交往,是期待获得回报与报酬的有目的性的行动,是与"理性经济人"的原则与假设相一致的,即行动者得到回报或者报酬的大小或多少在很大程度上决定了行为得以发生的可能性，社会交换"指的是人们被期望从别人那里得到的并且一般来说确实也从别人那里得到了的回报所激励的自愿行动"（布劳，2012：156~157）。他虽然将自愿行动作为社会交换的重点分析对象，但同时也认同非自愿行动所蕴含的交换价值，如指出"尽管对内在化标准的遵从不能归入我们所提出的交换定义，但对社会压力的遵从往往会产生间接交换"（布劳，2012：157）。与此同时，布劳认为各种各样的社会交换会影响到社会交换的过程，包括交换伙伴之间关系的发展阶段与特点、进入交易的利益特征与提供交换所引发的成本以及交换发生的具体社会情境，他特别强调了信任对于稳定社会关系的重要性，认为"因为交换义务可促进信任，所以就有特殊的机制使义务永久存在，并因此加强了感激和信任的纽带"（布劳，2012：166），信任关系可以影响到交换过程中的互惠规范与公平，互惠规范的行为机制发挥作用时，行动者一方对于互惠义务的遵从便支配着行动者进行彼此间的交换，而如果没有遵从这种义务，违背了互惠义务，因此而被剥夺的另一方行动者则会倾向制裁违规者。公平是可以说是对既定的交换关系中社会报酬与成本的规定，直接影响到人们交往过程中对于报酬的期待程度，因为信任缺失违背公平则会引发一些交换冲突，破坏社会交往关系的平衡。

在基本的交换过程上，布劳认为社会交换的基本过程始于社会吸引，"社会吸引是诱导人们主动地建立社会交往的力量，并且一旦形成了交往，又会扩展他们的交往范围"（布劳，2012：60）。在此种交换过程中，当一方主体发现另一方主体拥有他所需求的资源，而另一方主体发现可以从交换过程中获得所期望的利益回报时，这种回报所包含的利益性报酬可以促进主体双方继续交往互动。随着交换关系的形成，社会吸引又会使行动者扩大交换的范围，宏观层面的社会交换由此形成。同时布劳也认为竞争可以促进社会交换的进行，交换的各方通过社会竞争让行动主体遵守相关的互惠规范，给行动者留下印象以便使自身从中获得更多的利己性报酬。但是随着交换的深入进行，拥有资源价值量较大的行动者可以较好地从其他行动者那里获得报酬，并以此占据了较高的社会交换地位，而没有获得足够多的资源行动者则处于较低的社会交换地位。这形成了社会交换的分化，引发权力的分化，正如布劳所指出的那样，"如果一个人支配着他人所需要的服务，并且他又不需要别人所支配的任何服务，那么他就能通过这些人的服从情况使他们的需要得到满足，从而获得对他们的权力"（布劳，2012：62），当权力分化达到一定程度时就容易产生权力的等级制结构，形成两种倾向，一种即为分化与冲突的倾向，另一种则为整合的倾向。就前者而言，互惠规范与公平的社会报酬原则是需要重点强调的，在互惠规范下交往的行动者必须提供其他的服务作为对另一方的回报，当行动者付出服从作为回报时上级行动者可以公正地使用权力引起下级的认可与赞同，使权力合法化，形成合法权威，而不公平的剥削则容易引起不赞同与冲突，甚至是政治反抗。就后者而言，权力既可以是合法化的权威，也可以是强制的，权威是以合法性价值为基础的，此种模式一经确立就会改变群体成员之间的互动模式，处于资源交换下级的行动者更倾向于服从上级行动者的领导，而领导者则可以在下级可以接受的条件下提出更多的行动要求，减少交换的执行成本，此种整合效应使得上下级的双方互动关系得以改变且达到平衡，逐步实现制度化。

总体而言，布劳提出的交换过程大致经历了吸引、竞争、分化、整合四个阶段。首先，行动者因为相互需要与满足权威而相互吸引，使得交换关系得以开始。其次，这些交换关系很容易形成一种竞争关系，因每一个行动者都试图向其他资源主体展示自身可以提供的报酬，留下第一印象，以便自己可以获得更多的报酬。同时，这种竞争很容易形成分层系统，这种分层是以资源的占有量大小与主体位置为基础的，行动者在其中发生分化。最后，权力形成的合法化价值具有整合效应，可以改变微观结构与宏观结构中的主体间关系，反作用于新的交换关系的形成。

三 研究框架

本书的研究框架（见图3-3）吸收了科尔曼的理性选择理论与结构交换论，将社区基金会看作新生的法人行动者，以此研究其资源动员的具体过程。从实践过程来看，社区基金会的资源动员过程经历了旨在吸引具有不同资源的行动者的社会信任与价值共识的起始阶段，在竞争中维持互惠协作与偏利共生的阶段，因资源主体地位不同而进行着求同存异且也在尽力弥合张力的阶段，通过一系列动员措施社区基金会资源动员最终实现了网络重塑与制度生产的阶段，这反映出了社区基金会资源动员的不同价值命题，也为本研究对社区基金会资源动员机制的构建提供了实践基础。

```
                    ┌─────────────────┐
                    │ 社区基金会资源动员 │
                    └─────────────────┘
            ┌────────────┼────────────┐
        ┌───────┐    ┌───────┐    ┌───────┐
        │实践形态│    │过程导向│    │价值命题│
        └───────┘    └───────┘    └───────┘
            ↓            ↓            ↓
  ┌─────────────────┐ ┌────┐ ┌──────────────────┐
  │ 社会信任与价值共识 │←│吸引│←│资源动员行动起点何在│
  └─────────────────┘ └────┘ └──────────────────┘

  ┌─────────────────┐ ┌────┐ ┌──────────────────┐     工
  │ 互惠协作与偏利共生 │←│竞争│←│资源空间争夺何以开展│     具
  └─────────────────┘ └────┘ └──────────────────┘     理
                                                      性
  ┌─────────────────┐ ┌────┐ ┌──────────────────┐     的
  │ 求同存异与张力弥合 │←│分化│←│资源动员冲突何以产生│     执
  └─────────────────┘ └────┘ └──────────────────┘     行
                                                      逻
  ┌─────────────────┐ ┌────┐ ┌──────────────────┐     辑
  │ 网络重塑与制度生产 │←│整合│←│资源动员实效何以体现│
  └─────────────────┘ └────┘ └──────────────────┘
                        ↘       ↙
                ┌───────────────────────┐         迈
                │ 社区基金会资源动员的机制建构 │         向
                └───────────────────────┘         再
                                                   造
```

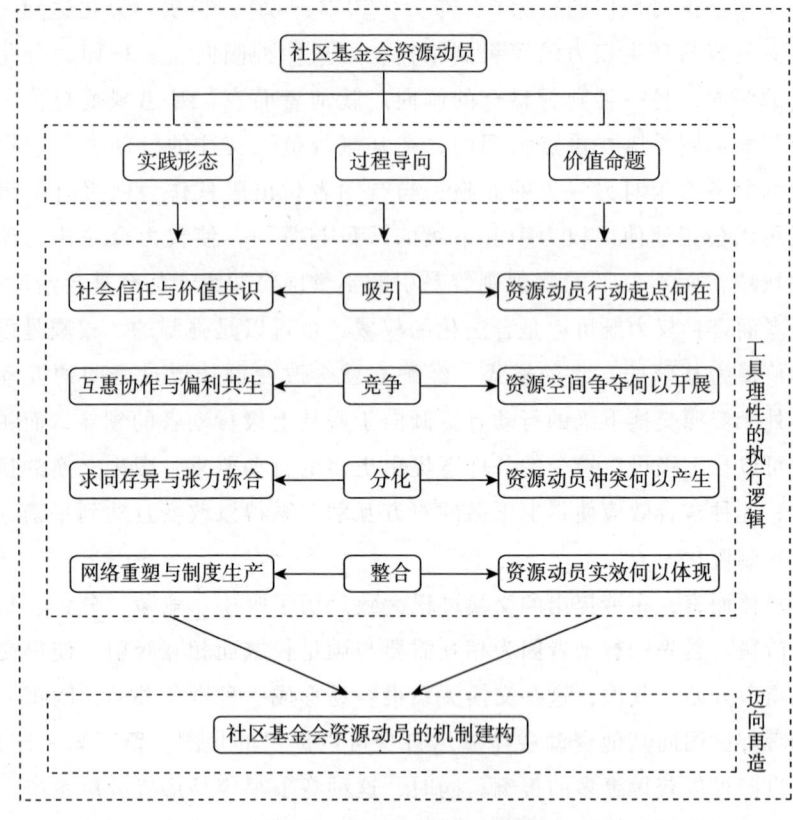

图 3-3　本书的研究框架

第4章　社会信任与价值共识：社区基金会资源动员的行动起点

在宏观社会结构中，行动者之间的交往多是间接性的，需要某种机制搭建起联结行动者与行动者的关系结构。作为法人行动者的社区基金会从动员资源到获得资源，这是一个行动过程的执行逻辑，社区基金会为了获取实践场域中的资源，必须在自身与其他行动者之间建立起信任关系且形成价值共识，这是社区基金会吸引资源主体与其进行资源对接的内在动力，是一个行动者从另一个行动者处获取资源的基础，正是此种价值引导着集体行动者、个体行动者发生互动。在社区基金会资源动员的实践场域中此种信任关系的建立首先体现在与政府部门的交往过程中，社区基金会在资源动员活动中需要处理好与政府部门的关系，遵守相关制度规范，确保其他的行动者与自身进行交往不会带来风险、增加交往成本，甚至此种合法性交往还会使其他行动者受益。其次，社区基金会与行动者之间需要信任关系来联结，特别是对具有很强区域特征的社区基金会而言，如何获取其他行动者信任，使之愿意为社区基金会提供资源支持，共同致力于社区问题的解决至关重要。此外，基于共同价值的公益共识的营造也是吸引其他行动者与社区基金会开展公益行动、实现公益资源持续性发展的无形条件，可以充当社会联系与凝聚的媒介。

一　从规制到合作：社区基金会与政府部门的多层面互动

在我国现有的体制环境下，体制所释放的权威性价值，特别是制度规范、部门间的支持，仍然可以在很大程度上影响组织生存与发展。社区基金会作为一种慈善主体，同样受到了体制环境的约束，为了维持组织的生存与发展，社区基金会需要遵行相关的制度法律，在现有的制度环境之下开展相关服务，这既是社区基金会获得生存机会的前提，也是为了获取组织资源而采取的理性选择。

（一）政治影响力的嵌入：对制度规训的遵从

社区基金会作为在我国政治体制中成长起来的一种新组织形态，在接受体制约束、遵从制度规训的过程中要像其他组织一样按照已有的制度规范开展组织工作。

1. 法律制度规范下的发展路径选择

社区基金会准入是其践行公益使命、开展公益服务的基本前提。但是在我国现有的慈善法律体系之下，还没有形成专门性的针对社区基金会的法律制度，国家层面的社区基金会制度仍然处于缺失状态。现阶段社区基金会的准入与成立需要遵从国家有关基金会的制度规范。总体上，我国基金会的准入规制先后经历了从依托社团到依托法制（1978~1988年）、从行政管理到法人治理（1988~2004年）、从"双重管理"到直接登记（2004~2013年）等发展阶段（李战刚，2017），现阶段基金会发展已经完全进入了慈善事业持续发展的新时代。在法律制度规范的执行逻辑中，作为在现有的政治体制下成长的新慈善主体，社区基金会从成立到发展必然受到制度环境的约束，在已有的制度体系规训下开展慈善行动。以Y社区基金会为例，在组织的成立阶段，Y社区基金会为了获得从事慈善活动的组织身份开展了一系列探索性工作。按照我国的慈善法律制度，Y社区基金会的成立遵守《基金会管理条例》的规定，该条例以此成为Y社区基金会成立与发展的基础性法律。Y社区基金会成立于2013年，按照当时的《基金会管理条例》第八条规定，成立基金会必须同时满足五个基本条件，即"（一）为特定的公益目的而设立；（二）全国性公募基金会的原始基金不低于800万元人民币，地方性公募基金会的原始基金不低于400万元人民币，非公募基金会的原始基金不低于200万元人民币；原始基金必须为到账货币资金；（三）有规范的名称、章程、组织机构以及与其开展活动相适应的专职工作人员；（四）有固定的住所；（五）能够独立承担民事责任"。正是因为基金会有不同的类型，且每一个类型的基金会所承载的公益价值与职责有很大差异，Y社区基金会的发起人在基金会成立之初在成立何种类型的基金会上犹豫了很久。一次偶然的机会，后来发起了Y社区基金会的街道办事处主任NQ在浦东公益活动月的一次项目评审会上看到了社区基金会在基层治理中的作用，就此萌发了在所在街道成立社区基金会的想法，但成立社区基金会的过程并不是一帆风顺的。街道办主任 NQ 先是想在上海市慈善基金会浦东新区分会下设立专项基金，但是考虑到专项基金的使用流程比较烦琐且实际运作中存在很多限制，最终决定成立独立的社区基金会。此后 N 主任想在街道成立非公募型社区基金会，但是又考虑到非公募型社区基金会不能公开募捐，依靠起始资金难以持续发展，后在第三方组织负责人 Z 的帮扶之下决定成立公募型社区基金会。值得注意的是，第三方组织对于 Y 社区基金会的支持也成为一支不可忽视的力量（以 YL 为代表的第三方组织的作用，具体见本书第 5 章内容）。

从起初的专项基金到非公募基金会再到最后的公募基金会的选定与成立，Y 社区基金会的发起者都考虑到了法律制度规范所带来的制度实效与主观期望下实践实效的作用与价值。在公募基金会的成立过程中尽管存在着"事情没有那么简单，手续复杂，要资格审查，有很多制度要建立"的问题，但是为了获得公募基金会的身份，以 N 主任为代表的发起方无条件地选择了遵从制度要求，其背后的行动逻辑在于以服从制度规范获取组织身份与合法性，以此扩展在特定区域内开展公益行动、动员公益资源的空间。

2. 政府部门的引导与发展

社区基金会要实现持续性发展首先必须获得合法性，而政府部门的认可与支持即是合法性的重要方面。对于群体或组织而言，政府部门的认可在很大程度上决定了其生存与发展的组织空间，而政府部门引导则是社区基金会发展方向的重要保障。以 Y 社区基金会为例，该基金会的成立在得益于政府部门行政助推的同时，也受到行政力量的约束。从当时的基金会生态结构来看，有企业类基金会、高校类基金会、政府类基金会等，这些基金会都立足于较大区域，服务范围比较广且发展模式比较成熟，但是具有一定的排外性、服务于特定社区的基金会还处于萌芽探索期，并没有在各地得以广泛发展，使人们对其形成共识。在此种情况下，对于允许其成立的政府部门而言，推动社区基金会发展仍然处于探索期。因此，上海市民政局在 Y 社区基金会成立之后，对该基金会的运作做出了相应的规范，总体的引导基调在于尽量让 Y 社区基金会低调运作，不要发展太快。

对民政局的引导，Y 社区基金会在开展交流活动时给予了积极的回应，主动配合民政局以获得政府部门的支持与认可；在实际运作过程中仅在第三方组织的支持下继续推动组织规范化，设计开发一些社区服务项目。但是，随着2013年中国公益慈善项目交流展示会在深圳举办，社区基金会以其特有优势受到了政府部门的广泛关注，部分省市将社区基金会的发展纳入了基层治理的层面，甚至制定了相应的法律条文来推动社区基金会发展。① 社区基金会的政治认同度提升，其社会价值得到了广泛认可。在此种情况下，上海市民政局也参与到了对社区基金会发展的扶持过程中，建议Y社区基金会要扩大社会影响力，采取"走出去"的战略。Y社区基金会从此走上了全面发展之路。此后，上海市委、市政府将社区基金会发展写入了具有价值引领性的"一号课题"② 中，为社区基金会在全市的发展释放出了更大空间。

从Y社区基金会成立到发展，政府部门的引导贯穿了该社区基金会发展的全过程，该社区基金会对其均予以了正面回应，这主要是因为在我国现有法制环境下，制度成为规范行动者行为、避免社会风险的基础性要素，作为集体行动者的社区基金会也要在现有的政治环境下进行实践行动，获得合法性身份，这是组织发展的共性特征。而对于政府部门引导的遵从与配合可以说既是权力制度的延伸，也是组织官民二重性的外在表征。

（二）领导干部"请进来"：增强组织影响力的权变性策略

随着我国社会组织发展环境的日益优化与发展空间的扩展，公民参与公共事务与服务的渠道也得以拓展。但从影响力看，政府部门仍然对于资源动员力度与影响力保持着很强的辐射力与穿透力，政府部门的态度对于组织活动的开展、项目的实施及资源的获取至关重要。在具体的实践调研中，无论是企业发起型社区基金会，还是个人发起型社区基金会，甚至是政府发起型社区基金会，都希望与政府部门建立良好的组织关系，在动员

---

① 深圳市于2014年4月出台了《深圳市社区基金会培育发展工作暂行办法》，此后南京颁布了《关于推动南京市社区型基金（会）发展的实施方案（试行）》（宁民办〔2015〕138号）。

② "一号课题"是上海市委、市政府于2014年颁布的《关于进一步创新社会治理加强基层建设的意见》以及6个配套文件，6个配套文件分别是《关于深化街道体制改革的实施意见》（沪委办发〔2014〕42号）、《关于完善居民区治理体系加强基层建设的实施意见》（沪委办发〔2014〕43号）、《关于完善村级治理体系加强基层建设的实施意见》（沪委办发〔2014〕44号）、《关于组织引导社会力量参与社区治理的实施意见》（沪委办发〔2014〕45号）、《关于深化拓展网格化管理提升城市综合管理效能的实施意见》（沪委办发〔2014〕46号）、《上海市社区工作者管理办法（试行）》（沪委办发〔2014〕47号）。

资源时大都邀请具有较高行政职务的人员参与活动、带头捐款，希望可以通过政府部门领导的参与提升它们的社会影响力与政治合法性，为组织的发展营造良好的环境。

当一个组织活动与政府部门相关联或者有政府部门人员参与时，它就以此获得了政治合法性，即基于某种身份优势，向外界传递出一种旨在吸引相关行动主体关注的信号，以此说明社区基金会开展的服务活动是受到政府部门支持与关注的。在所调研的社区基金会的实践中，邀请具有较高政治身份的人员参与活动是社区基金会动员资源、拉近与政府部门关系的常用方式。如 N 社区基金会在承办 2015 年 12 月陆家嘴"互联网+社会建设"交流会暨首届智慧陆家嘴社群论坛时曾邀请到了时任的浦东新区的副区长、区民政局相关领导等政府部门工作人员参与，并在会上发布了《智慧陆家嘴建设白皮书》与"社区治理指数标准"。又如 M 社区基金会于 2017 年 9 月联合上海戏剧学院演艺中心、安乔国际双语幼儿园、至善艺术基金等多家单位主办了为"困境儿童换新家"的公益筹款活动，其间邀请了多个政府部门的人员参与，对于邀请的理由，该社区基金会理事长表示这样做是"借用政府的影响力""要让政府知道我们做什么""活动需要"，是在理性主义下做出的选择，具有明显的功利主义导向。

当地政府部门领导的言行在很大程度上反映了一种政治态度，这也是被各社区基金会负责人所高度认同的，特别是那些在体制内长期工作的负责人或者对于体制关注度较高的主体对此种论点的接受度会更高，也会对政府部门领导的态度与言行所释放信号更加敏锐。Y 社区基金会成立缘于当地政府部门助推，当地政府部门领导对其支持的态度直接影响到了其他行动主体的行为。Y 社区基金会自从 2015 年获得了市级慈善活动"蓝天下的至爱"在该街道的筹资和资金使用权后，每年都会举办"一日捐"活动，其间领导出席捐赠活动、带头捐赠的做法已经成为工作常态，在领导的示范下辖区内的企业、事业单位、民办组织等主体都参与进来了。

"蓝天下的至爱"这种集体性的慈善活动，在基层中也得到了较好的响应。但是由于存在着不同的利益动机，基层的工作人员与辖区内的企业等主体对此有不同的认知，前者更多是将其当作一种组织任务，重在过程的参与；而后者更多地将其看作一种发展战略，追寻公益背后的潜在收益。

于此，行政领导在很大程度上代表着政府，政府的影响力很大，但是发挥作用的方式却不再是直接的行政命令，而是领导入场所具有的仪式感，对领导的重视其实是一种仪式价值的回归。仪式和典礼这些极具政治意蕴的组织安排在将国家和政府体制变得神圣化的同时，也使政府权威深深地嵌入了社会领域。作为社会重要组成部分的社区基金会出于自身利益的需要也在主动性地向政府靠拢，发挥政府影响力对于资源动员的积极作用。正如米格代尔所言，仪式和典礼与政治活动互为题中之义，剧场和政治之间有一种孪生式的关系，二者十分相像，彼此的领域又经常纠缠不清（米格代尔，2013：164~165）。在我国现有政治体制下，政府对社会经济生活的影响可以说是全方位的，政府往往通过正式与非正式的方式影响着资源配置，在组织行动中得到政府部门领导个人的支持，也就意味着某项活动得到了政府支持，具有政治合法性价值。在很大程度上，获得政府部门领导的支持就具有了一种组织身份优势，拥有了别人没有掌握的特殊资源，这可以说是一种稀缺性的资源，拥有了它就掌握了在资源市场中的主动权。但是很多时候这种领导参与组织活动的行为并不会直接发生作用，而是通过它本身的象征意义起作用，其背后的行动价值在于行动组织可以通过这种支持获得、转化处于政府控制之外的其他资源。从调研中我们可以看到，有领导参与或受政府支持的慈善活动为行动主体提供的内在的参与动力在于慈善活动为其他行动者接触、连通、获取政治资源提供了渠道，企业可以通过慈善形式获得政府的表彰，为企业赢得社会声誉提供契机，属于利他主义价值下的利己行为，是一种"慈善营销"的手段；体制内的个体参与慈善捐赠更多的是基于行政权威带来的无形约束感，是获得政治好感的一种方式。在此，政府部门领导参与社区基金会活动所带来的价值意蕴在于它自身的象征意义，是动员体制外资源的一种方式，为不同的行动主体实现资源转化、获得政治机会提供了行动场域。

（三）积极开展部门合作：探寻多主体支持的策略应对

慈善组织的成长与发展是政府部门放权让利的结果。在改革开放以前，我国处于一种"总体性社会"之下，国家与社会融为一体，有着国家办社会、社会存于国家中的执行逻辑，单位制取代了所有的组织形态，形成最基本的生活单位。在单位制时期国家通过各种组织手段将权力的触角向基层延伸，国家权力与基层社会的组织关系发生了变化，各种组织形式被单位吸纳，国家政权的全能空间得以形成（侣传振，2007），社会组织发展的空间被不断挤压，其资源动员模式也更多地演化为行政动员。改革开放后，随着我国单位制的松动，政治社会体制的改革进程得以开启，为我国社会组织的发展创造了良好的条件，特别是1978年推动公益事业发展的关键部门即民政部得以成立，此后经民政部与其他部门审核批准，陆续出现了几家官办公募基金会，如成立于1981年的中国儿童少年基金会成为我国最早的基金会，我国公益慈善事业从此开启了新征程，相应的资源动员模式由单纯的行政动员向行政动员与社会化动员并存转变。

此后，随着市场经济体制改革的不断深入，社会组织的发展空间得到进一步拓展，实践中基本形成了政治精英主导的权威诱导型、知识精英主导的民主倡导型、经济精英主导的财富推进型的社会组织发展之路（王名，2009）。随着单位制的衰落与解体，传统体制下的社会服务支持系统得以被打破，单位制蕴含的社会服务功能逐渐被剥离与弱化，"单位人"成为"社会人"，封闭型社会转向流动型社会，政治整合转向社会整合，但是我国仍然处于后单位制时代，单位制惯习仍然影响着个体的行为，行政化力量对社会保持着干预，制度空间有限均衡（唐慧玲，2012）。社区基金会的发展同样面临后单位制时代的众多挑战，与以往社会组织不同的是，社区基金会因其基金会的组织属性面临更多的政治规训，社区基金会因资金来源于社会公众，是典型的财团法人①（张国平，2012），当这种法人组织将活动范围限定在行政化的社区层面时，对于资本筹集、资本管理、资本支出就会提出新的要求，进而造就了社区基金会成立与组织运作难度远比其他类型的组织形态（如社会团体、民办非企业单位）大的现实。

在此情形下，各社区基金会在成立后为了获得公益基金会的制度优待、享受到免税组织待遇、获得慈善捐赠发票的使用权，多次奔走在财政局、税务局、民政局之间，特别是当Y社区基金会成立后，在社区基金会的发展共识还没有形成，缺少明确性的制度规定时，平衡三大部门利益、获得基金会的优待许可就需要该社区基金会充分发挥组织能动性与技术性。据Y社区基金会秘书长R介绍，在获得慈善税务优惠的过程中，在遵

---

① 财团法人是大陆法系下的一种法人形式，属于公益法人的分支，其主要特点在于资金来源于社会捐赠，是以一定的目的财产使用为基础而成立的法人，表现为独立的具有特别性质的财产，日本的《公益法人认定法》《芬兰财团法》《印度尼西亚财团法》等都有相关制度性规定（详见张国平，2012：91~96）。

循制度规范的同时，作为发起方的街道领导也发挥了重要作用，领导通过自己获得的体制机会与各部门展开工作，成为社区基金会的实际代言者。此时，非正式关系的应用成为该社区基金会最基本的行动策略。

权威人物支持是该社区基金会获得慈善优待的关键性因素，作为社区基金会发起人的街道办主任 N 通过自己的体制身份联通了各部门间的关系，以多部门合作的方式达到了行动目的。这种行动策略在此后该社区基金会获得上海市慈善基金会在全市每年举办的大型公益筹资活动即"蓝天下的至爱"在 Y 街道的筹资和资金使用权中的作用也表现得非常突出。在现有的后单位制时代，市慈善基金会作为经济体制改革的直接产物，属于官办公募型基金会，一项慈善活动的成功举办涉及不同的部门利益与组织关系，筹资和资金使用权的调整意味着对现有的权力格局的一种冲击与震动，在很大程度上会引发不同的利益纷争与矛盾。通过部门游说的方式获得市慈善基金会在 Y 街道的筹资和资金使用权的行动策略既有着路径依赖的典型特征，也有着很强的实效性价值。

从市层面获得区域慈善资金的使用权是一个需要部门协调的过程，在主体利益的"奶酪"面前，虽然 Y 社区基金会背后是街道力量在发挥作用，与各政府部门同属于行政体制系统内部，但彼此间也存在主体利益相斥的情况，增加了部门协调的成本。N 主任凭借其独特的体制身份与人格魅力在各个部门之间策略性地开展工作，在利用正式制度、走行政程序的同时将非正式关系的释放作为行动目标达成的纽带。实践证明，区域慈善资金使用权的转换在实践中取得了较好的实效。

无论是从 Y 社区基金会获得区域筹资和资金使用权的过程来看，还是从最终的筹资成效分析，该社区基金会无疑是受益者，积极性的部门合作成为最主要的行动策略，也是争取多主体支持的行动过程。此策略的出现可以说并不是偶然，这与我国现有的政府结构存在着很大的关联。在现有的社会环境下，横向的政府部门利益开始显现出来，而政府部门所赋有的条块分割的组织形式在一定程度上反过来加剧了此情形（Lema and Ruby，2007）。近年来，在创新社会治理、加强基层建设的服务型政府的推进过程中，我国的政府结构已经开始向以追求经济利益为导向统筹社会基本公共服务发生转向，但是仍然不能冲破科层制体系"处于固定的职务等级制度之中，拥有固定的职务权限"（韦伯，1997：246）的约束，这就注定了条块分割的组织形式将在很长一段时间内继续存在，而此种政府结构会直接影响到群体利益表达与社会组织的发展（管兵，2013）。Y 社区基金会通过借力于政府领导的权威性，展开积极的部门合作，可以从体制内部来消弭政府结构碎片化带来的张力，并以此为社区基金会发展赢得场域空间。

二 社区基金会的主体行动与信任关系营造

与其他基金会不同的是，社区基金会是立足于社区，用本地的资源协调本地的利益相关者、为解决本地问题而存在的组织主体，内生于社区，发展于社区，服务于社区，具有很强的区域属性。正如前文所言，作为集体行动者的社区基金会为了吸引社区居民参与与组织活动，就必须获得社区居民的信任，以此使社区居民有与之联系的主观意愿。在此，信任关系的建立成为社区基金会获得主体性认可的关键维度。

（一）信任关系：一个关于慈善公信力的命题

"民无信不立"，无论从宏观层面的国家治理来看还是回归于微观层面的组织运作、人际交往，信任关系都是需要予以内化的共意性价值与共识性看法。单位制是一种互惠共利的组织形式，单位是成员彼此熟识的组织共同体，有着基本的行为准则，强调人际关系的重要性、平均主义的分配方式、服从权威（路风，1989）。在共产主义的价值观下信任关系存在于民众与单位之间、单位与国家之间、民众与国家之间，有着集体信任感。但是随着单位制的解体，社会缺少一个"实"的组织来接纳从单位制中分离出的个体，个体与个体之间、个体与组织之间的信任关系纽带越来越薄弱。在市场经济的发展中，各行动主体受到了理性主义与自由主义的再次冲击，行动的功利主义在很长一段时期内也成为社会的主导价值，社会范围内出现了信任危机。

当信任危机席卷社会各个领域时，基于利他主义与至善观的慈善事业也同样受到了影响，这一危机严重影响到了慈善事业的持续性发展与慈善价值的再造。信任关系是慈善运作的基本价值取向，由此衍生的公信力是慈善组织建设最根本的核心问题，也是"衡量与评价社会组织建设成效的关键因素"（姚锐敏，2013）。社会慈善是和谐社会建设的重要组成部分，两者是互为条件、相互建构的关系（范斌，2005），在此种情况下无论是学界还是实务界都呼唤慈善公信力的回归，强调在增进普遍信任的过程中实现慈善组织公信力再造（石国亮、廖鸿，2015），重塑第三方评估机制在慈善组织公信力中的作用（石国亮，2012），完善组织评估体系，改善组织治理结构（朱志伟，2014），追溯物资的分配，从技术与制度层面实现慈善组织运作透明化（张鹏等，2016），等等，希望以此重建慈善事业发展的公信力，这已经成为慈善公信力的一个基本命题，也是社区基金会需要专注与回应的起始逻辑。

（二）"走街串巷"的艺术：与居委会的合作式分工

社区基金会是立足于社区、服务于社区的主体力量。但是在现有社区基金会的组织生态中，存在着内生性的组织形态与外发性的组织形态。就前者而言，社区基金会是社区内的相关主体在日常行动中认识到了社区基金会的自身价值，看到了社区基金会在满足居民需求、解决社区问题中的积极作用而发起成立并在社区内运作发展的，本身就有发起于社区、服务于社区的实践逻辑。就后者而言，社区基金会由社区外的其他主体发起成立，在服务过程中扩展到其他社区，嵌入其他社区服务与管理之中。Y 社区基金会可以说是属于内生性的组织形态，由 Y 街道在社区服务过程中发起，不存在任何强制性的外界力量干预，完全是在社区范围内自愿成立；而 M 社区基金会与 N 社区基金会都属于企业与个人出于发展社区服务需要，以从外界嵌入的方式进入社区，在社区内展开社区活动与服务。三类不同的社区基金会共同的特征在于都在社区内开展服务活动，都要入场于社区，获得社区民众与其他主体的信任，凭此开展社区服务，特别是对于外发性的社区基金会而言，如何入场于社区以确保其可以在社区内开展相关的服务、如何以一种外来的身份获得社区主体的信任就显得极其重要。正是因为此种情况，N 社区基金会与 M 社区基金会开展了一系列的社区入场行动，"走街串巷"试图了解社区，把握社区服务需求，与社区民众建立组织关系。但探究其行动路径的服务轨迹，此两个外发性的社区基金会在社区信任关系营造方面都在很大程度上借助了居委会的主体力量。

在 N 社区基金会的行动逻辑中，因该社区基金会以开展社区自治服务项目、打造社区自治团队为其主要的服务宗旨，以资助社区项目培养社区居民的自治意识的形式，探寻有自治基础的社区，所以扎根于社区成为该社区基金会基本出发点。从调研情况来看，N 社区基金会主要采取工作站的方式在有"潜力"的社区内设立服务点,以此开展服务项目,而站点的设立主要集中于居委会或由居委会提供的场地,社区基金会的工作人员在居委会主任的推荐引导下参与社区活动,筛选自治项目。正如该社区基金会的秘书长HBZ坦言的,"社区为我们提供条件""我们给社区资助项目",彼此之间存在一种互惠协作、分工有序的内在机理。

在M社区基金会的运作过程中,也存在着与居委会的分工式合作关系,但是与N社区基金会不同的是,M社区基金会更多是利用了居委会的人力资源,发挥了居委会工作人员熟悉社区、居民信任居委会的优势成功实现了信任关系的转化,其中居委会"打招呼""干部带领"成为最重要的入场方式。

在社区内开展服务,如何入场成为各社区基金会首先要考虑的问题。通过调研发现,对于政府发起的Y社区基金会而言,因内生于社区需求,其拥有着先天性的入场优势;而对于由其他主体发起、需要嵌入社区的N社区基金会与M社区基金会而言则需要通过"走街串巷"活动实现入场。从其行动过程来看,与居委会分工协作、借助居委会的社区影响力成为成功入场的关键。在此,我们需要反问的是:为什么两类社区基金会都要寻求居委会的帮扶?为什么居委会可以长期存在于社区之中?居委会何以取得居民的信任?在笔者看来,归根结底要对居委会在基层社会治理中的作用进行分析,需要探寻居委会的产生及其角色关系。正如前文所言,改革开放以前我国处于单位制时期,单位成为集生活工作于一体的服务场域,同时单位也是社会资源生产与分配的基层组织,承担了基本公共服务供给者的角色,但在我国开始进行经济体制改革与社会转型之后,单位制逐渐解体,单位工业生产与基本服务实现了分离,短时期内社会基本公共服务处于真空化状态,服务主体趋向于模糊。在此种情况下,考虑到社区成为"社会人"生活最基本的物理空间,社区服务于1986年得以引入,1991年民政部为了强化社区服务的作用与地位,拓展社区服务内容,又提出了"社区建设"的概念,至此公共服务与社会治理"社区化"成为一种趋势(杨敏、杨玉宏,2013)。在此进程中,居委会成为取代单位的最基本的供给者,开展社区公益与公共服务、满足与反映居民利益需求、处理解决社区公共事务、协助基层政府部门做一些服务性工作是其基本的工作任务。我国《城市居民委员会组织法》更是将其定位为"自我管理、自我教育、自我服务"的基层群众性自治组织,不属于国家公共权力行列中的政府机构。但是在当下的中国，居委会已经在极大程度上脱离了基层自治组织的法理属性，演化为作为国家代理人的"准政府"（杨爱平、余雁鸿，2012），成为城市社会治理体系下"二级政府、三级管理、四级网络"的治理主体，与市政府、区政府、街道办构成了一个"政绩共同体"（于建嵘，2011），居委会成为政府职能社区化的延伸与落脚点，行政化倾向日趋严重（潘小娟，2007），居委会即是政府的代言人已被社会广泛接纳，"有事找居委"也被社区居民认可。正因如此，N 社区基金会与 M 社区基金会的管理者看到了居委会双重属性，依靠居委会实现需求探寻、项目入场、服务跟进成为一种极具艺术性的行动策略。

（三）利他过程中的利己：服务对象的理性选择

与其他类型的基金会相比，社区基金会最大的服务特色在于其服务场域的社区化，具有明显的区域化特征。从社区基金会在我国的实践化过程来看，社区在很大程度上表现为行政意义上的社区，属于微观层面，无论是政府发起型、企业发起型的社区基金会还是个人发起型的社区基金会，最终都是在社区内开展具体工作，践行捐赠人意愿，致力于社区发展。社区是一个生活共同体，连接着工作、交往、消费等各种有形与无形的场域，涉及不同背景的个体、家庭、单位等主体，具有很强的复杂性。正因如此，当不同类型的场域与不同的主体形成互动关系，因主体惯习的差异化，社区面临的问题也就趋向于多元化与复杂化，在经济社会发展水平提高与民众需求持续增加的影响下其交织性也将更加突出。慈善在本质上是人类社会对社会弱势群体的关怀、对公益事业的支持及与社会公平正义的追求，在对弱势群体的扶贫救助、教育公平、社会福利、社会服务等领域的公益机构的发展方面具有正向功效（范斌，2005）。然而，对于区域属性很强的社区基金会而言，因其主要面向本地社区筹集生存与发展性资源，且基于公益慈善的目的，道德感召力与利他主义成为捐赠人主要的行动价值，在缺少强制力约束与商业化运作的情况下所筹集到的可以用于社区服务与发展的慈善资源就非常有限，容易在社区日益增长的服务性需求与社区基金会有限的资源供给力之间产生矛盾。在调研中，N 社区基金会与 M 社区基金会均已经认识到了此问题对社区基金会发展的影响，在复杂多样化的服务需求中做出了理性化抉择，在综合考虑问题的严重性、影响力、需求的紧迫性的情况下有着不同的执行逻辑。

如何在社区多样化的需求与有限的资源供给力之间寻找平衡，是每个社区基金会在服务运作过程中都需要解决的问题。从实践调研中看，社区基金会的理性出场集中体现在社区服务对象的选择方面，过程中既有利他主义的价值关怀也有利己主义的考虑。N 社区基金会与 M 社区基金会这种理性出场可以说是对于此问题的一种回应，其理性主要体现在两个方面。一方面这种选择是基于对社区服务性需求的把握而提出的，所针对的问题在社区内客观存在了一段时期，与居民生活紧密相关，问题比较普遍且具有一定的代表性与解决迫切性。简言之，需要解决的问题是源于居民需求的、客观存在的。另一方面社区基金会也考虑到了所选择问题的解决可以产生的社区效应与社会影响，这种选择是社区基金会基于组织发展的长远利益而做出的，在访谈中提及的"受到民政部门的肯定"、居民"主动上门"也就蕴含着这一考虑。但是不管从社区基金会在实践中解决的社区问题来看，还是从社区基金会自身的利他主义动机分析，社区基金会的理性出场在处理其与社区居民的关系中发挥了积极正向的作用，拉近了社区基金会与社区居民的心理距离，让社区居民有近距离接触社区基金会、认识社区基金会的机会，重新认识社区基金会给个体生活带来的变化，使得居民"主动上门"的情形得以发生，有了民政局、资助人的积极反馈，这是社区基金会获取社区居民、资助人、管理部门信任感的一个过程。

（四）从"悬浮"到落地：居民参与形式的多重变奏

社区基金会的服务场域在社区，而社区主要的主体是社区居民，社区服务从本质上讲是对人的一种关怀，在实践过程中需要深嵌于社区，做到以人为本，实现社区居民的再组织，这也是社区基金会在我国得以迅速发展的重要价值因素。但理论价值成功应用于实践过程往往需要有缓冲过渡期，从国外引入国内的社区基金会也需要有一个本土化与土生化的探索过程，其间很容易出现服务主体与服务重点的偏离。调研发现，各社区基金会从社区服务到居民参与在很大程度上是探索与转型的过程，特别是对于成立时间较早的 M 社区基金会与 Y 社区基金会而言，此种服务转向性非常明显，具有非常典型的行动印迹。

1. "回到社区居民来"：工作重心的转移

追根溯源，上海市第一家以"社区"命名的基金会是 M 社区基金会，该社区基金会成立于 2012 年初,但其在 2008 年就已以非正式身份参与到了具体的实践服务过程中。从该社区基金会成立之初的章程来看,第七条明确指出"本基金会的主要活动在上海市,业务范围如下:(一)为弱势人群的心理援助与研究提供资助;(二)资助社区开展有益身心健康的公益活动;(三)为志愿者专业培训以及成长提供资助;(四)为公益事业从业人员和志愿者提供心理关怀服务"①,并以此形成了"小橡树""爱晚晴""志愿者培训"三大品牌项目。其中,"小橡树"项目主要为医院的患病儿童提供每周一次的陪伴、团体游戏、绘画治疗等服务;"爱晚晴"项目为养老院的孤寡老人提供心理支持,采取现代行为疗法陪护老人,开展人生故事会等活动;"志愿者培训"项目主要是对基金会所有的志愿者开展技能培训,以满足不同的服务群体的需求。② 结合 2016 年 6 月的初次调研,笔者和调研团队发现,围绕此三大品牌项目,虽然该社区基金会的服务的人群源于广义上的"社区",但是主要的活动场所在医院与敬老院,在很大程度上对于实践中的社区情况了解较少,具体的居民需求把握程度较低。究其原因,与该基金会发起人成立基金会的基本动机有关。据 M 社区基金会理事长表示,起初成立基金会出发点在于做心理咨询,至于名称中有"社区"一词则是民政局建议的结果,但其本人对此认同度并不是很高,因此延续了既定业务范围,社区化服务的偏离行动由此产生。

然而,在 2014 年末上海市"一号课题"发布之后,随着社区基金会在上海的广泛成立与市民政局对于社区基金会的重视,M 社区基金会开始了发展方向与工作重心的转移,积极地融入社区,在社区内广泛开展服务活动,相继开发出了"爱心 100 儿童心理援助""螺蛳壳儿童空间改造""公益第一站音乐会""社区公众"等服务项目,开始融入社区内部,与社区公众展开各种形式的互动,如举办老年人故事会、儿童读书会,关爱重症儿童等。对于这种转型,当笔者再次回访时,该基金会理事长表示"形势所需""发展转型""整合资源"可以说是其主要原因。

从总体上看,从以心理咨询为主转移到以社区服务为主,既可以说是实现了服务场域的转移,也可以说是服务形式的再造,其背后的行动逻辑

---

① 资料来源:《上海市 M 社区基金会会章程》(于 2012 年 6 月 7 日由理事会表决通过)。该章程经过了上海市社会团体管理局的章程核准,核准日期为 2012 年 9 月 29 日。

② 资料来源:上海市 M 社区基金会 2013 年度检查报告书。

是对于宏观政策的把握与体制红利的再利用，遵行社区性回归的执行逻辑。

2. "让居民来做主"：居民参与方式的拓展

Y社区基金会虽然是由街道发起成立，在一定程度上对街道有依赖性，但是从一开始就引入了第三方组织为其提供一站式的社区基金会培育服务，有着社会化运作的组织基因。2013年成立后，Y社区基金会开展了两项服务工作，一是组织第一届社区生活公益市集活动，二是在街道老年摄影协会志愿者的支持下，组织开展了短期公益项目"耆乐融融"长者全家福拍摄及其成果展览，此两项服务工作受到了社区居民的好评，拉近了Y社区基金会与社区居民的心理距离，为以后社区基金会的系列化服务创造了行动基础。

上述成果从侧面反映出了社区基金会在特定的群体中产生了较好的影响，赢得了一定的社区信任。除此之外，Y社区基金会在为社区居民提供面对面的社区服务、接近社区居民的同时，也通过项目化的形式让社区居民参与到项目评审过程中，打破了以往由领导专家评审项目的传统，开设了专家评审与大众评审相结合的综合性项目评审方式。就具体的角色分工而言，专家评审与大众评审采取了"同标准不同比例"的做法，即两者采取同一项评分标准，但在最终的总分中占比不同，其中专家评审占百分之七十，大众评审为百分之三十。大众评审的成员主要是从街道38个居委会中由每个居委会推荐或自荐1名大众评审员参与项目评审，决定项目是否可以回应民众需求，是否予以支持。

对于实践中的项目评审，笔者曾在2017年4月对该社区基金会的评审活动进行了现场观察并就此开展了访谈。从实际情况来看，当申请机构介绍与答辩完成后，专家评审团会就项目设计的必要性、合理性、指标制定、团队情况、面临风险及财务状况进行提问与质询，根据申请机构答辩情况进行专家第一轮评分。随后由大众评审团展开提问，与专家评审团的侧重问题不同的是，大众评审员主要针对的是项目是否使他们感兴趣、活动内容设计情况以及团队配置三个方面，当没有大众评审员提问时直接进入第二轮评分，即大众评审员评分。从开始至结束，一个项目的答辩时间集中在15~20分钟，个别项目会有所差异。整体而言，专家评审与大众评审间的协调性较高，居民的参与积极性也很强。

但值得注意的是，因大众评审员属于街道与居委会自行推荐，38个大众评审员中有接近三分之一的成员属于居委会工作人员，另有三分之二的成员属于社区内的积极分子，如楼组长、老年协会成员等，在社区居民参与组织活动的生态结构中非常活跃，这也反映出了社区骨干在基层服务中的价值与作用。但是无论是从普通社区居民还是社区骨干的角度来看，大范畴下的公民参与已经成为慈善组织基层化实践或者基层治理的一大重要转向。在现阶段，公民已经不仅仅是政府提供公共服务的消极消费者，也超出了传统公民参与理论将公民界定为的选择代议人的投票者角色。应该看到的是，富有能动性的公民也同时是表达自身利益、影响公共政策发展的有生力量，是参与社区决策的有机组成部分，更是与政府公共管理者或者公益慈善组织一起提供社区公共服务的合作伙伴。

三 社区性回归：社区基金会共识价值的实践方向

共识价值是相关行动主体对于某特殊事物、事件的共同性认识。在社区基金会资源动员的实践逻辑中，共识价值为结构系统中的直接主体与间接主体提供了一套共有的标准，保障了不同的行动主体可以以同样的情景定义进行互动，获取公益资源，特别是在宏观的社会结构中，共识价值起着基础性作用，缺少它，超越面对面的互动交换就难以发生。社区基金会作为服务于社区的行动主体，在共识价值的营造过程中社区性成为其基本的起始点，有着社区性回归的实践形态。

（一）"公益，让社区生活更美好"：一场宏大叙事的展开

随着社区服务社区化在我国的持续推进，各地区的社区服务形态与内容得到了很大丰富，各种内生性社区服务与外发性的服务共同促使着社区化的社区服务体系不断完善，社区公益的组织生态开始逐渐形成，特别是在上海的实践化过程中表现得最为突出。早在20世纪90年代，上海就已经开始了政府购买服务的实践探索，1995年的罗山市民会馆的建立与运作拉开了我国政府购买社会服务的序幕。2004年2月，CS路街道在原有社区服务捐赠点的基础上借鉴国外实物帮困经验与现代商业超市运作模式开发出了社区"慈善超市"，该模式随后在全市范围内得以扩展延伸。同年7月，民政部在总结上海慈善超市经验的基础上发出通知，提出各地的民政部门可以在全国大中城市建立慈善超市。此后该模式在上海进一步发展，

2017年，国内首家O2O（线上与线下）慈善超市在静安区开业，上海市民政局也印发了《上海市慈善超市创新发展三年规划（2017—2019年）》（沪民慈发〔2017〕1号）。① 此前，2016年，在第六届"上海公益伙伴日"，上海市民政局宣布未来将在上海打造万家公益基地，其中社区将成为公益基地的重心，开展各种公益服务。此外，上海的社区自组织发展速度很快，居委会、村委会也正式获得了"特别法人身份证"。② 在社区公益的发展进程中，社区基金会自2012年在上海开始发展后，现已成为解决社区问题、整合社区公益组织资源、营造社区公益价值体系的主体力量，这在实践调研社区基金会资源动员过程中也得到了印证与体现。

1. "公益，让社区生活更美好"的生成逻辑

在基金会的组织生态中，社区基金会最大的组织优势在于其社区性，在链接社区内各个行动主体、动员社区资源的同时，可以准确把握社区服务需求，解决社区问题，提升社区居民的生活质量。正因如此，社区成为各社区基金会最主要的服务场域，如何更好地服务于社区、充分发挥公益在社区中的价值、扩大社区基金会的组织影响力是其首先需要考虑的。从现场调研情况来看，各社区基金会对于自身社区价值及影响力的塑造主要集中在两个方面：一方面是常规式的塑造，即将社区观念融入日常化的组织服务过程，社区的服务观念体现在项目、组织活动的某一个阶段或者全阶段；另一方面是运动式的塑造，即将社区基金会的社区性重点突出，集中在某一时期开展的活动中，具有临时性或者周期性特征。Y社区基金会作为由政府发起的社区基金会，对社区影响力的塑造有着政府行政的运作逻辑，其背后体现着组织的"官民二重性"，特别是其举办的"公益，让社区生活更美好"的主题系列活动，更是一场由社区基金会、社区组织、社区单位及政府共同参与的宏大叙事。该项目活动的举办旨在通过持续性、集中性的活动让更多的社区主体了解社区基金会，增强与其联系，是基于理性视角的有目的性的活动，对于增强社区基金会影响力有着比较好的作用。

---

① 俞凯、臧鸣：《国内首家O2O慈善超市现身上海，商品均来自捐赠打5-7折》，澎湃新闻，https://www.thepaper.cn/newsDetail_forward_1702383，最后访问日期：2022年8月7日。
② 《新时代新气象新作为 | 上海居、村委会获得"特别法人身份证"》，"澎湃新闻"百家号，https://baijiahao.baidu.com/s?id=1588762036486697522&wfr=spider&for=pc，最后访问日期：2022年8月7日。

类似于"公益，让社区生活更美好"的口号选择对于 Y 社区基金会而言并不是特例，在服务过程中该社区基金会还设定沿用了"一日捐""小小志愿军""少年志"等常规性极富动员色彩的称谓；M 社区基金会也曾开展以"看得见的爱心，看得见的公益""谢谢你的爱""大城有爱，益行益善"等为主题的活动。由此我们看到了口号已经成为一种极其常态化的形式，需要做出思考的是这种公益口号的价值在哪里、公益为何需要它的问题。

2. "口号"的价值：兼论公益为何需要"口号"

在我国现有社会情境下，口号被广泛应用。可以说，口号是为了应对某种时势、事件或者问题而存在的，它并非仅作为一种常用的宣传或动员工具，其内蕴的价值理念与方法，为情感的表达、问题的解决提供了指导。从一定程度上讲，口号往往与理论、主义联系在一起，都是考察特定的社会情形的工具，但是因为理论与主义有抽象性，不能轻易被基层民众接受、掌握与执行，于是它们被简化为口号，通俗易懂，精练明确（李中一，2016）。改革开放以前各种口号在很大程度上存在着极强的政治色彩，但在现代化的不断发展中口号日趋多元化，有着政治性标语口号、公益性标语口号、商业性标语口号及个人性标语口号之分（胡范铸等，2004），表达方式开始走向丰富化，标语风格日趋人性化、个性化、情趣化，造词更注重修辞、语气（聂莉娜，2008），在推动政党组织构建与政权发展，实现阶层整合与社会变革（刘俊凤，2014）的同时具有引导社会成员理解特定目标，通过社会化教育培育高素质公民，表达意愿、凝聚人心的功能表征（韩承鹏，2008）。但是口号也具有消极性，口号不能被口号化，过度夸张的口号容易走向不作为与形式化，也有可能被强势群体所利用。

标语口号可以说是一种由文字建构的文化符号。符号互动论认为互动有"非符号的互动"与"符号的互动"，符号存在三种形态：一是物质性的东西，如树、桌子；二是社会性的东西，如教师、学生；三是抽象性的东西，如道德、法律（侯均生，2001：223）。口号即可以说是抽象意义上的符号，社会价值在于其整合动员作用，精神价值在于其能促进情感性释放与再黏合，可以激发行动者精神与情绪的共鸣。对于何谓公益，在笔者看来公益即围绕公共利益展开的旨在满足个体、群体生存与发展性需求，提升生活品质与主体幸福感的服务性活动，它具有公共性、利他性。为了实现公益价值的持续注入，发挥公益的社会功能，资源动员成为公益发展必不可少的支柱性力量，而标语口号潜在的社会整合力、情感动员力以及象征性符号所释放的价值与公益发展之需产生很强的耦合性，口号既成为动员公益资源、传播公益价值、构建主体性认同的一种工具，也是公益的一种话语表达。亚当·斯密说"效用的表现赋予人的品质和行为的美，以及关于这种美的概念可能在何种程度上被看成一种原始的赞同原则"（斯密，2015a：237），口号的价值效应就在于唤起行动主体道德理念中的善念，探寻道德世界中的共享价值。社区基金会对于公益口号的使用可以说是构建社会认同与共享价值，获取社会主体信任感的一种策略化选择。

（二）驻区企业的链接：探寻"经济人"中的社会性

社区基金会立足于社区，致力于社区需求的把握、服务问题的解决，与社区内的其他行动主体共同行动，这些主体就成为社区基金会伙伴关系的组成者，也是其资源动员的主要对象。从社区基金会资源获取的现有结构来看，尽管现有的资源来源涉及政府、企业、大型基金会、社会组织、个人及服务性收费，具有多元化倾向，但是企业捐赠在很大程度上始终处于捐赠结构的上游位置，企业成为社区基金会主要的资源供给者，如 M 社区基金会 2016 年接受的捐赠收入为 2517673.60 元，其中企业捐赠占比为 64%，提供服务收费占 12%，投资收入占 9%，个人捐赠占 11%，其他捐赠占 4%；[①] N 社区基金会因其由企业发起，2016 年共收到捐赠资金 4011182.16 元，其中企业捐赠额达到 3843582.16 元，占有比例超过 90%；[②] Y 社区基金会共收到捐赠资金 1618510.83 元，其中企业捐赠占比达到 55.4%。[③] 因此，对各个社区基金会而言，如何有效地吸引企业捐赠成为一个急需明确解答的问题。根据调研发现，主动发现潜在捐赠人，为企业提供公益咨询方案，让企业看到公益带来的改变成为其吸引企业、与企业建立公益伙伴关系的重要方式。

1. 从捐赠意愿到捐赠行动：社区基金会积极链接

在我国现有的属地化管理中，无论是个体行动者还是群体、组织等集体行动者，都受到了属地化管理的约束。社区既是属地化管理的象征，也

---

① 资料来源：M 社区基金会 2016 年度总结报告。
② 资料来源：N 社区基金会 2016 年度检查报告书。
③ 资料来源：Y 社区基金会 2016 年度检查报告书。

是行动者身份的标识。驻区单位也因此成为属地化管理的重要对象之一。社区基金会作为社区资源的动员者，对于驻区单位的动员与链接一直是其重点关注的。在此过程中，考虑到行动个体工作于单位，生活于社区，具有社区化的现实倾向，在社区基金会成员的努力下，实践中的社区基金会更多地采取了让志愿者、社区居民成为其潜在的筹资人，在日常服务中有意识地培养志愿者、社区居民的筹资意识的方式。此种行为表征在 Y 社区基金会的日常化实践中的作用非常明显。在实践调研中 Y 社区基金会多次承办各种组织服务活动，介绍社区基金会与驻区单位捐赠关系的培育过程，如在 2017 年的"上海市公益伙伴日"中该社区基金会承办了"社区基金会的互动与成长"的论坛，在此过程中即分享了由社区居民充当社区基金会的链接人，社区基金会积极跟进以获得驻区单位公益资源的案例。

之后，笔者就此案例向 Y 社区基金会秘书长询问是否有类似的捐赠仪式之类的标识时，该秘书长表示在街道与社区基金会协商后，驻区单位的捐赠收入被作为慈善联合捐的部分收入，且驻区单位作为捐赠方代表出席了捐赠仪式。在这种情况下，捐赠仪式承载了社区基金会链接社区资源、获得社区认可的价值意蕴，在凝聚社区共识、扩大社区影响力中发挥着积极作用。

同时，需要注意的是，因 Y 社区基金会属于街道发起，且街道的支持对于该社区基金会链接动员企业公益性资源也发挥了重要作用，存在着街道前期动员，社区基金会后期入场的执行逻辑与行动主体之间的互惠关系，其具体内容可参见第 5 章相关内容。而在 M 社区基金会获取企业资源的实践化过程中，因 M 社区基金会属于个人发起，对企业资源的动员路径更多地体现在发起人的资源动员能力上，有着对于资深公益人的权威性依赖，此依赖离不开该社区基金会理事长早年从事新闻报道的经历中长期积累的人际关系的支持，且该社区基金会有着较多元化的组织结构，结构中的行动者具有一定的社会影响力与组织动员力，发挥着"弱链接"的作用，这都为社区基金会将企业捐赠人意愿转化为捐赠动机创造了条件与基础。其具体内容可参见第 5 章、第 6 章相关内容。

2. 企业慈善的利他性与利己性：对"斯密难题"的再理解

企业是以营利为目的，运用各种不同类型的组织生产要素，如土地、劳动力、资本、技术向市场提供商品或服务，自主经营、自负盈亏的社会经济组织。现代经济学理论认为从本质上讲，企业是"一种资源配置的机制"，可以实现社会经济资源优化配置，降低社会整体性的组织交易成本。企业从事慈善，向其他主体捐赠资源，是对资源使用权与所有权的让渡，放弃了创造组织利润的关键性因素，达到改善生活质量、增加社会福利的目的，一定程度上似乎存在着企业利他性与利己性的矛盾、"经济人"与"社会人"的冲突。从根源上讲，这其实是对"斯密难题"的继承、发展与再争论。

对于"斯密难题"的争论主要源于斯密《道德情操论》与《国富论》两部著作所蕴含的价值差异。一般说来，《道德情操论》研究人的精神生活，将人看作有同情心的利他主义者，是一种"社会人"的假设，而《国富论》则研究人的物质生活，将人看作自私自利的利己主义者，是一种"经济人"的假设，两者存在伦理学上的利他主义与经济学上的利己主义分歧，最早于1876年在《国富论》出版百年之时，德国历史学派的经济学者首次提出"斯密难题"或者"斯密矛盾"（于俊文，1990：495），此后的讨论持续增多。"斯密难题"的讨论虽然在持续，但《道德情操论》的"社会人"假设与《国富论》的"经济人"假设也有统一之处，这对于我们理解企业慈善具有很强的启示性。首先，无论是从"社会人"来讲，还是从"经济人"分析来看，信任都是实现资财自由流动的有效条件，是对个体道德的评判，特别是斯密对于储金银行的论述最为集中地体现了他对于信任的看法，他指出："国内流通的铸币存入银行，银行既给予银行信用，也发给受领证书，但这种受领证书，通常是没有价值的，也不能在市场上售得什么价格。"（斯密，2015b：58~59）在斯密看来，个人是希望获得别人信任的，通过主体间信任实现货币自由流通，这与他在"论天性致使个人成为我们关心和注意的对象所依据的次序"（斯密，2015a：285）这一主题下的论述有异曲同工之处。其次，正义也是斯密关注的对象。斯密在经济公正观上倡导了一种"生产的正义"（吴瑾菁，2015：284），认为正义是一种基本的美德要求，它架构了商业社会的基本制度框架，保障了自由的市场制度，无论是从《道德情操论》还是《国富论》来看，斯密对于人的论述都包含一种"社会人"的基本论点，就其前者而言，斯密提出了谨慎、仁慈、正义与自制，其中仁慈与正义可以看作关于社会激情与社会利益的描述，正义是社会秩序的保障，在他看来只有遵守正义法则，社会才能存在，"所以对这一正义法则必要性的考虑，就被认为是我们赞成通过惩罚违反正义法律的那些人来严格执行它的根据"（斯密，2015a：

110~111);而就后者而言,社会成员在分工合作关系中共同享用劳动成果,负担政府开支和税赋,实现资财顺利流通,具有社会性,"社会人"角色分属于每个社会成员,他们在正义制度下共同生产、共同消费与开支,尽管这种正义(公正)具有功利色彩,但是公正在《国富论》中扮演着中心角色(沃哈恩,2006:87~88)。

在很大程度上"斯密难题"是看到了《道德情操论》与《国富论》间的差异性,但是忽视了两者的耦合性,这也就是为何有的学者认为斯密难题"实际上是由于误解其著作而产生的"(斯密,2015a)。实际的企业慈善正是在"社会人"的视角下的一种公益行为,是企业社会责任的重要组成部分。一般而言,企业社会责任涉及经济责任、法律责任、道德责任以及慈善责任(Carroll,1979),有着微观、中观与宏观的企业层级(蔡宁等,2009)。微观层面的企业慈善更多的是基于企业资源观,体现一种追求企业竞争优势的价值导向;中观层面的企业慈善对于制度压力与组织间的互动有更深的理解,是对企业合法性的追求;宏观层面的道德动机推动企业慈善更多是基于企业或者地区文化面临的特殊情景模式,是社会价值观的企业化运作。尽管企业慈善也有"公益营销","经济人"优于"利他性","利他"是"经济人"的重要手段(郭晟豪、阚萍,2012),但是利他性的慈善事实与对受益人的积极改变在极大程度上提升了社会质量。为此,以社区基金会为代表的慈善组织在与企业开展慈善活动实践时,更多的是要开展积极性引导,为其制订需求与供给相匹配的慈善方案,激发企业利他主义的价值关注,实现"经济人"与"社会人"的平衡与企业慈善价值的最优。

(三)"家的隐喻":情感治理的实践表征与价值

在我国传统的社会结构中,个人、家、国、天下成为最基本的四重划分,家链接着个人与国家,延伸出天下观;而在现代社会中,国家—市场—社会的结构划分似乎将家的概念淡化,排除出组织结构的研究范畴,其实不然。即使在计划经济与"文化大革命"时期,社会对领导人、国家、公社的忠诚度在一定的历史时期可能超越家,有着"去家化"的一面,也仍然没有彻底阻止家在社会结构中的作用发挥。特别是在现有的个体化、原子化的社会中,家仍然是个体精神文化生活的基础场域、个体进行群体化活动的基本单位、个体寻找组织归属的首要选择。家之所以有如此强大的社会嵌入力,是因为其承载的社会功能,家在为个体提供再组织化的物理空间时,还赋予了情感性的关系认知,为组织化提供组织动力。正因如此,"家"也成为社区基金会开展社区化服务,实现居民再组织化的一种价值追寻,这一种"再家化"的探索。

1. "家的叙事":社区组织化的实践表征

社区是家庭的聚居区,蕴含着使个体再组织化的价值情感。为了让社区中的个体走出家庭、融入社区,营造社区中家的温情,各社区基金会围绕"家"展开价值营造与实践活动。就 Y 社区基金会而言,首先该社区基金会将"家"理念融入了组织自身的定位中,如在其开发的微信公众号中,功能介绍说明为"捐款可以开开心心,花钱就要明明白白,脚踏实地做咱们基层社区需要的公益。我们打造您家门口的公益服务生态链,请与我们一起以行动改变社区!",将家庭与社区有效地联结起来了。此后在社区基金会社区化服务中,先后开发设计了多个与家相关的主题服务活动,具体涉及少年儿童、老人、贫困家庭等方面,如"每一个孩子,都是家里的'记忆小天使'""'让爱住我家'浦江镇郊野公园定向活动""'少年志'家长工作坊:走出青春期风暴——做有智慧的青少年父母",并设立了"传家宝专项基金"。

从 Y 社区基金会已有活动内容来看,"家"承载着让社区民众走出传统的"小家",融入社区服务与组织化的过程。且在将"家"的概念与社区民众的参与联系起来的同时,Y 社区基金会在 2016 年 5 月以"家"的名义开展了主题为"社区,我们共同的家"的矛盾协调会,针对 LG 社区内宠物咬人引发的不满进行协商,与街道副主任、平安办主任、LG 社区主任、书记、六名拥有宠物的居民、六名楼组长、小区物业代表共同协商宠物的管理工作,最终较好达成了一致性意见,具体由社区基金会给予一定资金支持,用于购买宠物带,楼组长与居委会进行宠物调查登记,并做养宠宣传,养宠物居民代表对社区中养宠者进行劝导,物业则准备好捕宠器,当宠物发生咬人事件后可以及时处理。此后,为了预防宠物伤人事件再次发生,在街道的支持下,Y 社区老娘舅调解工作室向 Y 社区基金会申请了一个"文明养宠,共创美好社区"的服务项目,得到该社区基金会持续性的资金支持,以在街道所有居委会和小区内开展预防工作。通过此事件的行为过程演化,Y 社区基金会对"家"的理解已经从调动社区居民参与组织化活动,延伸至多元主体共同参与解决社区问题的层面。

与 Y 社区基金会不同的是，N 社区基金会没有在实践中直接用"家"的词语表达，但是也蕴含着对"家"承载的内在情感的动员，特别是对于亲子服务项目的策划与价值表达最具有代表性。如 N 社区基金会在陆家嘴的福山社区内开展的"你的爱，我来守护"与"亲子伴我行，共享美好社区"两个亲子类服务项目都是致力于将家庭成员的组织动员作为主要的服务方式，希望通过亲子活动传达社区基金会的公益价值观，提高服务对象的接受度。从本质上看，此种以亲子作为服务对象的做法也是一种情感化的家庭动员方式，凸显了"家"赋有的情感性，承载着情感治理的一种实践化路径，是"再家化"下的效益再现与公益共识的主体性再造。

2. "家"与基层治理：对情感治理价值的理解

有学者指出，社区建设中情感与行动间逻辑的缺环是社区动员的研究起点，社区居民中缺乏文化共鸣、共同情感的激发就会难以形成具有行动导向的象征物，需要制造社区生活共同主题与具有社区特征的动员话语，寻找社区居民的共同利益与共享的社区文化框架，提升集体认同感以塑造社区情感与社区意识，支持持续化的社区建设运动（范斌、赵欣，2012）。从 Y 社区基金会对"家"的实践表征来看，无论是从动员居民参与社区活动，实现群体的再组织化来看，还是从营造多元主体共同参与氛围，致力于社区问题的解决进行分析，"家"赋有的情感性始终透渗其中，这也是营造社区共同情感价值的重要表现形式，共同情感由此演化为行动者参与的主体动力，在基层化服务与管理中有着情感治理的实践逻辑。之所以有如此判断是基于在打造共建共治共享的社会治理格局中，基层治理主体突破了政府的单一性，实现了社会化扩展，开始走向多元化，社区基金会作为成长于社区的新兴主体成为构建社区治理体系的重要推动者，无形中承担起了社区治理的责任。为此，我们需要再次明确的是"家"在情感治理的基层化实践中价值在何方的问题。之前何雪松教授在谈到城市文脉时曾提及，在我们中国人的情感想象中"'家'的感觉就是对自己所居住的城市最为重要的情感标记"（何雪松，2017），以此说明了"家"的情感价值具有一定的稳定性，情感蕴含于时间、空间脉络之中，把握了这种情感基调对于洞察社区的情感价值及基层治理有积极的启示性。在传统社会中"家"经常与家庭、生产、统治相互联系，有着宗庙、宗族与个体家庭的意义表达（燕连福，2017），但是在近代的社会转型"大脱嵌"之下，家国天下的理念遭到冲蚀，形成了孤立、原子化的个体，需要有家国天下秩序与现代人自我的"再嵌化",将自我放置于新的家国天下的秩序中形塑使其得以重新建构(许纪霖,2015)。而情感治理与"家"秩序的重构恰好存在某种程度的契合。一般而言,情感治理有着宏观、中观与微观的层次划分,需要从社会心态、群体心理与个体情绪三个层次中把握(何雪松,2016)。其中社会心态可以说是情感治理的"势",需要把握社会心态的动态变化,塑造制度化的民情民意汇集与回应机制;群体心理是形成群体间比较与群体内部认同的核心机制,需要注意利益格局变化对群体心理的影响;个体情绪则是从个体心理不适到反社会行为的连续,需要放置于社会环境中把握其社会根源。与此同时,有学者将社会心态的形成看作集体表征与个体认同相互作用的结果,情感治理需要把握集体表征下的历时性与共时性(周晓虹,2016),将传统、风俗、习惯、国民性、集体记忆等内容与时代精神、社会价值观、社会氛围、意识形态、社会共识结合起来,把握群体心理对社会心态、集体行动的影响。社区基金会社区化实践中"家"的塑造可以说是对"社区情感治理:何以可能,何以可为"(文军、高艺多,2017)的一种回应,是在把握社会心态的宏观背景下,对个体与群体秩序的回应,是一种共同体再造的努力,但共同体的实质内涵是共同的情感(成伯清,2011),"家"的价值隐喻就在于为共同体复兴提供了一种具有稳定性与忠诚性的情感支撑,是社区情感的再生产与公民精神的回归。

第5章 互惠协作与偏利共生：社区基金会资源动员空间的争夺

在政府、市场与社会的结构化场域中，以社区基金会为代表的慈善组织以其公益属性所赋予的利他主义、非营利性获取不同主体拥有的资源以维持组织的生存与发展。然而因慈善组织与资源主体在资源结构中的位置不同，慈善组织本身的公益价值也存在差异，在获取慈善资源的过程中慈善组织会对有限的资源空间展开争夺，产生各种竞争关系。在这种关系中，每个慈善组织都在向捐赠主体显示自身可以提供的公益价值，以此给对方留下印象，从而获取更多的慈善资源。调研发现，社区基金会在与其他慈善组织展开竞争时也存在同样的执行逻辑，采取了吸纳体制资源与链接社会资源、创造协商一致的环境来获取资源的方法，但是竞争不平衡的互动关系随之产生，社区基金会与其他主体间也存在着偏利共生的依赖性，这可以说既是一种资源竞争的形式，也是组织竞争的结果。

一 社会化链接：社区基金会资源竞争的实践脉向

在我国现有的"后总体性社会"中，一方面社区基金会的生存与发展得益于体制空间的松动、自由流动资源的增加，另一方面组织活动空间的扩展也为社区基金会的发展创造了良好的组织环境。此两种因素既是社区基金会生存与发展的基本场域，也是基本的资源来源，奠定了社区基金会资源竞争的基本方向，但是此方向并不是先天自成的，而是通过不断探索最终得以确立的。

（一）资源缺乏下的自省

在"总体性社会"，国家是组织合法性的首要提供者，赋有国家权威性的象征符号所对应的体制资源仍然在社会经济中保持着较高的价值。一个突出的表现即是，政府经常以人格化的形态出场，这些人格化的主体行为会以一种正式或非正式的方式影响社会经济活动中的资源流向。在慈善组织的实践活动中，体制资源的缺乏在一定程度上会影响到其他资源的动员效果。M 社区基金会资源动员的一个案例恰好说明了行政支持的社会影响力与重要地位。

M 社区基金会的个人发起背景在很大程度上可以说明其具有较好的社会性，在吸引、动员社会资源方面的灵活性更强。事实上，从调研情况来看，该社区基金会的确有着社会化的优势，但也存在社会化的忧虑。当调研团队与该社区基金会的理事长 ML 谈到社区基金会与政府部门的关系时，理事长 ML 首先提及自己的社区基金会是由个人发起独立运作的组织，政府部门不会干涉社区基金会的日常运作，社区基金会完全可以在理事会的决策下独立自由地开展工作，但是社区基金会也需要有政府部门的支持，在开展一些大型的组织活动工作时也会邀请政府部门的工作人员参与，一方面是基于提升活动影响力的需要，另一方面也是满足部分捐赠人的需要，并且特别强调了政府支持与政府部门官员出席的重要性，认为政府的角色在某种程度上直接影响到了社区基金会是否可以募集到资源，在理事长 ML 看来这是"深刻教训"。

理事长 ML 用"深刻教训"来评价那次筹款失败足以看出政府影响力的大小。自从汲取那次失败的教训之后理事长 ML 对于以政府为代表的体制力量做出了重新认识，开始注重与体制领导人关系的处理与维护，此后有了理事长 ML 所言的"李局""曾局"在其社区基金会活动中的数次入场，他们所具有的身份资源为社区基金会慈善资源的获取与组织活动的开展提供了无形的优待与支持。

正如前文所言，在现有的体制环境下政府部门的支持所带来的影响力并没有减弱，而是以人格化的形象对社会经济的资源流向产生作用。地方行政人员的入场及行为表态在极大程度上代表了政府的意志。对于使用此种人格化意志为组织发展带来资源的慈善组织而言，政府部门领导在为其与其他资源主体在进行资源再生产与交换过程中提供主体对接条件的同时也在发挥领导自身所具有的"象征"价值与"符号"功能。可以说，来自不同层级的具有人格化特征的体制资源代表着不同的科层制权力的等级，这既是一种地位与荣誉的象征，决定了其拥有者在资源结构中的位置，也是组织资源动员能力的体现，对于慈善组织的生存与发展至关重要。

（二）治理结构优化：基于多元治理的考虑

治理结构是慈善组织开展公益活动的行动基础，也是社区基金会获得合法性身份的保障。我国 2016 年修改、执行的最新《基金会管理条例》第三章规定基金会结构包括理事会、秘书处、监事会，并对三者的地位关系做出了规定。其中，第二十二条明确提出"理事会是基金会的决策机构，根据法律、法规和章程开展活动，对基金会负责"；第三十一条则是"秘书处在秘书长领导下工作，组织实施理事会决议和章程赋予的其他职权"；第三十二条提出"基金会设立监事或者监事会"，第三十四条则规定"监事列席理事会会议，并可以对理事会决议事项提出质询或者建议"；此外，明确了理事会、监事会具体的人数区间①。但是与企业的治理结构相比，慈善组织的治理结构则有其不同的特征。其一，慈善组织的治理结构更容易受不同的利益相关者影响，其不仅受到政府财政资金、政策、领导意志的影响，而且捐赠人的基本偏向、信任程度也会对其决策产生作用，同时普通公众或者受益对象也会根据其价值喜好或者因为不确定性事件对慈善组织形成不同的判断标准。其二，慈善组织的治理结构可以反映出组织竞争力的强弱。随着我国社会组织体制环境的不断改善，越来越多的社会组织得以兴起，组织的生态丛日益增多，组织生态圈得以扩大，为了生存与发展，竞争关系也越来越激烈，而治理结构则从组织竞争力中的内生性力量方面，体现着某组织与其他组织展开竞争的实力。其三，组织治理结构的优劣与组织回应服务对象的需求的能力存在着一定的关联，服务对象的需求受环境的影响总是处于不断变动的发展过程中，单一性的治理结构在回应服务对象需求时容易降低回应的灵敏度，增加组织服务的过程成本，这对于服务资源有限的慈善组织而言不是一种理性的最佳选择。社区基金会作为慈善组织的重要组成主体，具有相同的制约因素与非企业化治理特征。调研发现作为一种源于社区、服务于社区的组织形态，社区基金会治理

---

① 现行《基金会管理条例》在理事人数方面的规定有以下两条。第二十二条指出："理事会的理事为 5 人至 25 人，具体人数由章程规定。"第二十四条则进一步强调："理事会设理事长 1 人，可以设副理事长 1 人至 3 人，从理事中选举产生。理事长是基金会的法定代表人。"在监事方面，第三十二条规定："在省级以上人民政府民政部门登记、具有公开募捐资格的基金会应当设监事会。监事会的监事为 3 人至 7 人，具体数额由章程规定。监事会设监事长 1 人。前款规定以外的基金会至少设 1 名监事；资产规模较大的，可以设监事会。有 3 名以上监事的，应当设监事会。"

结构的优劣在很大程度上与社区基金会的服务属性、组织背景有关。

1. 治理结构的多元属性及演化：一种过程性的考察

治理结构的构成及其变化可以在很大程度上反映出社区基金会与环境的关系。在 Y 社区基金会的结构化考察中，尽管其是由街道发起成立的，但从该社区基金会的治理结构来看，还是保留着较强的社会化特征。从理事结构来看，该社区基金会拥有 9 名理事，其中理事长属于律师事务所的高级合伙人，2 名理事具有政府背景，3 名理事来源于其他社会组织，1 名理事来源于企业，1 名为地区中学校长，1 名为其他基金会工作人员；在监事会人员配置方面，在 3 名监事中，1 名为会计师事务所人员，1 名为居委会主任，另有 1 名为晨报记者。① 对于为何进行如此安排，根据 Y 社区基金会秘书长 R 所言，基金会对于理事与监事的选择标准主要有三条：其一，必须是在街道居住的人员，这是基于社区基金会服务范围的考虑；其二，必须要有一定的社会影响力，可以为社区基金会的发展带来资源；其三，要多元化。此三条成为该社区基金会成立之初选择理事、监事的主要标准，以此来看该标准将不同的利益相关方纳入考虑范围，为以后社区基金会规范化发展与资源动员奠定了很好的基础。

社区基金会的发展处于一定的生态环境系统中，受到社会环境与其他利益相关方的影响，当治理结构受到外界环境影响时，组织为了适应环境就必须做出适度调整，以使组织发展有序，与社会环境协调。在 Y 社区基金会的发展历程中，同样有着社会环境的变化影响到组织内部结构的情况，为了适应环境维持组织发展的生命力，该社区基金会主动对治理结构做出了两次调整。2013 年 9 月，该社区基金会理事长 ZH 因属兼职且社会事务较多，在兼顾社区基金会具体事务管理时存在一定时间、精力困难，故此提出了请辞社区基金会理事长的职务，推荐其他理事接替其工作。同年 11 月，原属于社区基金会理事会，拥有另一家大型公益基金会理事身份的 CWZ 理事也因身体原因请辞理事职务，退出社区基金会的工作过程。在此种情况下，Y 社区基金会于同年 12 月 23 日召开了年度理事会会议，会议在尊重 ZH 和 CWZ 个人意愿的基础上审核通过了两人的请辞，同时又经理事会选举同意将 ZBC 作为该社区基金会理事长，负责社区基金会的整体运作；同意将社区基金会时任秘书长 ZY 作为理事，保留其秘书长身份，

---

① 资料来源：Y 社区基金会 2013 年度检查报告书。

使其负责社区基金会具体执行；此外，对相关事务做出了交接。此为该社区基金会做出的第一次结构调整。2015年5月，该社区基金会秘书长ZY请求辞职，前往其他工作单位任职，人员流动的客观现实迫使该社区基金会又面临第二次治理结构调整，现任基金会秘书长接过了ZY的理事身份与秘书长之职，对社区基金会进行具体的管理。此后该社区基金会的治理结构倾向于稳定。从总体上看，受组织发展环境与人员变动影响，尽管该社区基金会的治理结构经过了两次变动，但是多元化的结构模式始终没有发生改变，这为社区基金会的发展创造了条件。

与Y社区基金会不同的是，M社区基金会的治理结构更加多元化且治理结构设置更加扁平化，这也是持续发展的结果。2012年，该基金会成立之初设立了5名理事，其中理事长为发起人，两位副理事长1名为退休的社会工作者，1名为企业董事长、全国的爱心模范，另外两位理事中1名为高校教授，1名为心理咨询董事、上海心理咨询行业协会副会长；设有监事1名，为高校教育委员会主任。2014年，随着社区基金会的持续发展与组织网络的不断扩大，M社区基金会成立了专家委员会，其3名成员身份分别为中国儿童福利协会理事、上海市家庭教育研究会理事兼副秘书长，美国圣文森特学院心理系副教授，上海交大的教授。此后，利用该社区基金会在2016年9月举办的公益第一站音乐会特聘剧作家兼导演赖声川、演员黄磊为社区基金会的爱心大使，并将浙江卫视制作人、公益第一站音乐会总导演聘为媒体顾问。① 从M社区基金会治理结构的形成过程来看，该社区基金会的治理结构设置在确保符合法律规定的规制合法性基础上实现了多层次、社会化的扩展。

2. 多元治理背后的行动困境：对如何服务于社区的思考

从调研反映的情况来看，Y社区基金会与M社区基金会经过持续不断的优化，治理结构已经吸纳了不同身份的人员参与组织管理，最终使得社区基金会的治理结构日趋多元化，并走向社会化，为社区基金会突破对单一性资源主体的依赖创造了良好的条件。然而，需要明确的是社区基金会此种多元化的治理路径是基于组织发展的角度，是一种"以组织为中心"的理性选择，在一定程度上脱离了社区基金会服务于社区的社区性。之所以有如此判断是因为在现有的治理结构中缺少真正意义上的社区居民，此

---

① 资料来源：M社区基金会2013年度检查报告书与2016年M社区基金会工作年报。

类社区居民因贴近社区，对于社区内的需求有着较好的把握。尽管具有多元化组织身份的理事会或监事会成员均是来自居住社区的居民，具有社区性的一面，但这种"社区"属于大范围内的社区，它已经超越了社区基金会的服务范围与服务能力，且这些成员对于社区事务的关注程度远低于与其他社区居民有良好的互动关系的社区内生的积极分子或者居民，对于社区居民具体的人口特征、需求结构的把握往往存在一定的偏差，在理论上容易陷入代表性需求悬浮于土生化需求的困境，此种情况以 M 社区基金会治理结构最为典型。此种依靠资深公益人组织起来的组织模式是在社区基金会内部治理的基点上形成的，虽然有着间接地服务于社区的能力，但是服务程度有限，需要在实践过程中向"以社区为中心"转化。

"以社区为中心"的转向实质是对服务于社区的直接、正面回应，也是社区基金会对发展于社区、服务于社区、回馈于社区的价值的实践，需要在以后的理事、监事结构的优化过程中重回社区，重视社区骨干的吸纳，特别是对长期服务于社区居民、对居民具有较好亲和力、对于社区人口结构与发展需求有着较为清晰认识的社区骨干与积极分子要予以重点培育与吸纳，以此提升社区基金会回应基层民众需求的能力。但是，需要指出的是对社区骨干的吸纳并不意味着对已有组织结构中专业代理人的排斥与放弃，而是形成将两者结合起来共同致力于社区服务需求把握与问题解决的新模式，是将以往通过自上而下的顶层设计运行的社区策划模式与自下而上的民众参与的社区动员模式结合起来的双向服务，需要在实践中逐步推进，共同致力于民众需求满足与社区发展。

（三）品牌项目的塑造：对组织影响力的扩展

在慈善组织的生态关系中，存在着因有限的慈善资源与相对无限的慈善发展需求之间的矛盾而产生的竞争关系，慈善组织能否在组织竞争中获得主动权与慈善组织的运作方式存在很大关联。就现有的实际情况来看，项目已经成为慈善运作发展的基本服务形式，并因此成为评价组织绩效的关键性指标。如 2017 年民政部发布的《基金会评估指标》[①] 将项目开发与

---

① 2017 年版《基金会评估指标》是一项全国性的评估指标，对基金会从基础条件、内部治理、工作绩效、社会评价四个层次进行评估，总分值为 1000 分，其中包括基础条件 60 分、内部治理 400 分、工作绩效 420 分、社会评价 120 分，工作绩效中项目开发与运作的分值占比最高。

运作作为基金会工作绩效的重要组成部分,将项目的公益性、规范性、专业性、创新性和可积累性、社会效益划作其下的三级评估指标;邓国胜等学者针对慈善组织发展开发的 APC 评估理论更是将组织绩效提升到了新高度,A、P、C 分别表示组织公信力（Accountability）、绩效（Performance）和组织能力（Capacity）（邓国胜等,2007:102）。其中,绩效评价指标是完全以项目为基础的,潜在的价值隐喻是将组织绩效等同于项目绩效。对社区基金会而言,尽管实践中的社区基金会有资助型与运作型之分（前者以资助其他组织机构为主要业务,后者以组织利用自己的人力、物力、财力自主运作为主）,但是项目成为其共同的主要服务形式。可以说,社区基金会对慈善资源的竞争在很大程度上是慈善项目的竞争,项目既是组织运作与发展的基本服务形式,也是组织获得公益资源的重要手段。正因如此,各社区基金会为了提升组织及项目的竞争力,在项目的开发与设计上通过各种形式不断创新项目运作模式,打造品牌服务项目,以期在资源竞争环境中获得捐赠人的价值认可与资助。调研中,三个个案对于品牌项目的作用与价值也有着比较清晰的认识与实践形态。

品牌项目的设计与开发是一个持续演进的过程,在实践过程中需要经过慈善品牌价值定位、品牌形象策划、品牌的宣传推广及品牌维护等环节。在 Y 社区基金会的品牌化实践中,其自成立后在第三方组织的指导下先后设立了"少年志""公益市集""小小志愿军""一日捐"等品牌项目。其中,"少年志"针对该基金会所服务社区在校的 12~18 岁学生推出一个社区志愿服务平台,由学生根据公益组织或社区单位的需求,参与培训和实地调研,制订并执行公益行动计划;"公益市集"是规模性的社区联合义卖活动,为 4~12 岁孩子的家庭、学生社团、社区公益组织和企事业单位参与社区公益活动提供平台,同时从小培养孩子的财商素养,推动孩子对自己赚钱、捐钱和花钱行为的自我管理;[①]"一日捐"则是由浦东新区民政局牵头每年 11 月至来年 2 月组织的各街镇联合募捐行动,属于慈善公益联合捐活动,该社区基金会成立后参与了第 12 届与第 13 届慈善公益联合捐,获得公益免税资格捐赠发票后每年由该社区基金会负责具体捐赠相关工作。同时,为了巩固强化慈善品牌项目,该社区基金会为每个品牌项目设计了 logo,以方便辨识与传承,且围绕着某品牌先后

---

① 资料来源:2013~2014 年 Y 社区基金会工作年报。

开展了一系列的服务子项目。以"少年志"为例,仅 2014 年该社区基金会就开展了"少年志挑战任务儿童服务类——复兴老弄堂游戏""少年志挑战任务文化类——江南丝竹影像记录""少年志公益挑战赛"等系列项目;"公益市集"项目自 2013 年开展第一届后,至 2017 年已开展到了第三届。

在采取品牌项目开发—强化—维护的系列措施后,Y 社区基金会也利用各种不同场合广泛宣传已有的品牌项目,如在 2016 年举办于深圳的中国公益慈善项目交流展示会(以下简称"慈展会")中的社区基金会发展论坛上介绍组织项目、发放宣传页,联系《文汇报》为其做了主题为"社区基金会改善社区公益架构"的报道。在不断努力之下,Y 社区基金会获得了很好的社会评价,先后多次获得市、区县表彰与奖励,"少年志"项目于 2014 年更是获得上海市及浦东新区两级"暑期未成年人优秀项目"的荣誉称号,"公益市集"获得了 2014 年浦东共青团企业社会责任助力计划最具创意项目、2016 年第八届浦东新区社会组织公益活动月最具创新社区公益项目、2015~2016 年度上海市三八红旗集体等十余项荣誉称号。① 同时,品牌项目的筹资优势日渐突出,展示出了其在筹款中的吸引力,为 Y 社区基金会的发展提供了多项慈善资源,如 2014 年获得桃源居公益事业发展基金会 20 万元的资助,2015 年、2016 年持续获得民生银行与中国扶贫基金会的"ME 公益创新资助计划"50 万元资助,"少年志"项目获得了 2015 年福建正荣公益基金会的 2 万元资助,等等。②

对于 M 社区基金会而言,尽管正如前文所言该社区基金会在发展过程中发生了转型,但是无论从哪个时期来看,品牌项目始终存在于该社区基金会发展的每一个阶段。在 2016 年以前,该社区基金会基本形成了"小橡树""爱晚晴""志愿者培训"等三大品牌项目;2016 年下半年该社区基金会进行了发展转型,相继开发出了"爱心 100 儿童心理援助""螺蛳壳儿童空间改造""公益第一站音乐会""社区公众"系列品牌项目,在动员公益资源、吸纳社会公众捐赠方面产生了积极作用。

---

① 资料来源:Y 社区基金会 2014 年度检查报告书、Y 社区基金会 2015 年度检查报告书与 Y 社区基金会 2016 年度检查报告书。
② 资料来源:Y 社区基金会 2016 年度检查报告书与 2016 年度总结报告。

同时以品牌化为导向，M 社区基金会也十分注重服务专项基金①的设立。在近几年来的筹资过程中，为了满足部分捐赠人对于某一特定领域的捐赠需要，M 社区基金会相继设立了安乔基金（由安乔国际双语幼儿园持续支持）、马自骐基金（由特定志愿者发起）、至善文化艺术公益专项基金（由一批艺术家、设计师和爱心人士发起）、桑珠利民基金（聚焦于儿童教育）。此类专项基金也在扩大组织品牌化服务领域方面起到了积极作用。从总体上讲，无论是 Y 社区基金会的系列项目，还是 M 社区基金会这种项目开发与专项基金设立相结合的方式，都在动员慈善资源、开拓多样化筹资渠道与劝募空间、与其他慈善组织进行资源竞争中扮演着重要角色，是组织内生竞争力的外在表现形式。

二 协商一致的环境：建立组织间竞争行动的集体构架

社区基金会为了生存与发展，必须与其他慈善主体展开资源竞争，但在社会环境与组织系统的作用下，社区基金会单个行动主体的力量是有限的，为了获得更多的发展性资源必须与其他组织联合起来，建立起组织间竞争行动的集体构架以增强其竞争力。调研中的社区基金会在集体构架的行动逻辑中有着不同的多样化的实践路径。

（一）专业组织的入场与扶持：组织发展力的塑造

社区基金会在我国首次引入于 2003 年，资中筠在其著作《散财之道——美国现代公益基金会述评》中第一次向国内解释了社区基金会的概念，并介绍了美国社区基金会的发展情况，此后很长一段时间内社区基金会在我国仅停留在讨论层面，如介绍美国社区基金会（孙倩，2003）、讨论社区基金会在社区自治发展中的作用（王巍，2006）、对社区基金会地位与前景做出讨论并针对我国的实践情况提出了"类社区基金会"的概念（王建军、叶金莲，2006）。2008 年桃源居公益事业发展基金会成立，因该组织

---

① 专项基金是由社会团体、基金会等组织借助政府资助、组织或个人定向捐赠、组织自有资金设立的，专门用于资助符合社会组织宗旨、业务范围的某项事业的公益基金。对于其法律地位，《民政部关于进一步加强基金会专项基金管理工作的通知》（民发〔2015〕241 号）明确提出："基金会专项基金接受基金会统一管理，不具备独立的法人资格。"

以扮演社区公益事业的"输血者"和"风险投资者"的角色为主，致力于社区公益组织培育与社区公益服务体系建设，所以被称为我国社区基金会开端。① 2009 年广东省千禾社区公益基金会成立，成为我国第一家以"社区"命名的基金会。② 此后，社区基金会得以在多地广泛兴起，上海社区基金会在此种情况下开始逐渐起步。在此种情况下，2012 年 M 社区基金会成立，成为上海市第一家以"社区"命名的基金会，2013 年 Y 社区基金会随后成立，成为上海市第一家扎根于社区的基金会，2015 年 N 社区基金会成立，成为上海市第一家由企业发起的社区基金会。从全国第一家社区基金会性质的慈善组织成立到上海社区基金会开始发展之间不足五年，反映出上海社区基金会的发展经验有限，在很大程度上缺少可以借鉴的发展经验或者模式。正因如此，部分社区基金会在自我探索发展之路时也开始积极引入相对比较专业的、在社区基金会发展方面有很好的理念支撑与丰富实务经验的社会组织参与对社区基金会的指导。

1. 阶段性推进与重点发展："专业组织"的扶持之路

在调研过程中，"专业组织"③ 对于社区基金会的指导、培育成为部分社区基金会发展的重要支柱，并奠定了社区基金会发展的基本方向。其中，特别以 Y 社区基金会最为突出。无论是 Y 社区基金会成立之前的组织策略还是成立后的服务跟进，都有"专业组织"的入场与行动参与。正如前文所述，2011 年浦东公益活动月成为该社区基金会发展进程中的一个关键事件，在该活动中 Y 街道办主任萌发成立社区基金会的想法，后与具有丰富实务经验的 YL 组织（该组织即是 Y 社区基金会工作人员多次提及的专业组织）负责人 Z 进行协商，就此拉开了 Y 社区基金会成立的序幕。后经过持续不断的沟通与协作，Y 街道与 YL 组织达成了关于社区基金会培育发展的基本共识。YL 组织对 Y 社区基金会的指导、培育进入了第一阶段，在该阶段 YL 组织主要围绕成立社区基金会的可行性与基金会筹备开

---

① 具体详见桃源居公益事业发展基金会官方网站，http://www.mytyj.org，最后访问时间：2018 年 7 月 2 日。
② 具体详见广东省千禾社区公益基金会官方网站，http://www.gdharmonyfoundation.org，最后访问时间：2018 年 7 月 2 日。
③ 在此"专业组织"的称谓主要是一种基于实际调研而得出的判断，在实际调研中部分社区基金会将有一定实务经验，对于社区基金会发展有较好理解，且组织中的主要负责人受过专业化的高等教育、广泛参与社会组织发展、有一定社会影响力的组织称为专业组织。本研究对此将遵从实务工作者的价值判断。

展工作。就可行性而言，YL 组织先后开展了对街道的需求的调研，围绕街道社会组织发展情况、居民自治意识与街道领导的态度进行研究，把握社区基金会成立的优势条件与劣势，讨论制定了社区基金会成立的整体方案与目标。就基金会筹备而言，YL 组织主要围绕协调与推进、机构治理结构、基金会筹备资料准备、组织架构与团队建设开展工作。在协调与推进方面，制定了社区基金会筹备、登记的计划与时间表，组建了社区基金会筹备小组，确定了分工；在其余相关事宜方面，在拟担任业务主管的部门、登记部门所需要资料等方面提供协助，指导建立基金会理事会与监事会，筛选确定基金会理事身份、监事来源与人选、秘书长资质与人选。

此后，经过基金会筹备之后，YL 组织对于 Y 社区基金会的培育工作进入了第二阶段。在该阶段，YL 组织主要对其进行了团队培育工作，以基金会能力建设为重点，指导该社区基金会开展社区动员，为其团队开展包括基金会使命与价值、团队建设、相关法律法规、社区需求调研、基金会运营、项目管理与财务管理等方面的工作提供指导。对于团队建设工作，Z 将其说成"组织核心竞争力所在"，但是根据调研情况来看，YL 组织对于 Y 社区基金会的团队培育在开始是从社会组织服务中心建设转变而来，遵行从社会组织服务中心到社区基金会的执行逻辑，最具有说明性的事例即 Y 社区基金会历任秘书长均有着从社会组织服务中心过渡到社区基金会的职业经历，或者既担任社会组织服务中心职务，又从事社区基金会的管理工作，如现任 Y 社区基金会秘书长 R 就是这种状况。

在第三阶段，YL 组织将基金会登记、规划与治理作为阶段性主要任务，围绕着基金会登记、战略规划、机构治理三个服务主题开展工作。在基金会登记方面，协助和指导基金会团队准备基金会登记所需资料，包括基金会注册登记表，办公场地、理事会、监事会、工作团队资料，党建联系人资料等，指导团队协调准备验资相关资料和进行登记手续办理。在战略规划方面，开展了战略规划培训，指导 Y 社区基金会开展社区需求和规划调研并带领团队制订 Y 社区基金会 2013~2015 年的战略规划与行动方案。在机构治理方面，指导 Y 社区基金会制定理事会细则，指导关于机构运营与管理等的一系列制度的设计工作，为基金会理事会提供基金会治理培训，指导其建立理事会专业委员会及基金会理事会召开 2013 年的筹备会议。

在第四阶段，YL 组织开展了机构成立系列工作与基金会运营工作，其中将后者作为重点服务工作，侧重于日常运作与管理，指导 Y 社区基金会开办财务账户、申请免税资质、进行日常运营并制定基金会管理制度。同时，组织 Y 社区基金会外出考察与学习，组织团队参加基金会交流活动，如美国基金会的众筹模式分享会、参观上海联劝公益基金会。在完成了对 Y 社区基金会的机构治理与基金会运营工作之后，YL 组织与街道发起方共同商议将社区公益组织培育作为 Y 社区基金会能力建设的又一重点内容，根据社区需求对街道内有潜力、有意愿的社区公益组织进行了筛选，指导社区基金会对社区公益组织开展了包括组织使命与价值说明、团队建设与沟通、社区资源动员、项目管理与财务管理在内的系列培训或辅导，并组织这些社区公益组织进行了行业参访与交流。

通过系列指导培育工作，Y 社区基金会的理事会、监事会、执行团队对社区基金会的发展有了新的认识，组织的资源空间也得到了一定程度的扩展，这为该组织在社区基金会的组织生态中占据上游位置提供了基础性条件。

2. 标准化与差异化：社区基金会培育的方向在何方？

Y 社区基金会的培育扶持之路是将外在组织竞争优势进行内化吸收的过程，代表着一种新的发展之路。在我国社区基金会发展能力与本土化实践不足的情况下，通过外界力量扶助其发展或者对社区基金会本身进行投资在促进社区基金会有效发展的同时也会为那些潜在投资者带来收益。正如美国基金会中心的史蒂文·劳伦斯所认为的那样，对于中国的投资者而言支持建设社区基金会不仅可以提升组织投资教育和参与公共事务的能力，而且也可以扩大组织的集体影响力（基金会中心网，2013：7）。但需要在此明确的是外界投资者参与社区基金会培育时该如何选择培育方式。

通过调研发现，引入相对专业化的组织对社区基金会进行培育与扶持在社区基金会的发展之路上具有一定的普遍性，由同一家组织主导对多家社区基金会的培育也存有现实依据，在此我们需要思考的一个问题是社区基金会培育的标准化与差异化的价值分野在何方的问题。无论是标准化还是差异化的培育方式都有存在的合理性。就其标准化而言，社区基金会是组织化发展到一定阶段的产物，在已有制度规范的塑造下存在一定的组织趋同现象（斯科特、戴维斯，2011：55），具有结构上相同、功能上相似的组织特征，特别是在组织使命、治理结构、服务范围等方面具有共通之处，这是一种基于社区基金会价值本身的讨论。在此种情况下，标准化的培育与扶持具有存在的合理性与空间。但是就社区基金会服务的对象、所服务的社区而言，标准化服务显然存在局限性，需要分析服务对象与所在社区的基本特征，以此做出差异化判断。特别是在社区层面，因每个社区形成于特定的历史环境，具有不同的人文色彩、地理位置、场域空间、人口结构、社区组织、自治行为等，这决定了作为服务于社区的行动主体，每个社区基金会面临的具体情形存在差异，并影响到社区基金会发展方向、组织决策、战略规划、组织目标等内容，这些都是组织培育必须考虑到的方面，对培育方提出了新要求。在此种情况下，一个很明确的基本结论是社区基金会培育不可能遵从组织结构的趋同性而忽视社区的差异，对于培育标准的确立也应该是标准化与差异化的双向结合，需要综合组织的封闭性与开放性视角，并应该以此形成确定社区基金会培育方向的基本行动逻辑。

（二）捐赠的双重性：一种行政倡导与主体互惠的行动逻辑

正如前文所述，慈善资源的动员与获取是动员者与捐赠人之间相互吸引、相互需要的过程。在实践场域中社区基金会为了获得公益慈善资源必须与其他的行动主体共同行动，借助组织外在力量以增强其在公益生态中的资源竞争力。从调研情况来看，各社区基金会的先天身份所形成的网络关系成为其建立行动联盟的首选。如 Y 社区基金会由街道发起，所以以街道为代表的政府部门就成为其获取竞争力的首选，并在资源获取中扮演着重要角色，在一定程度上可以直接影响到基金会的资源结构；N 社区基金会由企业发起，属于企业慈善公益的产物，所以企业的支持成为该社区基金会获得市场主体资源，维持其持续性发展的关键；而 M 社区基金会则以个人从事社区公益前的影响力与组织关系为其赢得了一定的资源发展空间。此三类社区基金会行动联盟的建立都有其不可替代的一面，标志着其发展的不同模式与特征。但是最具有代表性的要数 Y 社区基金会与街道建立的行动联盟，该联盟的建立体现了 Y 社区基金会官民二重性的组织特征，其内在的价值意蕴在于传统的政府慈善对于民间慈善的维护，是一种"官控民营"的组织逻辑，体现了政府对于慈善资源的动员力与及其作用的发挥。无论是通过理论研究进行概括分析还是从实践形态进行探析，政府对慈善资源强大的动员力都已经得到了各方主体的认可，政府在慈善资源动员中的行政倡导已经成为一种比较常见的做法，但当此种行动逻辑被运用到了社区基金会的资源动员过程中，就带来社区基金会获取慈善资源的有效竞争力，此种竞争力背后存在着"行政倡导"与"主体互惠"的行动逻辑，有必要做出进一步讨论。

1. 社区基金会"行政倡导"行动逻辑及形态

Y社区基金会的成立是街道助推的产物，体现着行政力量的行动意志。在前文中笔者提及在Y社区基金会成立之前，街道已经存在着以"蓝天下的至爱"①为代表的慈善捐赠活动，该活动在市慈善基金会主办下，由各级党委政府积极响应甚至通过政府文件、通知、会议动员等形式开展组织动员，已经成为Y街道乃至上海市的一种常态化慈善活动。Y社区基金会成立后，在街道的支持下通过积极性的部门合作、经由正式制度与非正式关系的链接获取免税捐赠发票等方式获得了"蓝天下的至爱"在Y街道的"一日捐"这一活动的主办权与资金使用权，以此开启了Y社区基金会借助政府力量动员社区慈善资源的历程。

在Y社区基金会获得"一日捐"的资金使用权之后，与以往相比Y街道领导对于"一日捐"的重视程度得到了提升，在本地区内积极举办系列宣传活动，邀请市、区领导出席组织活动，如在第十五届Y慈善联合捐开幕式上邀请了浦东新区地区工作委员会副书记、区民政局副局长、区民政局基政处处长、区民政局社团处副处长等领导出席，②并在此后身体力行带头捐款，营造了一种良好的慈善文化氛围。在领导出席、领导在场的权威之下，部分体制内工作人员也开始响应号召向社区基金会捐赠。

通过行政倡导的方式在社会中形成良好的慈善氛围，往往会产生很有力的引领作用，可以为社区基金会资源获得提供便利条件，增强社区基金会资源获取上的竞争力，是政府与社会组织良性互动的体现。其实，从调研情况来看，在上海市现有的社区基金会组织生态中，官办社区基金会或者由政府发起的社区基金会已经构成了最主要的组织模式。在社区基金会

---

① "蓝天下的至爱"系列慈善活动由上海市慈善基金会发起，自1995年1月，上海市慈善基金会拉开了首届"蓝天下的至爱"系列慈善活动的序幕，至2018年已成功举办到24届。第24届"蓝天下的至爱"活动以"帮助他人，阳光自己"为主题，从2017年12月23日开始至2018年1月28日结束，历时37天。

② 资料来源：Y社区基金会2016年12月28日在微信公众平台上发布的《活动记 | 爱心满满！Y首届友邻节暨第十五届Y慈善联合捐开幕式盛大举行！》。

成立初期，政府部门往往会通过提供注册资金、减免场租费、配备相应的人员进行管理、给予项目资助、搭建筹资平台等对其进行支持，这一时期社区基金会的独立性与自主性相对较弱。当社区基金会发展成熟之后，政府部门就开始逐步放手，减少对其的扶持，让社区基金会独立、自主地运作和参与到基层社会治理过程中，这一时期社区基金会的独立性与自主性都得到了极大提升，也反映出对政府与社区基金会关系的研究需要因时因地采取发展的视角对其进行把握。而借助行政倡导的契机获得更多的慈善资源往往发生在社区基金会成立之初，是政府部门对社区基金会进行支持的一种方式，对于扩展社区基金会筹资渠道、提升社区基金会资源动员能力、营造良好的慈善文化氛围具有积极作用。

从本质上讲，行政倡导现象的存在蕴含着政府推动慈善事业发展的行动逻辑，该行动逻辑的产生与发展有着深刻的历史根源。自20世纪80年代以来，随着经济体制的改革，国家认识到了基金会对社会资源的吸纳与再分配起到的积极作用，出现了大批政府主导性的基金会，上海市慈善基金会也是在此种背景下成立起来的政府主导性的基金会。基于此就有学者指出，在特定的历史时期，官办基金会实质是政体结构的产物，资源动员逻辑是依赖国家政治机会结构中的合法性资源，在动员技术上注重行政组织的网络化动员和符号价值动员，具有单向性（龙永红，2011），存在着科层制的管理模式。在"后总体性社会"中尽管自由流动的资源与自由活动的空间不断拓展，但仍然不能忽视政府在慈善事业发展中的重要性，这种重要性不仅仅是因为政府在制定有关慈善事业发展政策、引导慈善事业发展方向中拥有主导权，更重要的是慈善事业发展是政府、市场与社会组织三方协同互动的结果。

2. 社区基金会"主体互惠"行动逻辑及形态

在政府、市场、社会的结构关系中，社区基金会在获得政府资源这一事关组织合法性的资源的同时，也需要获得市场与社会资源。调研发现，作为社会主体的社区基金会在获得社会资源时往往凭借的是其组织影响力与公信力，而对于市场资源的获得则存在不同的行动逻辑：前文所述的M社区基金会以其发起者个人的组织关系与网络获得；N社区基金会则因其自身由企业发起，故在市场资源的获得中具有先天优势；而Y社区基金会对于市场资源的获得过程中也有着政府的存在，此种政府、市场与社区基金会的组织关系蕴含着一种新的关系形式。从实际情况来看Y社区基金会对于市场资源的动员充分利用了其官办组织的政府性与社区基金会的公益性，在其行政倡导的行动逻辑中逐渐形成利用区域化党建工作中的日常联系、重大事件动员、领导个人关系的组织策略，在其民营公益性方面，品牌化塑造、定期捐赠披露成为其主要的行动策略。在与 Y 街道副主任 XS 的访谈中，他将街道在社区基金会中的作用界定为"先锋员"，街道属于"资源链接者"，街道主要是做"劝捐工作"。在街道的组织化实践中，通过区域化党建工作、领导个人关系可以将不同的企业捐赠方联系起来，而企业代表存在一定程度上"愿意捐"的情况，主要原因在于街道可以基于企业捐赠为其提供一定的优惠条件，将其作为评选单位的主要考虑对象，存在着彼此间的互惠性，有着相互需要的关系形态。重大事件动员下的企业捐赠虽然在一定程度上具有临时性，但是此种互惠性的组织关系仍然是有效维持捐赠的重要条件。

Y 社区基金会通过街道为自身向企业筹资提供便利已经成为一种常态，而街道所提及的优惠条件也可以在社区基金会的运作中得到体现。同时，该社区基金会也通过不断开发出新的公益服务品牌项目和持续性地定期与不定期对捐赠资金使用情况进行披露，极大地提升了社区基金会的透明指数，[①] 为 Y 社区基金会创造了良好的外界环境，拉近了捐赠人与基金会、项目运作的心理距离，前期的系列化宣传吸引了一批企业主动参与到社区基金会的捐赠活动中，实现了社区基金会企业化捐赠由被动到主动的局部性转变。

Y 社区基金会在获得市场资源时体现出双重属性，即采用一种基于官民二重性的组织动员方式，特别是其政府性的一面在市场资源动员中具有很强的吸附性。Y 社区基金会或者 Y 街道有着获取市场资源的需要，而市场中的企业也有靠近政府，打造良好的企业形象，兑换政府资源的现实需求，两者之间存在着一定的交换互惠性，交换满足了双方的利益诉求。而从互惠的结果来看，最典型的即是建立在专项基金之上的"署名公益"，这是一种把公共物品"象征性化为一种可以专有的权益——通常是'荣誉'，从而使它可如同私人物品一样在市场上交换、购买"的做法，企业"通过市场积累了财富，以财富去资助公益而获取名声，

---

① 根据"基金会中心网"统计，Y 社区基金会的公益透明指数曾达到 69.20，透明度位居全国第 102 位，在所有社区基金会中透明指数位列第一。

通过名声则可以更有效地在市场上积累财富"（秦晖，1999：133），在现阶段，这种署名公益可以作为私人或者私人组织提供公共服务的一种有效形式，在西方国家已经成为仅次于国家公益的重要公益形式，之所以得以兴起和不断发展主要得益于主体利益或者需求的耦合与互惠价值。但是正如约翰·厄里所言，产生了地方市民社会社群结构化的情感意义的那些生活在那里的人们和他们相互支持的信任与互惠关系体现出一种相互性（格利高里、厄里，2011：44），社区基金会现阶段此种互惠关系，从笔者调研来看是一种基于正式与非正式关系之上的临时性结对互助，虽然有其存在的合理性但是也容易陷入不可持续的困境，对于此部分内容笔者将在后面章节做出相关性说明。

3. 打造多元参与平台：探寻社会合法性的策略演进

社区基金会的生存与发展总是处于一定的社会环境与组织系统之中，社区基金会在政府、市场、社会的组织场域中与个体、组织或群体发生着互动行为，影响着社会结构中的其他行动者也受其反向影响。作为慈善组织的社区基金会在立足于社区开展社区服务的过程中为了更好地致力于社区问题的解决，一方面在积极地挖掘链接服务区域内的组织资源，与社区中的基层政府部门、驻区单位、社区组织、居民委员会及社区居民进行对接，形成行动系统；另一方面也在积极地动员吸纳社会资源，与社会结构中的其他主体进行互动，获得其他主体的价值认可，形成资源共同体，为社区基金会的发展争取外界资源。调研中的 N 社区基金会、M 社区基金会、Y 社区基金会也有着同样的实践形态，通过赞助大型公益慈善会议、组织平台研讨会等方式在打造多元参与平台中发挥着积极作用。

从实际调研来看，由企业发起的社区基金会尽管在获取企业公益资源时具有先天性优势，但也存在着社会知名度低、同类组织认可度有限的发展困境。作为发起企业的工作者，具有多年公益经历和中国狮子联会成员身份的 HBZ 在 N 社区基金会成立之后也认识到了此种问题对社区基金会发展的影响，最终在组织内部讨论后，对内确定了要以社区工作站的方式先获得社区内部的信任，发展获得社会认可的内部发展力与品牌服务，为组织在公益服务生态中创造良好的实效基础；同时，该社区基金会对外也十分注重工作站之间的联动性，定期开展不同社区之间的交流论坛与组织分享会，以实现不同社区相互借鉴服务经验。在工作站品牌服务模式的基础之上，N 社区基金会也在不断地加强与同行业组织之间的交流活动，资助承办一些大型公益慈善会议，如捐赠深圳社会组织研究院 5 万元，专款用于举办中国社区基金会发展论坛 2016 年年会等。①

Y 社区基金会在立足于社区服务的同时也十分注重多元参与平台的打造。因其成立时间比较早，对于社区基金会的社会化链接有着较为广泛的参与方式，涉及社区发展论坛的举办、大型公益活动的资助、公益伙伴日社区基金会发展活动的承办等。M 社区基金会也存在着同样的实践路径演进，限于篇幅这里不再赘述，具体内容可参见后面章节。

从实践中各社区基金会探寻多元主体支持的行动路径来看，其实质是社区基金会获取社会合法性的一种过程演化，具体说是对于社会合法性的获取过程。合法性是社区基金会发展的基础，它决定着组织发展的广度与深度，对于组织能否动员到生存与发展性资源具有决定性作用。但是无论是从韦伯对于政治类型的描述、李普塞特关于合法性与有效性的解读，还是从哈贝马斯的经验主义与规范主义以及重建合法性的概念进行分析，合法性始终是一个多维的概念，有着场域转化的区分。除了前文所述的社区基金会要获得政治支持，获取政治合法性之外，其作为组织还要获得来自专业协会和行业协会的认可、证明、鉴定、联系、资格认证及委托，这些也是判断组织是否具有合法性的重要标准（Ruef and Scott, 1998）。同时，社区基金会作为全球市民社会运动的一部分，有着市民社会行动者的基本特征，可以说市民社会是广泛的"各种结构构成的结构"，在强调市民社会的广泛性与复杂性的同时，应注意到也是诸种异质集团与价值得以共存的社会空间（佐佐木毅、金泰昌，2009：126~127）。在此种情况下，特别需要和同类组织的集体行动与共同参与。现有的后工业社会可以说是一个共同体社会，其中的社会单位是团体组织而不是个人，社会处于服务型治理结构的行动框架之下，因此要通过以权力关系、法律关系与伦理关系的统一互动为基础的商议与合作型的集体行动（孔繁斌，2012：112），扩大与同类组织的互动空间，取得组织行动的支持，这对于处于发展初期的社区基金会与同类组织形成共意价值，产生共意行动，共同致力于解决社区问题至关重要。

---

① 资料来源：笔者结合实际调研材料与 N 社区基金会 2016 年度年检报告书整理所得。

三 选择性的依赖：社区基金会的理性选择

社区基金会在与其他慈善主体就慈善资源展开竞争时，在一定时期内因主体地位的不对等与资源拥有量的大小不同，在自身能力有限的情况下处于竞争劣势，为获得资源的使用权与所有权，容易对强势的资源主体产生依赖，呈现选择性依赖的组织特征，这也是组织在综合考虑生存与发展的组织利益的基础上做出的理性选择。

（一）组织运作行政化的"黏合"：自主权与生存权转化

在上海社区基金会的实践化进程中，真正意义上的立足于社区服务与社区发展的基金会是政府发起的，此种组织类型成为目前上海市社区基金会组织网络中的最主要形式。就目前而言，社区基金会在上海的发展存在着政府发起型、企业发起型、个人发起型三类，本书所选的三个个案分别对应不同组织类型。其中，政府发起型社区基金会已经成为主流，该类社区基金会存在着两种不同的发起动机，一种为基层政府部门在实践化过程中认识到社区基金会在吸纳社区公益资源、把握社区服务需求、解决社区问题时具有积极作用，故成立了社区基金会以期发挥社区基金会在基层治理中的作用；另一种为基层政府部门自身虽然没有意识到社区基金会的内在价值，但是出于上级行政命令或政策条例约束带来的行政压力而成立社区基金会，在一定程度上是被迫成立的，区域范围存在"跟风效应"。以上两种由基层政府发起的社区基金会，无论是哪一种都具有较强的行政化色彩，在运作过程中与发起方保持着密切联系，由基层政府部门提供对其运作的相关支持，以维护其生存与发展。在调研中，Y社区基金会因由街道发起，虽然是街道出于社区发展的现实需要主动成立的社区基金会，但是在实际运作中也与街道保持联系而存在着较强的行政化色彩，值得做出进一步讨论。

1. 行政化"黏合"：社区基金会运作的形态表现

从Y社区基金会的兴起到发展，尽管在该基金会的9名理事中，仅有1名具有街道体制身份的工作人员，但是街道始终是支撑其发展的关键性力量，直接影响到了该社区基金会存在与发展的方向。从对该社区基金会前任秘书长ZY的访谈得知，在Y社区基金会成立后半年之内，由于其

2013年非营利组织免税资格和出具捐赠发票资格的申请都尚在等待相关部门的批复，财务人员也没有及时到位，所以2013年基金会的账户并没有启用，而所有的开支与经费都是来自发起者Y街道办事处的支持，直到年底基金会才尝试着组织了几次活动，推出了第一个公益服务项目，即"耆乐融融"长者全家福拍摄项目。此后，Y社区基金会虽然经过持续不断的组织策划，先后推出了一系列服务性的品牌活动，在上海社区基金会发展生态中取得了较好的主体位置，影响力也逐渐扩大，但各方面对于街道都存在一定程度上的依赖，按其依赖程度可排序为财力第一，人事权、决策权并列第二。

Y社区基金会对街道财力的依赖不仅体现在基金会收入方面，而且也体现在基金会工作人员的福利待遇中。调研发现，该社区基金会在成立初期共有三名工作人员，但是人员工资与福利待遇均不是由基金会发放或提供，招聘时虽然是以社区基金会的名义招聘职员，但是与其中两名工作人员的劳动合同是以社会组织服务中心的名义签订的，且三人的工资与福利待遇也是通过社会组织服务中心由街道直接提供。这一点也可以由该社区基金会2013年度的年检报告予以证实，Y社区基金会2013年度检查报告书显示基金会工作人员有三名，但平均工资为0元。① 与此同时，正因Y社区基金会由街道发起，是街道推动的产物，在其运作过程中也必定会受到街道的制约与限制，街道的态度直接决定了该社区基金会的运作，特别是该社区基金会对于一些重大事件的决策需要经过街道领导的同意与认可，需要在街道的许可下开展系列服务活动，如2016年参与深圳慈展会是街道出于"学习经验""扩大影响力"的考虑，此后才有了该社区基金会秘书长与街道办事处副调研员、理事等一行5人参观蛇口社区基金会的实践契机。②

但是，随着该社区基金会的发展逐步成熟，基金会的自主权与独立空间得到了一定程度的释放，只是也具有不稳定性。其中最为突出的方面在于人员工资与福利待遇开始实现由街道完全支持向基金会部分支付的转变。③ 而

---

① 资料来源：Y社区基金会2013年度检查报告书（公开资料）。
② 详见Y社区基金会在2016年9月29日发布的微信推送，主题为"参访行丨学习蛇口模式——参访蛇口社区基金会"。
③ 根据Y社区基金会2014年度检查报告书，2014年该社区基金会共有4名工作人员，平均年工资为90000元；2015年度检查报告书中的工作人员数量与平均年工资额和2014年相同，均为4名工作人员、90000元平均年工资；而2016年度检查报告书显示基金会有5名工作人员，但是平均年工资为3475元。

对于 N 社区基金会而言，虽然没有与街道"黏合"的行政化倾向，但是也同时受到发起方即企业的约束，其运作逻辑与 Y 社区基金会存在契合之处，且在财力、人事与决策权方面对发起方均存在很大程度的依赖。

2. 生存权、自主权与发展权：社区基金会何以协调发展的基础

Y 社区基金会与 N 社区基金会的实践运作逻辑都在很大程度上以基金会自主权置换生存权，以此实现社区基金会的持续发展。其中蕴含着一个潜在的议题，即该如何平衡组织的生存权、自主权与发展权之间的关系，此三者该如何分开又该何以互构的问题，这一问题的解决是社区基金会在发展过程中实现权利协调的基础。一般而言，组织成立后首先获得的是生存权与发展权，自主权可以说是更好地维持生存权与发展权的重要工具，虽然与组织自成一体，是组织自成立以来就拥有的权利，具有先天性获得的属性特征，但是在特定的情况下自主权是可以转让的。在三者间的主体地位与优先性方面，生存权优先于发展权，发展权则优先于自主权，生存权是其他两者的前提，组织缺少生存权，发展权与自主权就失去了基础，而自主权是将组织推向发展的中间变量，与政治关联存在很大关系，且会影响到组织的有效性（蔡宁等，2018：1~12），是在非协同性治理与策略性应对下得以再生产的（黄晓春、嵇欣，2014：98~123、244），这成为三者互构的基本逻辑，既是组织从成立、发展到兴盛的周期性阶段，也是组织与社会环境进行互动的结构演进的路径。在此，三者分开过程的行动逻辑需要把握其组织发展的阶段性与优先性，互构过程的行动逻辑则需要用整体性的思维予以分析，涉及国家、市场与社会的组织关系的问题。在现阶段，随着慈善组织发展空间的再扩大，慈善组织与其他主体的自主性关系开始由"镶嵌式自主"（王信贤，2006：110）、"依附式自主"（Lu，2009）的关系转化为一种"策略性自主"（范斌、朱媛媛，2017）的关系。Y 社区基金会与 N 社区基金会以自主权置换生存权是一种基于组织发展的理性选择，是在一方行动者掌握另一方行动者发展所需资源时所产生的权变性策略。

（二）理性选择与融入：社区基金会与政府部门的互动

正如前文所述，在我国从"总体性社会"向"后总体性社会"迈进的过程中，虽然自由流动的资源不断增加、资源的自由流动空间得到扩展，但是政府部门仍然在社会资源动员中发挥着重要的影响力，人格化的出场形态仍然会对其他主体发挥吸附作用，而其他主体为了获得政府部门所具有的体制资源，发挥体制资源对于其他资源的撬动价值，对于政府始终保持着一种积极靠近的心态。实践调研发现，对于由政府发起的 Y 社区基金会而言，无论是从成立时政治合法性的获得，还是从组织发展过程的阶段性特征来看，该社区基金会都与政府保持着较高的组织关联度，既可以体现在其在发展前期在民政局指令下的"低调运作"与"组织影响力扩展"的行动逻辑中，也可以从其与街道的关系中得到直接显示（具体内容参见第 4 章相关内容）。N 社区基金会尽管是由企业发起的，但是最终得以以"社区基金会"命名，在浦东新区可以长期存在，这与该社区基金会借力于区域性的自治优势和 LJZ 街道的领导及组织动员是分不开的，此情形也在实践运作中得到了反映。M 社区基金会在经过了不断调适之后也开始加强与政府部门的互动，为组织的发展带来了便利条件。

1. 体制资源的对接与社区性的入场：理性选择的潜在收益

具体而言，在 N 社区基金会的实践过程中，若从 N 社区基金会与政府部门互动的源头上讲，N 社区基金会的成立可以说是其发起方在听从政府部门相关人员建议之后做出的理性决策。N 社区基金会的发起方是 BK 智能网络科技有限公司，该公司长期以来致力于智慧安全、智慧交通、智慧旅游、智慧企业、智慧城市等领域的信息化建设，先后获得国家科学技术进步奖、中国智能交通三十强等多项奖项或荣誉称号，立足于上海在全国开展业务。近年来随着城市信息化建设的步伐不断加快，作为国际化大都市的上海在智慧交通、智慧城市、智慧社区方面的建设力度不断加大，黄浦江岸 LJZ 街道辖区所在的陆家嘴的国际金融中心更是成为信息化与智能化建设的重点，在构建服务型政府的基层化路径中，LJZ 街道开始将智慧社区建设作为完善社区服务的长期规划，于 2012 年正式成立了上海 LJZ 智慧社区信息发展中心，该中心属于街道办事处主管成立的 NGO 组织，致力于智慧社区综合发展领域的研究、解决方案的提供和应用系统的设计及开发指导。LJZ 智慧社区信息发展中心依靠街道完成了 LJZ 智慧社区总体建设内容规划设计，出于现实需要，该中心与政府、企业、各类专业组织、院校专家建设了较好的合作平台，其中 BK 智能网络科技有限公司因其有较强的专业技术与组织团队成为该中心重要的合作伙伴。在 LJZ 街道对智慧社区持续重视的情况下，BK 智能网络科技有限公司与 LJZ 街道也建立了相对稳定的服务关系。在此，需要注意的是，在 LJZ 街道、LJZ 智慧社区信息发展中心及 BK 智能网络科技有限公司的关系谱系中有一个人 SY 扮演着重要角色，这个人既为 LJZ 智慧社区信息发展中心的三名理事之一，①也是 LJZ 街道办副主任，成为街道的重要代表，合作关系的建立由此成为可能。此后，随着上海市"一号课题"的发布，社区基金会被看作创新社会治理、加强基层建设的重要主体。一次偶然的机会，街道办副主任 SY 在与 BK 智能网络科技有限公司的经理就智慧社区展开沟通时谈到企业也可以成立社区基金会，在社区内开展服务与智慧社区工作，此后该公司经理在与高层领导协商后，认为 SY 副主任的提议"不错"，在有助于维护与该街道关系的同时，还可以帮助企业进一步深入社区，成为该企业的一种战略规划。在此种情况下 N 社区基金会得以成立，而 SY 主任成为该社区基金会唯一的监事，② N 社区基金会与 LJZ 智慧社区信息发展中心、LJZ 街道发展的另一家社区基金会在同一幢办公楼的同一层进行合作办公，三个主体共同享有部分办公场地，享受街道部分办公优惠。

从很大程度上讲，N 社区基金会的成立是其发起公司对于 SY 副主任建议的一种遵从，也是人格化政府权威的价值体现和与体制资源进行对接的一种方式。同时，社区基金会的成立也是 BK 智能网络科技公司的一种理性化选择，是基于公司战略规划与社区基金会服务内容耦合的产物，具有较高的利己性价值，这也体现在该社区基金会日常化实践的组织过程中。在实际调研中，笔者曾先后两次与该社区基金会的工作人员前往其他社区基金会调研学习，其中一个很明显现象即是 N 社区基金会每次的调研均有 BK 智能网络科技公司两名人员的参与，一名为项目部人员，侧重于智能养老产品的开发，另一名为技术部工作人员，两人均对社区具有很强的好奇心，对社区服务与养老的关注度较高。这从侧面反映了该社区基金会的组织运作具有为企业服务的思路与导向。

2. 服务转型下的社区性回归：对"局势"的理解

对 M 社区基金会而言，尽管其是上海市第一家以"社区"命名的基金会，但是从实现调研情况来看，在 2016 年 7 月之前 M 社区基金会从运作与发展角度看属于以个人主导下的业务范围为主要业务范围的基金会，而以该社区基金会随着 2016 年 7 月官方网站的改版与登记证书到期，顺势调

---

① 从 LJZ 智慧社区信息发展中心 2015 年度检查报告书（内部资料）可见，该中心共有三名理事，其中一人为高校研究员，一人为国外专家，一人为街道代表。
② 根据 N 社区基金会 2015 年度检查报告（内部资料）与现场调研确定。

整业务范围，重新获得基金会法人资格登记证书为标志，该社区基金会开始将发展重心向社区转移，在原有业务范围的基础上开始开发社区服务品牌化项目，在社区内开始营造信任关系，广泛塑造社区影响力。对于转型的原因，M 社区基金会理事长 ML 表示一方面是该社区基金会成立时具有社区性一面，也属于服务社区的基金会，与之前相比只是在社区内开展了更多的服务；另一方面是"现在局势很好""政府重视"，这样做可以"树立品牌"。可以说转型是该理事长在综合考虑社区基金会"局势"基础上做出的理性选择，是对各利益相关方，特别是对政府态度进行把握后的结果。

从现实情况下 M 社区基金会后续的发展来看，ML 理事长通过对"局势"的解析，对社区基金会发展做出转型的决策是非常正确且明智的。自"一号课题"发布之后，上海市各级政府将社区基金会的发展提升到了新的高度，将其作为创新社会治理的重要主体，到 2021 年，各街镇先后成立的社区基金会已经超过了 80 家，M 社区基金会的社区化转型恰好是适应了现有的发展环境。事实上，正如 ML 理事长所言，发展转型之后该社区基金会因成立时间比较早、组织运作规范性好、服务内容创新性较强在 2016 年获得了上海市民政局举办的第六届"上海公益伙伴日"特别奉献奖，在 2017 年上海市社会组织评估中获得了"4A 组织"称号。此种理性判断与对"局势"的把握对于社区基金会的影响力塑造与品牌化扩展产生了积极作用。

（三）组织公益使命的弱化：资助人价值主导的感性认知

社区基金会作为服务于基层社区的财团法人，在吸纳社区范围内的公益资源方面具有较强的主体与价值优势，从这里延伸出社区基金会资助人的社区身份的问题。在此需要讨论的是社区价值的问题。在我国现有的组织环境下，社区既可以说是一个行政概念，是基于单位制之上而形成的区域共同体，也可以说是一个组织概念，成为个体、群体得以生存与发展的基础性空间，且此空间中有行动者进行生活、交往甚至消费的行动轨迹，是各类消费主体人格化的归宿点。正因如此，社区也是各大企业开展组织宣传、争夺消费者的一个重要场域。尽管随着封闭性小区建设的持续进行，社区并没有给商业入场提供很大空间，但是社区本身所具有的商业价值并没有因此消失，企业也会利用配合基层政府建设社区、资助社区服务的机会在社区内开展具有宣传性的活动甚至直接销售其服务、产品，蕴含着以服务社区达到入场社区进行商业活动的目的的执行逻辑。在此种情况下，社区基金会以吸纳社区资源、动员社区力量参与社区问题解决的使命价值受到了部分社区企业的欢迎，为企业再次入场社区提供了契机。而对处于初创期的社区基金会而言，获得社会资源的支持成为其维持自身持续运作与发展的重要任务之一，因此在社区基金会资源动员的现实需求与企业入场社区之间存在着契合之处，这为两者合作关系的建立创造了条件。调研发现，因社区基金会服务社区，致力于美好生活营造的公益使命与企业入场社区，开展商业化营销之间存在一定的张力，这种合作也对社区基金会的价值定位产生影响，但是当处于初创期的社区基金会面对公益与商业的使命冲突时，受组织能力的影响社区基金会真正拥有的选择空间较少。

　　Y社区基金会正式成立于2013年8月初，但由于其组织发展规范化程度有限，各项制度与人力、财力与物力还没有及时跟进，在2013年内主要侧重于开展战略规划调研、机构治理、信息化建设等方面工作，并没有实质上的项目运作，基金会工作人员与街道对基金会的发展仍然处于探索阶段。据其前任秘书长ZY介绍，基金会成立后的几个月内街道领导与社区基金会的工作人员讨论最多的是如何筹款的问题，虽然街道提供了初始资金但是并不想将社区基金会办成街道投钱的"无底洞"，还是想充分发挥社区基金会吸纳社会资源的作用。对于如何筹款，Y社区基金会还在培育组织的联系之下参观了上海联劝公益基金会，向其学习具体经验，虽然有了一定了解，但是都处于理论层面，并没有真正成功获取过资金。直到2014年2月，在街道办主任的联系之下，一家外企有捐赠的意愿，此后ZY秘书长与基金会其他工作人员经过与捐赠企业多次对接沟通后，最终正式确定了该企业对基金会的捐赠事项，捐赠方以此也提出了一系列要求，其中有一条对基金会而言存在着挑战，该条规定社区基金会有必要帮助该企业在社区内销售巧克力若干箱，为此Y社区基金会提出异议。在ZY秘书长看来，社区基金会帮助企业在社区内销售商品的行为容易引发社区居民对基金会的抵制，降低基金会的社区公信力，为此ZY秘书长与捐赠方进行了沟通，希望可以淡化此条款，但捐赠方并没有接受。后在街道办主任的协调下，同意捐赠方在捐赠仪式当天可以卖产品，社区基金会为其提供场地，但不参与其中，并允许其在基金会开设的公益市集上低价销售商品。街道办主任做出妥协的理由在于社区基金会处于成长期，该捐赠属于基金会第一笔捐赠，社区基金会应该做好维护，并与该企业建立长期联系。对此 ZY 秘书长尽管认为不应该在捐赠仪式上出现销售商品的活动，这样做背离了社区基金会的公益性，有损社区基金会形象，但也表示可以"理解"，属于"无奈"之下做出的选择。

其实，Y 社区基金会 ZY 秘书长的"无奈"，一方面透射出了该社区基金会筹资渠道单一性较强，对企业资源产生了较强的依赖，依赖外部资源是其在生存与发展的需要下做出的一种理性选择，但当组织对外部资源过度依赖时容易产生资金的不可预测性，导致目标流失，组织自主权下降，需要进行从外部控制转向当地嵌入和增加自主权的范式转变（Khieng and Dashes，2015）；另一方面也反映了公益与商业合作的价值冲突，以社区基金会为代表的社区服务是以利他主义为价值指导的，而以企业为代表的商业服务则是以获取利润为目的，两者之间本身就存在着价值张力。特别是对处于初创期的社区基金会而言因在资源动员中的已有资本相对有限，可以用来与企业进行交换的资本较为缺乏，很容易形成捐赠人主导的不对等局面，当商业的主动权大于公益的利他性时，商业对公益产生的侵蚀范围就会扩大，影响到公益的发展方向与价值定位，这已经成为商业与公益合作既定事实，即使是在美国，通过收费将营利性企业吸引到传统的非营利行为领域或者让非营利组织从事营利行为也给组织带来了一些公关挑战（Salamon，1999）。政府在平衡公益与商业中可以起到协调作用，但并不是可持续关系维护的最佳选择，社区基金会需要做的就是在不断发展过程中加大对社会资本积累力度，增加自身的公益价值，以此增强与商业组织合作的组织话语权，防止社区基金会公益使命的偏离。

（四）在摩擦中寻求组织变革：资深公益人的转型之路

慈善组织在我国的发展经历了一个从无到有，由弥散化向秩序化、由单一化向多元化过渡的阶段。之所以有如此转变与我国改革开放程度不断加深、自由流动资源与资源的自由流动空间不断增加或扩展有关，在经历了各种机遇与挑战后，慈善组织的发展进入了一个相对稳定、发展迅速的阶段，也积累了一定的组织发展经验。对于社区基金会而言，因其在我国的起步较晚，发展时间较短，还没有相对成熟的发展经验可以借鉴，在已有的组织生态中社区基金会想要从其他场域中获得发展性经验，可以通过学习参访、经验交流、资深公益人的聘用等方式来实现，特别是资深公益人的聘用成为社区基金会实现发展经验内化、组织持续性发展的常用方式。但因不同的组织类型在运作方式与服务范围上存在差异，且资深公益人在长期的服务过程中已经形成其独有的个体风格，在适应组织类型与利益相关方时需要一定的适应期，所以资深公益人在为社区基金会发展带来契机的同时也容易引发一些摩擦。在 Y 社区基金会的组织发展中就存在着此种行动形态的实践化分野。

1. 合作与冲突共存：资深公益人与组织方的情感融合

在 Y 社区基金会成立之前，该社区基金会围绕基金会成立工作开展了系列服务工作，其中公开招聘工作人员、召开理事会筹备会成为街道增强基金会竞争力的重要方式。在确定理事会工作人员的同时基金会秘书长之职担任者的选择成为该基金会成立之初选择工作人员的重点。后经过街道与负责培育 Y 社区基金会的 YL 组织负责人的共同商讨决定聘用在街道社会组织服务中心的 ZY 作为基金会秘书长，该工作人员尽管在街道社会组织服务中心的时间不长，但组织能力较强，先后在仁德基金会等组织单位工作过，有着较丰富的基金会从业经验，被街道看作可以为社区基金会发展带来力量的骨干人物。实践证明，时任秘书长 ZY 的确为 Y 社区基金会发展创造了良好的条件，在她的带领之下社区基金会不断走向规范化，组织开发的"少年志"项目更是成为该社区基金会的品牌化项目，并通过项目申请获得了中国扶贫基金会的公益资助，"小小志愿军""老年人心灵互助关爱""长者活动月""亲子嘉年华"等项目也获得了较好的社区效应，影响力较大，获得了街道的认可。与此同时，在时任秘书长 ZY 与街道之间也存在着一定的冲突之处，彼此都有不满。在时任秘书长 ZY 看来，其一，街道已有的福利待遇与自身的付出是不对等的，入职三年多的工资标准涨幅较小，虽然个人与街道进行过多次沟通但都是以失败告终；其二，街道的约束性条件过多，事事要上报的处事方式对她而言存在很多问题。在街道看来，其时任秘书长 ZY 社会事务过多，对社区基金会投入的精力有限，且有自作主张的行为。在相互作用下该秘书长最终于 2015 年下半年因不满情绪长期存在且双方没有对这一问题进行很好的解决而选择离职，结束在 Y 社区基金会的工作关系。

从 ZY 秘书长的公益经历与实际能力来看，她可以说是资深公益人的一种代表。但纵观 Y 社区基金会的发展历程与该秘书长在其中的作用，时任秘书长 ZY 对于社区基金会的发展产生了积极的促进作用，但同时也与基金会的发起方存在一定的矛盾之处，以致最终离职，具有很强的"悲情"色彩，侧面反映了资深公益人对不同类型的慈善组织适应性的问题，也透射出资深公益人何以融入不同慈善组织以带动慈善事业持续发展的问题。然而在解释完之后我们需要思考的是为什么我国的慈善事业发展需要资深公益人的支持，资深公益人存在的价值又在哪里的问题，明白此问题对于我们理解资深公益人何以"悲情"，又何以拓展存在空间具有启示意义。

2. 慈善事业为何需要资深公益人：兼论资深公益人的融入性问题

改革开放为我国慈善事业的进一步发展提供了条件，经济体制与政治制度的改革不断地拓展着慈善事业发展空间，特别是自 1981 年我国第一家基金会成立后，以基金会为代表的公益慈善组织开始大范围扩展，并形成了政府精英主导下的权威诱导型、知识精英主导下的民主倡导型、经济精英主导下的财富推进型的社会组织发展之路（王名，2009）。以资深经理人为代表的精英的概念已经广泛存续于慈善事业发展的理论与实践中，无论是官办慈善组织还是民间慈善组织，甚至是前文提及的基层社会服务中都广泛存在着各种社区骨干与资深代理人，而资深公益人可以说是公益界资深代理人的代表。对于慈善事业为何需要资深公益人，这需要从资深公益人价值角度进行理解。从现有情况来看，资深公益人往往具有三个基本性的特征：其一，个体本身在公益行业内从业多年，有着较为丰富的公益经历与实务经验；其二，有较强的组织能力或者掌握着某种特定的公益知识，而此能力或知识具有稀缺性；其三，有一定的社会影响力，得到过相关社会主体的认可。此三条基本特征恰好是公益事业与公益机构发展所必须拥有的资源，资深公益人以此奠定了行业地位。资深公益人融入性的问题实质是公益代理人如何发挥公益价值的问题，解决这一问题，首先需要资深公益人自身定位准确，不断学习新的公益知识，拓宽公益视野，为公益发展注入新的活力因素，发挥其引领性作用，其次需要公益机构根据组织需要综合组织性质、基本定位、服务内容等方面吸纳合适的资深公益人为组织寻找支撑力量。但是，需要注意的是资深公益人与公益机构的合作化之路是二者相互配合、相互维系的过程，既要防止公益组织个人化，即个人主导公益组织发展，公益组织沦为个人发展的工具，偏离组织使命，也要对组织权力进行规范，为实现资深公益人入场与价值发挥赋予其一定的权力，拓宽个人发展空间。

第6章 求同存异与张力弥合：社区基金会资源动员的主体冲突与应对

有限的慈善资源与日益增长的慈善组织数量导致在很长时期内会出现慈善资源的争夺现象，在争夺过程中因权力的分化、主体地位不同以及行为价值观的差异会产生主体间冲突与分离，如何处理与应对直接关系到慈善资源获得的程度与可能性。作为新生主体的社区基金会在与其他慈善主体进行资源竞争过程中，一方面因其自身的主体地位不明确，实践标准差异较大，容易出现认同性危机；另一方面也遇到了人情、面子动员力的日渐式微，利益关系的分化与不对等等一系列问题，需要做出具体的分析与应对，开展主体关系维护的实践探索。

一 认同性危机：社区基金会阶段性发展的迷思

尽管社区基金会在我国的提出已有十余年之久，但是对于该如何发展，何以令社区基金会持续有效，以使其既可以保持社区基金会的个性价值又可以融入我国的慈善环境，还处于不断探索之中。正因如此，实践调研中的社区基金会也遇到了发展的迷思。

（一）以社区为中心还是以捐赠人为中心：社区基金会的遭遇

社区基金会具有多重属性，公益性与社区性是其最基本的特性，蕴含着慈善组织或者非营利组织需要依靠吸纳社会捐赠人资金从事服务活动使其服务处于特定的服务范围之内的内在导向，两者在全球范围内具有普遍性。但是也需要做具体性分析，考虑到不同的服务侧重点。就其依靠吸纳社会捐赠人资金开展基本性的符合宗旨的服务活动而言，社区基金会因其资金来源于社会公众，最基本的主体支持者为以社会公众为代表的捐赠人，在资金使用过程中需要对捐赠人做出交代，对他们负责并说明资金的使用情况，确保捐赠人的公益初衷得以实现，维护捐赠人利益；就其服务的区域范围而言，社区基金会需要从机构使命出发，以服务社区为基本活动原则，及时把握社区各类需求，为社区内的个体、家庭、组织服务，以达到解决社区问题、维护社区持续发展的目的。两者的存在都有很强的合理性价值，这也体现在社区基金会的资金结构中。通常情况下，社区基金会的资金结构中有着六类不同的资金形态（Carman, 2001），其一为固有资金，由投入社区基金会内部的建筑物、投资或现金等金融资产组成，所得收入用于慈善目的；其二为流动资金，这些资金通常是每年从收入中分配的；其三为捐赠人建议资金，项目或组织可能会被捐赠人推荐给某一补助金，然后由社区基金会批准；其四为限制性资金，捐赠人限制基金的用途，例如将其限制在特定的地理或主题领域，如老年人、青少年、基础设施建设等；其五为专项资金，许多捐赠人可能会为特定的原因做出贡献；其六为捐赠人命名资金，该基金采用个人或组织的名称命名，捐赠人可以决定资金的分配范围与领域，但资金是由社区基金会管理的。其中，社区基金会对固有资金与流动资金的使用权较大，而对捐赠人建议资金、限制性资金、专项资金、捐赠人命名资金的使用则需要与捐赠人商议用途，是否可以用于社区发展则取决于两者商议的结果，有着以捐赠人为中心或者以社区为中心的实践倾向。实践调研中的Y社区基金会、M社区基金会也遭遇了此情形，并有着不同的感知与认知。

1. 选择性偏好下的应对：对有所为与有所不为的解释

社区基金会的资源动员主体往往是多元性质的，不同的行动主体对于慈善捐赠的基本态度与价值期待存在差异，这增加了社区基金会资源动员的复杂性，特别是平衡捐赠人意愿与社区基金会服务于社区的使命的挑战性最强。前文Y社区基金会发展中企业企图依靠社区基金会在社区内开展商业活动，折损社区公益价值的案例，在很大程度上反映了捐赠人主导对社区基金会的制约性作用。在该社区基金会发展初期，因组织影响力有限，其主要的捐赠来源多是街道动员的结果，街道在社区基金会与捐赠人之间起着桥梁作用，通常情况下是街道通过各种方式确定好某捐赠人有捐赠意向之后，社区基金会才得以出场，社区基金会处于一种被动迎合的状况，而街道则成为社区基金会的首要代言者。尽管如此，捐赠人与社区利益的兼顾也是一件非常难的事情。如现任Y街道办副主任XS表示，社区基金会是为街道与社区服务的，接受捐赠也是要用于社区发展，这是基本前提，但是有时很难判断什么样的捐赠是适应社区发展的。为此，他举了社区基金会在筹资中遇到的一个事例来说明。一家食品生产商的销售经理向街道领导表示有向街道捐赠 3 万元的想法，该领导表示欣赏，主要是基于对社区基金会刚成立缺少资金注入的现实的考虑，认为能获得此笔资金对 Y 社区基金会的发展有帮助，此后 Y 社区基金会工作人员做出跟进服务，最终通过沟通，初步决定该食品生产公司为社区基金会捐赠资金，社区基金会则在举办社区活动时邀请该公司人员做五次有关食品健康的讲座与一次晚会宣传与冠名。但该街道领导担心食品健康讲座成为一种保健品宣传渠道，给社区安全带来风险。经过综合考虑之后，街道最终决定不予接受。

在此，引申出的一个议题即是社区基金会对于捐赠人的选择性问题，而对此 XS 认为"条件提得越少越好""最好是现金""实物不方便"，这样的观点具有一定代表性。

在此可以看出，街道在 Y 社区基金会的筹资中扮演着重要角色，行政逻辑下的社区服务与捐赠人之间有着有所为与有所不为的明确考量，Y 社区基金会在基层治理的风险防范之下更加倾向于以社区为中心，是从街道利益出发的一种官办慈善与基层服务的结合。同时，对于捐赠人的价值期待也更加务实，有着清晰的选择性偏好。但这并不意味着 Y 社区基金会不考虑捐赠人利益，考虑到捐赠关系的维系，Y 社区基金会也会合理引导捐赠人关注社区问题与社区服务人群，为其设置专项基金，定期发布信息公告。

2. 在使命与生存之间：出于平衡两者利益的考虑

与 Y 社区基金会作为官办慈善组织的选择路径不同，M 社区基金会因属个人发起型，缺少行政力量的庇护，对于以社区为中心还是以捐赠人为中心的问题有更深的体验与理解。在该社区基金会理事长看来，自社区基金会转型以来，社区服务已经成为基金会服务聚焦于的重点工作，这是由社区基金会的使命决定的，也是在上海社区基金会发展中树立品牌价值的路径选择。但是就社区基金会发展而言，社区基金会需要突破小社区的范围，关注更多的社会问题，这一方面是要继承沿袭基金会成立时的基本初衷，另一方面也是要考虑到捐赠人的利益，只有满足捐赠人的基本需要后社区基金会才能获得持续性捐赠，扩展组织发展空间。据 ML 介绍基金会现有资金结构基本形成了以专项资金为主，流动资金为辅的局面，专项资金中可以用于社区服务的资金占比超60%，但是社区资金使用量大，且部分捐赠人有着追求捐赠影响力的考虑，他们并不愿意在社区内进行过多投资，这也是社区基金会也在上海之外的地方开展服务的重要原因，而这部分资金量也是社区基金会生存所必须争取的。而为了获得社区服务资金的持续性注入，该社区基金会在开展社区服务时都会邀请有意愿的社区捐赠人，让其看到服务资金投入的具体成效，如在开展社区儿童空间改造时邀请基金会资方出席开工仪式。但是总体而言，M社区基金会对组织服务使命的把握造就了其服务于社区的实践化路径，对于生存与发展的把握让其有了进一步为捐赠人服务的理性选择，但是这两方面并不能用简单的对应关系加以概括，需要不断探索。

以社区为中心与以捐赠人为中心属于两个不同的行动重点，在社区基金会动员资源、获取资源的过程中该如何把握这两个点是一个值得做出讨论的问题。以Y社区基金会为代表的基金会是在一定程度上选择了以社区为中心的基层治理的实践模式；M社区基金会的使命逻辑与生存逻辑是对这一问题的一种平衡社区与捐赠人的利益的回应，可以说是具有较强的适用性价值。但是到底应该选择以社区为中心还是以捐赠人为中心对于不同的社区基金会而言存在着差异，需要综合考虑利益相关方与组织发展情况做出具体分析，找到适合组织发展的最优路径。

（二）关系何以有序、有度：实践中的政府与社区基金会

自1981年我国第一家基金会即中国儿童少年基金会成立之后，基金会发展先后经历由国家型基金会到地方型基金会、由公募基金会到私募基金会的重心转变，现阶段地方型基金会的数量已然超过国家型基金会，私募基金会也以后发优势得到迅速发展，基金会的组织发起方也呈现多元化特征。正因基金会在我国的发展得益于国家政策的松动，且最早的基金会首先是由政府主导发起的，基金会与政府的关系始终成为研究者与实务者的关注重点，早期学者们提出的"官民二重性"（王颖等，1993：5）、"分类控制"（康晓光、韩恒，2005）、"嵌入性控制"（刘鹏，2011）以及最近研究提及的"非协同性治理"（黄晓春、嵇欣，2014）、"策略性收放"（杨志云，2016）在一定程度上都是对此议题的回应。这是一种国家视角下的组织发展观，将以基金会为代表的慈善组织与政府放置于相对对立的

关系系统中，对于政府发起型的慈善组织具有很强的说明性，但是在多元性慈善组织发展的情况下，特别是民间慈善组织日益突显，组织类别日益趋向复杂时，则需要在差异化的视角下，从组织类别出发对政府与慈善组织的关系做出再次评定。就社区基金会的发展而言，一方面，作为独立主体的社区基金会的存在是脆弱的，似乎证明了民间社会的社会创新者正在进行的自下而上摆脱政府影响和控制的努力是困难的；另一方面，独立社区基金会的先驱们意识到存在一种自上而下的模式，可以指导大多数附属于政府的基金会的运作，但他们试图为社区基金会创造新的身份。社区基金会运动中，政府主导的社会改革与民间社会主导的社会创新这双重身份认同的不平衡并存，反映了中国市民社会与政府之间的持续紧张关系（Guo and Lai，2017）。

尽管在上海的实践化进程中基本形成了以政府发起型社区基金会为主流的格局，但是企业发起型社区基金会、个人发起型社区基金会都已成为不可或缺的力量，各自有着不同的行为逻辑与表现形式，在重塑上海公益生态中扮演着重要角色，在此我们需要审视两者的关系，依据具体的实践形态对政府与慈善组织的关系做出考察。

1. 阶段性关系的演变：从政府包揽到政府放权

我国慈善组织发展是改革开放直接推动的结果，改革的起点在于旧制度的失灵，通过恢复各种学会、发展基金会与组织，从体制边缘开始发展推动体制变革的社会性力量，是对以往历史改革路径的一种实践化反思（王名，2009）。经过持续性改革，政府一方面通过行政力量重点扶持有助于开展社会服务、减轻政府负担的组织形态，另一方面开始向社会放权，一时间大批的政府性组织、行业协会、社会服务机构先后涌现，初步建立了政府与市民社会组织责任分担、合作共治机制（黎念青、温春娟，2004）。近年来，特别是随着政府职能的转变与现代社会组织管理体制的确定，基层政府在基层治理中对慈善组织的态度也有了改善，各项优惠政策先后得以发布并执行，慈善组织的发展环境得到了进一步优化，自由流动资源与自由发展空间得到扩展，成长于政府体制下的慈善组织也开始向社会化方向探索。在政府体制环境下成立起来的Y社区基金会，受组织能力与基层认知度的影响，与政府关系在不同时期有不同的表现形式。

在Y社区基金会成立早期，可以说街道为其提供了全方位的支持，从起初的注册资金供给到人员任用都做出了安排，街道在其生存与发展中扮演着重要角色。具体可以从以下几个方面看出。其一，该社区基金会的成立是Y街道推动的结果，该街道2013年验资报告显示，2013年6月6日会计师事务所核定基金会的起始资金为400万元，出资方为Y街道办事处，出资比例为100%。此后Y街道以政府购买服务的形式对该社区基金会进行了注资，2014年基金会40%的收入来自街道发起的政府购买服务。[①] 此外，Y街道还以劳务派遣的方式支付了基金会工作人员的工资。其二，街道从社会组织服务中心选派人员在基金会担任职务，基金会前任秘书长ZY与现任秘书长R都有着工作于社会组织服务中心的经历，在此基础上基金会进行了人员补充。其三，街道对Y社区基金会的发展以筹资进行支持，街道在为社区基金会争取"一日捐"资金筹集与使用权的同时，也通过共建单位联系会、区域化平台建设、领导个人的网络关系为社区基金会筹资，带来资源。其四，日常办公支持，涉及行政办公用品的购买、场地支持，让社区基金会入驻公益坊，解决了社区基金会的场地问题。通过以上四点，街道实现了对社区基金会的全方位支持，这属于典型的政府包揽型的组织运作模式。

但是随着Y社区基金会的持续性发展与品牌化项目的影响力日渐扩大，街道对Y社区基金会的支持开始实现从全面支持到部分选择性支持的转变，有着让其自主化发展的行为转变，其中最为明显的是取消对社区基金会的日常办公用品与部分人员费用的支持，给予秘书长更多的组织权力，让社区基金会自主运作。

从总体上看，尽管Y社区基金会有着较强的行政化色彩，街道对其掌握性较强，地位不对等较为明显，但是其发展有着阶段性特征，体现了政府由全能性包揽向部分性支持的过程化演进，代表着政府发起型社区基金会未来的发展方向。

2. "要有政府支持但不靠政府"：独立发展的组织逻辑

与Y社区基金会相比，M社区基金会虽然与政府保持着一定的组织关系，但是基本上不受政府影响，相关政府部门也不参与其组织运作，基金会独立性较强。从调研情况来看，对于M基金会而言与政府的组织关系主要体现在三个方面：其一，基于制度规范的组织业务的来往，在每年的3月底前向上海市民政局提交年度检查报告书，在税务机关指定地点领取基

---

① 资料来源：Y社区基金会2014年度工作总结（内部资料）。

金会所需要捐赠发票、向社团局报送组织业务开展情况等；其二，参与有民政系统人员参加基金会或者慈善组织分享交流活动，有着对扩大基金会影响力、提升基金会在组织生态中的地位的情感认识；其三，邀请政府部门领导出席社区基金会的组织服务活动，做系列象征性讲话，如开展"公益第一站音乐会""螺蛳壳儿童空间改造"时邀请社团局的曾局、马处等人员参与。在其理事长 ML 看来，政府是为社区基金会的发展提供支持和制度保障、为社区基金会创造发展空间的重要力量，社区基金会需要政府给予支持，但是不能依靠政府，长期依靠的后果是自主权的丧失，政府的行政逻辑会影响到社区基金会的发展。正因如此，M 社区基金会在实践中既与政府部门保持着互动联系，利用政府部门为组织提供发展机会，也在有意识地疏远政府，保持组织的独立化运作。

在 M 社区基金会与政府的互动中，其理事长始终保持着比较理性的态度。其一方面在与政府部门保持着组织关系，以维持基金会发展；另一方面又在刻意地与政府部门保持着一定的距离，防止组织被行政化，影响到组织自主性。而在通过与政府部门互动带来组织发展的行动逻辑中，正如前文所述该基金会更多是借用了政府部门领导出席组织活动的象征性价值，在达到链接体制资源的目的的同时，也可以动员多元主体参与组织发展，为组织筹款提供潜在条件。

3. 政府部门的引导：社会化运作是方向

在上海社区基金会的实践化进程中，政府的推动成为其快速发展的基本前提。自从 2014 年底上海市委、市政府在其"一号课题"中提出发展社区基金会的组织意见后，各市级、区级政府部门积极响应，有的区甚至出台了专门性的指导意见来指导社区基金会的区域化发展，政府管理者的基本态度在很大程度上决定了社区基金会的发展空间与方向，特别是市级层面的表态尤为重要。鉴于此，笔者也对市民政局的相关领导及工作人员进行了访谈，并通过各种民政局人员参会的机会进行了跟进以把握政府对社区基金会发展的基本态度与规划。在市社团局基金会管理处的 MGP 处长看来，社区基金会的发展不仅是加强基层建设，创新基层治理，让更多的社会力量参与到社区治理中的做法，而且也是遏制上海市慈善资源外流的有效做法，可以让慈善资源在社区内发挥作用，政府鼓励一切社会力量举办社区基金会，既可以是企业，也可以是个人，政府是最主要的推动者。在现有发展过程中虽然部分社区基金会面临没有社会化运作、政府性过强的困难，但是这属于发展初期的表现，是阶段性发展要经过的，最终还是要走向社会化运作，特别是要重视社区基金会秘书长人选问题。

从实际情况来看，为了促进社区基金会的持续发展，市社团局为成立的社区基金会不定期地开展了系列社区基金会发展沙龙，并于 2017 年 9 月 19~20 日与上海交通大学中国公益发展研究院合作开展秘书长培训。笔者有幸得以全程参与，主要的讨论主题在社区基金会与街道的关系、公益筹资、活动设计、品牌化服务等方面，参与者中不乏政府部门工作人员、街道代表，这对于推进社区基金会社会化有积极影响。

（三）社区在何方：三个案例的社区服务

1. 维"利"的逻辑：行政区划的范围约束

与其他类型的基金会相比，社区基金会有着更强的社区性，但对社区范围的理解又有着多重逻辑，实践运作中存在着广义上的区域特征与狭义上的行政化约束。Y 社区基金会由街道发起，在上海的行政区划下将社区界定在街道层面开展组织服务活动，社区是所有居民生活与交往的基本空间，为辖区内所有的社区居民提供服务是该社区基金会成立的基本出发点。正因如此，Y 社区基金会主要在街道范围内的社区层面开展服务活动，其中最具有代表性的即为该社区基金会组织运作的"一日捐资助计划"，从该计划资助资金的来源到资助项目的评选、资助项目的实施，各环节都受到了行政区划的范围约束。

在该社区基金会的实践化逻辑中在社区内开展组织服务活动是"维护捐赠人利益"的直接表现，有着资源源于社区、用于社区的价值表征。很明显的是，此处的社区是行政意义上的社区，但是受资源持续性的影响 Y 社区基金会在立足于街道的同时也开始向外扩展，不过此过程并不是很顺利。从访谈中可以得出的是，Y 社区基金会在将街道作为服务终点归宿之时，在资源获得与社区服务之间存在着探索性的路径演化，一定程度上存在着资源获取社会化与资源使用社区化之间的张力。

2. 多服务点布局：工作站运作下的区域联结

与 Y 社区基金会主要服务于街道范围不同的是，由企业发起成立的 N 社区基金会开展服务的行动路径呈现多服务点布局的特征，以服务工作站的形式将多个社区联结起来，超出了单个社区区域范围的限制。通过调研发现，该社区基金会自从成立以来，继在陆家嘴设立自治工作站以后，先后在虹桥、凌云建立了服务工作站，并于 2016 年 3 月与抗癌公社联袂推出了"爱康工作站"，结合抗癌公社的模式、基础及品牌和社区基金会的运作机制、服务与资源进行优势互补。据 N 社区基金会秘书长 HBZ 介绍，基金会对于工作站的设立基本上是遵循了社区自治的理念，以社区为服务开展的主要场域，但是不会将基金会的运作限制于特定的相对固定的服务范围，在该秘书长看来社区的范围可大可小，重要的不是范围的确定而是服务内容与组织使命的维护。

而对于社区工作站的具体定位，N 社区基金会很明确地认为其是"基层工作的载体"，通过自治项目的运作吸引更多的自治组织参与到基层社会服务中，最终达到扩充基层自治队伍的目的。实践中，这种类型的分支机构由专人负责，可以代表该社区基金会，各社区工作站的资金该如何使用是由社区基金会决定的。

综合 N 社区基金会的社区化的服务路径，我们可以看出该社区基金会对于社区的理解更多是城市区域的概念，集中体现在关于社区工作站的定位性话语，即"当地城市分支机构"中。之所以有如此范围的界定与该社区基金会的发起背景存在着很大关联。正如前文所言该社区基金会由企业发起，属于企业化战略投资下的公益营销，有着通过开展社区服务了解社区在智慧社区建设与社区自治服务中的需求，为企业提供社区入场机会的实践逻辑，企业市场化逻辑就决定了企业慈善的活动范围具有广泛性、动态性与随机性，是社会性与公民性的融合（龚天平，2010），是企业运作市场化与慈善发展社会化的体现。

3. 被遗忘的社区：服务范围的持续扩展与有限回归

对于 M 社区基金会而言，在很长的时间内该社区基金会区域化服务的观念较淡，开展的服务性活动都是围绕着为弱势人群提供心理援助、为研究和志愿者专业培训提供资助、为公益事业从业人员和志愿者提供心理关怀服务而进行的，活动服务场所主要在医院，如为患癌儿童提供爱心探访、读书会、绘本演出、木偶戏等活动服务，在养老院、日托所为遇到困难的人群提供帮助，在上海市儿童医院以及静安区、普陀区、黄浦区、杨浦区、浦东新区等主城区均有基金会设置的关爱中心和关爱驿站，甚至在上海市之外的安徽歙县、西藏提供救助服务。

M 社区基金会最初服务范围的不限定，在很大程度上与该社区基金会成立的基本动机与"社区"名称的产生有重要关系。正如前文所述，起初作为发起人的 ML 主要是希望为社会弱势群体提供心理健康服务及志愿者服务，对于社区性关注的并不是很多，之所以在名称中加入社区概念是因为在注册登记时民政局工作人员认为她的基金会有社区基金会的性质，就以此形成了基金会现有的名称，这一名称在很大程度上是民政局建议的结果。但是对于 ML 理事长而言，其本人并不是非常理解社区基金会的具体概念与运作，便因此沿袭了发起时的基本模式。在此种行为逻辑下，该社区基金会的服务范围比较宏观，超出了行政意义上的区域限制。

然而，随着 2014 年末上海市"一号课题"发布，在政府开始自上而下推动社区基金会持续性发展的背景下，M 社区基金会开始认识到社区基金会的内在价值与组织发展优势，开始促进发展战略转型，逐步将组织活动范围向行政意义上的社区转移以分享社区基金会发展带来的组织红利，如先后举办社区贫困家庭的需求调研、为社区内的儿童提供空间改造、进行社区老人关爱活动等。

此三个个案体现了社区基金会不同的服务范围。服务范围问题在实践运作中引发很大的争议，特别是在 2017 年 6 月，12 家社区基金会在 LJZ 社区基金会秘书长召集下参与市基金会管理处领导组织一次有关社区基金会发展的沙龙讨论时，对于社区基金会到底该服务何方的问题做出了大量讨论，在那次讨论会上基本上形成了两派观点。一派认为社区基金会就应该服务于特定的区域，这是由社区基金会的性质决定的。在上海的实践中要在以街道为主的大社区开展服务，形成集中优势，有助于社区基金会扎根于基层，让民众认可。另一派认为社区基金会的社区范围可以是区级的、市级的，甚至社区基金会在全国范围内开展服务都是没有问题的，社区仅仅是一个区域概念，基金会更应该关注社区中的人。此讨论代表了社区基金会在发展过程中的一个典型问题，即社区到底在何方，社区基金会的服务范围在哪里的问题。在当前时代语境下，社区本身成为一种现代化的促进因子，共同促进国家从传统向现代社会、现代经济甚至现代民主发展，它的存在就是要解决从传统社会向现代社会转型过程中出现的问题（郭圣莉，2006：158）。对于社区基金会发展所涉及的社区在何方的讨论，可以说是对社区基金会应该解决哪些问题这一课题的回应。自滕尼斯提出"社区"一词，并认为社区是在共同情感与共同价值观引导下由个人、家庭、亲属与邻里发展形成的共同体后，对于社区的讨论异彩纷呈。其中，有学者认为社区的特征在于"地域上人群的汇集"（Lyon，1987：5）。

Carson 则认为社区有两层不同的意思：第一层认为社区是一个空间概念，是人们生活的一个特定区域，可是邻近地区、小镇的一部分，一个城市，一个区域，一个州，一个国家，一个半球，甚至是整个人类全球；另一层将社区看作一群有着共同爱好的人，这些爱好可以是职业性的，也可以是个人的（Carson, 2015: 4）。但是，在我国的实践中社区是国家权力介入的结果，是国家构建出来的一种政治 – 社会空间，是国家为解决单位制解体带来的城市社会整合与社会控制问题的治理性单元（杨淑琴、王柳丽，2010），社区发展已经失去了与市场社会的相关性，变成了政治社会的附庸（雷晓明，2005），也可以说社区是在特定场域空间中存在的社会（刘少杰，2009）。但是无论是何种层面的社区服务观其基本的出发点都在于公共利益的维护，公共利益既可以被理解为一种"具有公共精神的公民"所渴望的那些东西，也可以是那些"已达成共识的目标"或"对于一个作为共同体的社区有益的事情"，如维持秩序、增加服务内容及维护安全（登哈特、登哈特，2014: 67），这种基于公共价值观之上的公共利益不仅仅包含有着特殊利益诉求的群体、组织的相互作用，而且也需要有共同的民主或价值基础的塑造，需要场域化的承载空间作为行动主体予以实现。因此，对于社区基金会服务范围的争议，从本质上讲是对于组织服务社区化具体实践的一种反映，是实际的利益诉求与服务群体的公共利益不断调整互嵌的过程，需要基金会自身做出持续性的对服务范围适切性的探索。

二 社区基金会与组织行动关系的局部性裂变

在环境系统中，社区基金会在动员组织资源与其他慈善组织展开慈善竞争时会面临多样化的组织关系，这些组织关系维护与处理的妥当程度会直接影响到社区基金会动员资源的程度与广度。从具体的实践来看，社区基金会资源动员行动在推动构建合作关系的同时，也带来相对性的冲突与矛盾。

（一）从经常性捐赠到偶发性捐赠：非正式关系的式微

社会是理性与感性的双向结合，理性面的社会通过法制、契约得以持续维护，而感性面的社会则是在情感联结、人情、面子的塑造下得以体现,这些情感联结、人情、面子是非正式关系的重要组成部分。其中,对人情、面子的感性化认知在我国社会维护中具有较为突出的价值。利用人情可以在其运作过程中获得权力,人情具有封闭性;利用面子可以在关系的相互关联中获得权力(翟学伟,2004)。人情和面子蕴含着一种关系资源释放与权力交换的逻辑,有着情感动员与交换的价值意蕴,它们存续在我国社会的各个场域结构中,特别是在社会资源分配权过度集中的当下社会中,在寻求获取资源正式渠道不健全的情况下,资源的需求者经常会通过建立"关系"、维护"感情"的方式寻求私人关系,存在"报恩""施人情""礼尚往来"的分配逻辑(陈海春、王骢,2014)。此分配逻辑的形成在很大程度上也与我国人际关系网络传统下的"差序格局"(费孝通,2013:14)有关联,是对熟人社会根源的反映。在慈善资源的动员中,无论是个体对于组织的动员还是组织与组织之间的互动,人情、面子所带来的"熟人"在很大程度上为组织发展提供了额外的组织资源,情感动员力仍然有着很大的存在与发展空间。调研发现,各社区基金会在资源动员中基本上都有着通过人情、面子去动员资源、获得相关行动者支持的实践经历,这为基金会的发展提供了很好的便利条件,但同时也遇到了一些阻碍,存在着人情、面子动员力逐渐开始减弱的实践困境。

  社区基金会的资源动员是行动者之间的互动行为,动员结果取决于一方行动者对于另一方行动者的主观愿望的反馈。M 社区基金会是由个人发起的基金会,之所以有此基金会的诞生与该基金会理事长的人生经历与自我认知有关。该基金会发起人 ML 原为某报社执行主编,在长时间的新闻工作中积累了相对丰富的组织关系,在基金会正式成立之前就已有自己的团队,这种组织关系也反映在了该社区基金会成立时的治理结构中。正如前文所言,M 社区基金会的治理结构是该发起人一手组建的,保留着较为多元化的人员身份,且每个组织人员都具有一定的社会影响力,此种组织关系为该组织的资源动员提供了良好的组织关系条件。据 ML 理事长介绍,通过理事、监事人员组织关系先后获得的资金量可以达到 200 万元之多,其中还不包括一些非资金式的人员支持,为成立初期的社区基金会发展提供了条件。但是在该理事长看来依靠组织关系虽然使他们的社区基金会获得一定的资源,却不是长久之计,需要有实干的精神与品牌服务建设,否则"会走下坡路"。她提及社区基金会刚开始发展时一些个人与理事们做出很大努力,部分捐赠人会"卖面子"讲人情地向社区基金会做出一些捐赠,部分捐赠人还会做出经常性捐赠,有日捐、月捐行为,但是随着基金会公益捐赠项目的不断增加,部分捐赠人不再向社区基金会进行捐赠,人情式捐赠开始逐步减少。她认为人情是"要还的""不能常用",并且需要做出持续性维护。

在 M 社区基金会的实践逻辑中可以看到人情、面子在基金会资源动员中的作用变迁,该理事长认为人情"不能常用""人情、面子买不到"在很大程度上反映了人情的作用发挥是有条件的、具有时效性的,在慈善资源动员中需要有具体化的场域区分。从动员范围上讲,人情、面子的动员力更多是拘于熟人之间,是熟人社会的资源动员中的情感化联结。而其中人情更多的是一种情感化的感知与联结,具有三重性,即人的欲望与感情,人心、局势与世情,人们用来交换的资源(冯必扬,2011)。随着现代社会的持续演进,经济、物质与利益化的实践趋向让人情进一步走向资源交换的表达,开始向"利"与"名"的方向异化(贺雪峰,2011)。就"利"而言,人情在很大程度上存在回报性反育,收到人情需要在适度的条件下做出回报以达到持续性目的,而短期内的回报不平衡则会影响到人情在下一事务中的发生,人情的参与范围大小也会因此发生变化;就"名"而言,人情的发生需要有具体的事项,其中各种具体繁杂的名目都成为人情发生的具体场域。与此同时,人情、面子的社会化运作隐含着权力寻租空间的扩大,形成情—权—钱的链条,物质、金钱与利益的引入产生了具有伪道德色彩的交往(练崇潮,2015)。M 社区基金会理事长对于人情的论述恰好说明了人情有走向异化的可能。

同样,Y 社区基金会的资源动员也遇到了人情、面子的动员力式微的情形,但是该社区基金会资源动员的行动逻辑更多地体现了制度规范对于人情、面子产生的阻碍。据 Y 街道副主任介绍,基金会以前与企业的合作关系比较好,也比较随意,遇到场地动用、资金需要时,街道的领导或者基金会人员也会去一些辖区单位内进行劝募,凭借着街道与基金会的影响力,很多单位也愿意为基金会提供便利条件。但是中央八项规定落实后,为很多企业支持基金会带来了约束条件,特别是国有企业,它们虽然有力支持,但是受到了很大限制,之前可以提供场地服务的现在需要层层审批。这些制约性条款的增加很大程度上降低了基金会利用人情、面子动员资源的有效性与及时性。

在此可以看出的是人情、面子动员力式微的情形不仅仅是由于捐赠人对于人情、面子接受时效的问题，外来的法律规制也对动员作用的发挥产生了一定影响，由此引申出了人情与法制的问题。人情社会是熟人社会，但是熟人社会也有消极性的一面，它的消极性源于它同专业化领域与组织领域间界限的模糊，超出日常生活领域冲击与抵消着专业化领域和组织化领域的原则与制度，人情化的过程是将公与私、情与理混融在了一起，社会公正与效率的界限开始变得模糊不清，它们在是非不分的融合中被诋毁、抑制（刘少杰，2006）。而法律规制则以理性对人情、面子的运作空间做出价值约束，可以说是以公共力量规范私利的表现。但是无论是从人情、面子适用的时效性以及变异下的资源交换，还是从制度规范进行探讨，此种慈善资源动员能力的式微转变都是对社区基金会资源动员主体关系的一种改变，体现着"利"与"义"的冲突。

（二）"奶酪"分割的阵痛与不情愿：主体利益分割的反应

慈善资源是个体行动者与集体行动者基于利他主义价值观转让资源所有权的一种物质形态，该资源在很大程度上是价值牵引所释放出来的，具有稀缺性。在日益增长的慈善需求与有限的资源供应量之间存在着张力，各主体之间围绕着慈善资源获取何以可能展开着各种资源竞争。在我国慈善生态中，官办慈善组织与民间慈善组织成为慈善资源争夺的两大基本主体，而为了加快慈善资源生产的速度与获取能力，成长于体制环境下的官办慈善组织一方面与其他主体共同竞争获取社会分散资源，另一方面利用体制优势赋予自身的权威性将体制资源转化为组织生存与发展资源，以维持慈善活动的开展。官办慈善组织之间也会围绕着体制资源转化与利用而存在一定的竞争，且此类资源更也具有稀缺性，但过度的体制动员或者权威动员容易使捐赠人产生捐赠疲劳，影响资源捐赠的整体规模，在慈善动员者之间产生主体利益分割。在上海市慈善资源环境中，官办慈善组织在吸纳社会资源的同时也在利用体制权威向特定范围内的个体、组织、单位募集资源并开始与其他组织展开竞争。实践调研中，随着政府发起型社区基金会的日益增多，原本由市慈善基金会通过体制权威向行动主体动员的那部分慈善资源被社区基金会吸纳，在慈善资源与权威动员力有限的情况下，市慈善基金会开始对社区基金会的发展产生一定程度的不满并开始在组织合作中设限。

上海市慈善基金会作为官办慈善的产物，成立于1994年5月，最初的注册资金为 46000 万元,是由上海市政协、文明办与民政局筹资发起的一家公募基金会,在很长一段时间内该基金会在运作中始终拥有体制内一定行政级别的待遇。成立后,以行政区划为单位,先后在各个区及重要区域设置了代表机构,最多时期达到了 23 个,到 2016 年有 17 个代表机构分布于各个区。① 该基金会自成立以来从 1995 年 1 月起开始在全市范围内开展主题为"蓝天下的至爱"的系列慈善活动,至 2018 年 2 月已开展到了第 24 届。在每年 12 月至来年 1 月之间上海市慈善基金会向各个区的分支机构发布通知,以民政局为代表的政府部门会采取文件通知、会议动员的方式对其下属单位进行动员,各级政府领导也会出席相关的捐赠仪式,一场涉及全市范围的慈善活动由此产生,参与者包括政府部门、事业单位、企业、社会服务组织及居民,活动主办方也会通过"慈善之星""文明单位"等的评选活动对对慈善活动做出重大贡献的人员及个体进行表彰。在此种情况下该基金会每年举办的"蓝天下的至爱"活动的资金捐赠额都比较大。② 之所以在短时期内获得如此大量的慈善资源与该基金会体制的权威动员有很大关系。从调研情况来看,为了提升每年捐赠量,部分地区会通过下指标的方式对特定的群体或者组织进行捐赠额的规定使捐赠量保持在较好的水平。

然而,随着社区基金会的广泛兴起,市慈善基金会此种通过权威获取转化体制与社会资源的优势开始逐渐被打破,特别是由基层政府发起的社区基金会也开始通过行政力量分割此前纳入市慈善基金会"蓝天下的至爱"的部分捐赠活动,这在很大程度上引起了市慈善基金会对社区基金会的排斥,其中以 Y 社区基金会从市慈善基金会中获取"一日捐"在 Y 街道的区域资金筹集与使用权最为典型。在调研中,市慈善基金会办公室主任 ZXD 表达了对社区基金会与市慈善基金会互动的基本看法。该主任表示从市慈善基金会总体的筹资规模分析,目前社区基金会的相继成立影响较

---

① 资料来源:上海市慈善基金会 2016 年度工作报告(内部资料)。
② 以第二十二届"蓝天下的至爱"的开展情况来看,该届"蓝天下的至爱"系列慈善活动于 2015 年 12 月 20 日启动,至 2016 年 1 月 23 日结束,历时 35 天。活动期间,上海市慈善基金共共募集物资 2.47 亿元。其中,募集资金 2.43 亿元,募集物资折合人民币 430 万元。在募款项中,市会募得款项 8137 万元,区县分会募得款项 1.62 亿元;宝山、嘉定、闵行、金山、松江、长宁 6 家分会上街募捐与晚会现场募款共计 217752.02 元,其余分会的上街募捐与晚会现场募款活动因天气原因等取消;千店义卖获得 2279098 元。具体内容详见上海市慈善基金会官网,http://www.scf.org.cn/csjjh/n2754/n2756/u1ai154519.html。

小，但是就"蓝天下的至爱"这一项全市范围的筹资活动来看，社区基金会的成立还是对其产生了影响，具体表现在三个方面。其一，减少了该项筹款活动的总体筹资量。社区基金会成立后，部分社区基金会所在的街道开始主张将辖区内所筹资金不再上交各区慈善工作站，而是直接纳入街道辖区内社区基金会所筹资金，此行为直接影响到"蓝天下的至爱"的总体筹资量与资金使用范围。其二，影响到基层政府部门对于"蓝天下的至爱"活动的重视程度。与将所筹资金直接交予市慈善基金会相比，部分街道更倾向于由辖区内的社区基金会负责所筹资金的使用。同时，受Y社区基金会成功将"一日捐"资金纳入所在街道辖区内社区基金会影响，部分没有公开募集资质的社区基金会所在街道也开始建议市慈善基金会将在街道辖区内筹集的资金以捐赠的形式返还给辖区内的社区基金会。其三，影响到部分捐赠人向市慈善基金会的捐赠额度与频率。在该主任看来，政府部门的倡导对于"蓝天下的至爱"筹款具有很大的动员力，但是只是临时性的，社区基金会成立使得慈善基金会失去了一些社区捐赠，部分捐赠人更倾向于选择在街道内就近捐赠，因为那部分捐赠人与街道的互动较多。此三方面影响反映了上海市慈善基金会与社区基金会在资源竞争中存在着一定矛盾。

对于市慈善基金会而言，通过体制优势获得的慈善资源可以说是其自成立以来的一块"奶酪"，市慈善基金会本身已经享有使用权20多年，这属于其独特的组织优势。但是社区基金会成立后开始冲击这种相对的垄断地位，并参与到此类资源的分享中，让市慈善基金会产生不情愿的阵痛，反映出科层制下的层级分隔与主体利益冲突，这与官办慈善组织权威动员具有相同的运作逻辑与行动路径，是社会慈善资源调动不充分与组织能力有限情况下的一种组织生存策略，需要有自由流动资源与自由活动空间持续扩展下的组织变革，突破官办慈善组织的资源动员困境，实现官办慈善组织的市场化与社会化转型。

（三）资助性联合的阶段性桎梏：项目成效与民众认知的悬浮

目前，我国的慈善组织发展正在由官办组织向民间组织过渡，基金会运作直接涉及慈善组织以何种形式发挥好功能，实现组织使命的问题。理想化的慈善组织发展应该是独立于政府、市场之外的，但这三者不是主体对立性的，而是在相互补充中向社会提供服务的（潘屹，2007）。现代慈善组织的实践化形态较为多样化，募捐机构、实施机构与协调机构彼此间存在不同，承担职责有着混合型、综合型、专一型、协调型与附属型之分（郑功成，1997）。但是有一点是可以肯定的，即无论是何种类型的慈善组织，多样化与多中心都应该是慈善组织发展的基本起点。正如博兰尼所认为的那样，人们日常的实践生产与生活需求是多样化的，各种社会事务的处理也都是"多中心"的，这些社会事务"唯有依靠相互调整的体系可以被社会管理运作"（博兰尼，2002：123），慈善组织是社会事务的重要参与者，多样化的实践化形态之间的相互调整与彼此依存是组织发展的重要保障。然而，需要做出分析的是，多样化在很大程度上意味着慈善组织的运作应该是多个主体共存且有分离性的一面的，相互的调整协调才使慈善组织运作自成体系，最典型的即是捐赠人与受助者的分离、组织募捐与服务开展的分离，后者更是被学者称为提升慈善组织运作效率、解决慈善效能低下问题的突破口（武靖国、毛寿龙，2017）。资助型基金会的运作则是组织募捐与服务开展的常态化形式，也是创造资源动员联盟、吸引慈善资源的有效措施，特别是那些组织人力缺乏、组织力量有限的慈善基金会发展的重要选择。在社区基金会的实践化形态中，通过对其他组织的资助，在实现组织公益使命的同时，创造发展新模式与服务品牌，以达到动员资源目的的做法具有很强的普遍性。调研中N社区基金会与Y社区基金会自成立之后就开始以资助服务团队与服务机构的形式缓解组织人力资源不足、服务精力有限的局面，并期待以此实现组织的实体化运作，形成组织发展模式，积累组织动员资源的社会资本，但此种资助性联合的实践运作也遇到了发展性困境。

在实践运作中，N社区基金会早期成立后的工作人员仅有两人，分别为秘书长与财务主管，且两人均为兼职，是从发起企业直接过渡而来的，福利待遇也是由企业直接发放。在此种情况下，如何致力于发展社区自治实现社区基金会实体化运作已经成为该社区基金会发起方与秘书长首先需要明确的问题。经过反复讨论与分析后，N社区基金会最终确定了工作站的运作模式，通过此模式以资助其他自治团体开展自治服务活动。该社区基金会秘书长HBZ表示，工作站的设立是基金会运作的开始，最早的工作站成立于陆家嘴，后扩展到其他地方，主要是依托居委会开展自治项目资助工作。第一批自治项目的实施开始于2015年底，资助的项目数为8个，每个项目金额在5000元左右，通过项目实施六个月后的评估发现，尽管项目在实施过程中得到了很大推进,项目活动比较丰富,但是实际的活动成效较差,社区居民参与项目活动的积极性并不是很高,很多社区居民对于社区项目与 N 社区基金会的了解非常有限,该秘书长用"问题较多""不太满意"评价首批自治项目。这一现象的主要原因在于项目实施主体以居委会为主与项目质量有限。就前者而言,首批八个项目的资助对象主要在居委会,由居委会负责项目的具体实施,在一定程度上项目与居委会日常服务工作存在重叠,居委会也没有开展有关资助方的宣传活动,社区居民认为项目实施是居委会工作,项目实效被居委会服务所吸收。就后者而言,首批项目主要集中在老年服务与志愿服务方面,因基金会社区影响力不足且多数项目由居委会所报,社区基金会采取相对宽松的评审标准,部分项目并没有真正反映居民需求,存在着重复开展的情况,出现了项目成效与民众认知的悬浮。

对 N 社区基金会而言,通过资助项目让社区居民了解、认可社区基金会不仅是实现项目成效的基本要求,更是直接关系到社区基金会服务目标的达成。正如前文所提及的,N 社区基金会的成立是企业发起方基于理性选择的一种战略规划,有着通过基层服务与相关主体的链接,为企业发展创造发展条件的考虑,项目成效与民众认识的悬浮则是对该社区基金会动员社区资源、获得基层认可的挑战,这也是此后该社区基金会对资助对象与资助项目进行再调整的基本出发点。而此问题也同样出现在 Y 社区基金会"一日捐"项目的资助过程中。该社区基金会自于 2015 年 2 月获得"一日捐"资金使用权后,就以资金来源于社区、用于社区的理念开始资助各类组织在 Y 街道范围内开展服务活动,但因没有明确规定受助机构与资助机构在项目实施过程中组织宣传与挂名等问题,出现了社区居民对实施机构认同度较高,而对于 Y 社区基金会的资助行为不太了解的情况,社区基金会虽然联合了其他社会组织在社区内开展服务,却没有达到宣传基金会,让社区居民了解自身,提升社区居民对自身认同度,为后续组织动员提供条件的目的。鉴于此,该社区基金会在第二届资助活动中重新修改了资助条款与协议内容,如在《公益项目资助协议》第五条中提出"双方在传播信息时,都应该正确和完整披露另一方所提供的机构名称和标识",进一步明确了项目公示与传播工作的基本要点。

总体而言,基金会资助过程中出现的项目成效与居民认知悬浮的情况具有阶段性特征,主要原因在于社区基金会发展经验不足引发的对资助机构与资助项目选择性的偏离，也与该基金会的项目化服务目标的实现方式有关。格兰德（2010）曾提出了四种实现公共服务目标的方式，对于我们理解这种悬浮困境具有一定的启发性：信任，即信任从事公共服务的专业人员、管理者和其他人，相信他们会提供高质量的服务；目标与绩效管理，即那些工作人员在上级指示与指导下提供良好的服务；发言权，即将公共服务的用户意见直接传达给提供者；选择与竞争，即由用户选择他们想要的服务，而这些服务是不同服务供给者互相竞争着提供的。在他看来通过选择与竞争的方式来提高公共服务质量可以说是在利用另一只无形的手，可以激发不同服务提供者的积极性，发挥好组织优势以提升服务成效。调研中，项目成效与居民认知悬浮的具体化问题集中反映在基金会在选择资助机构时很大程度上是在区域化保护的视角下进行选择的，即将本服务区域的机构作为重点选择对象，缺少组织主体间的竞争性，引发了服务性困境，需要在实践中不断调整组织选择方式，这蕴含着社区基金会选择服务伙伴的实践命题。在此，对于资助型社区基金会而言，如何选择资助项目与机构也已经成为一个需要解决的重要问题，做一个"精明买主"，需要有市场化运作的具体化实践与激情之后的理性回归，做出系统性研究，区分组织运作的"信念结构"与"经验知识"，把利弊共存的理论认识建立在系统的经验知识之上（凯特尔，2009：6），才能正确为认识组织运作发展状况、科学决策与完善管理提供启示，能否做到这一点也直接关系到社区基金会的资源使用成效与区域影响力的扩展情况，良好的选择对于资源动员有着积极作用。在实践中，要注意资助理念的培养与资助形象的塑造，有效调动社区骨干，获得所服务民众的支持（孙贵平、刘奥运，2017），发挥慈善资本主义理念的"战略性"、"市场意识"与"较高的参与度"的作用，让资助者的资金实现最大化的"杠杆效应"（周秋光、王猛，2015），在和谐的组织关系中平衡社区基金会与资助者、受助者之间的张力，满足各行动者的慈善需求。

三　社区基金会组织关系维护的实践逻辑

资源动员是与多元主体进行互动的过程，涉及筹资人、捐赠人、受助者的情感交流与关系处理。社区基金会作为集体行动的资源动员者连接着捐赠人与受助者，在践行组织公益使命的同时在协调自身和捐赠人、受助者需求，维持长期关系，防止单方面主体利益受损中扮演着重要角色，也需要不断做出策略性调适。

(一) "有组织"的感恩：慈善效应的放大

捐赠是慈善事业的重要组织内容，慈善资源的动员是劝募者向社会相关主体开展的一项筹款活动，劝募者需要在分析捐赠市场的同时准确把握捐赠人在何种情况有可能做出有利于捐赠人的活动，最基本的起始点在于把握捐赠人的捐赠动机，需要明确捐赠人的服务需求，权变性地提供动员策略，这成为慈善资源获得的关键性因素。目前，对于捐赠人捐赠动机的研究主要存在着三种解释框架，即利他主义倾向的解释、理性选择倾向的解释与社会声誉倾向的解释。利他主义倾向的解释中，早期的规范主义认为人们从事捐赠活动，把自己的时间、金钱用于帮助别人，完全是出于对一些社会群体的关心和同情，是一种不求回报的无偿行为（Hungerman，2005）。此种倾向下的慈善捐赠行为拥有利他主义的价值关怀，符合亚里士多德"世有三善"①（亚里士多德，2009：123）中对灵魂诸善的理解，是道德上的至善。但是，这种利他主义的捐赠缺乏对捐赠行为的良好解释与预测，很难再做进一步分解与操作，特别是在政府对自愿捐赠进行干预时，利他主义的解释力就会削弱（Glomm and Lagunoff，1998）。而理性选择倾向的解释则是将利他主义下的捐赠行为作为一种旨在追求回报的行为，有着自利主义的动机，整个决策过程是成本与收益的理性衡量。如斯顿伯格从交换论的角度出发认为一些个人与机构的资金捐赠，是需要得到报偿的，捐赠人必须从受赠者那里获得相应价值以作为交换，不然捐赠难以持续（Andreoni，2007）；史蒂文斯（2003：101）也认为企业家的自愿捐赠可以增加其自身的道德资本，提升企业发展绩效。这与郭玉辉在研究志愿者参与中发现的满足了志愿者内在的灵性需求，实现良性"交换"的组织行为具有一致性（郭玉辉，2013）。可以说，理性选择倾向的解释是一种经济学视角下的分析。此外，在社会声誉倾向的解释中，当人们的慈善行为受到其他对象关注时，他们就会有一种自我满足感，提升对自己的认同度，对自己做出积极性评

---

① 亚里士多德认为"世有三善：外在诸善、躯体诸善、灵魂诸善。基本的善是灵魂的诸善，这可以被经验和哲理所证实；这些善德包括勇毅、明智及其他美善"。在亚里士多德看来，人类事务中最高的善就是幸福，包括个人的幸福与城邦的幸福，而为了善的目标，城邦中的公民要拥有良好的道德品质，以有德性的生活作为自己的目标。

价,产生"光热效应"(Ribar and Wilhelm,2002)。而 Glazer 与 Konrad 也有相似的提法,他们发现慈善捐赠是富人向社会相关主体炫耀财富,提升自我社会形象与社会声望的重要方式(Glazer and Konrad,1996)。

但是,需要指出的是,并非所有的慈善行为都是积极主动行为,慈善组织强大的约束力会产生一定的社会压力,迫使部分捐赠人进行捐赠,或者个体或群体在自身经历的基础上出于对社会底层群体的某种愧疚,会产生慈善捐赠行为(Sugden,1982),文化因子、制度因子、经济因子与信任因子也会影响到捐赠行为的再生产(邓玮,2013)。但是不管是出于何种动机的捐赠,捐赠人做出慈善捐赠的行为都已经成为一种既定事实,在帮助慈善主体获得公益捐赠、践行公益使命的同时也使受助者从中受益。正因如此,实践中的社区基金会为了更好维护此种互益的组织关系,从把握捐赠人捐赠动机出发,开展一系列感恩捐赠人的活动,旨在满足部分捐赠人对捐赠服务的需要。然而调研发现,此种感恩活动具有双重属性:它的成功呈现,一方面是受助者本身的情感性认知,承载着受助者对捐赠人的感激;另一方面也是社区基金会组织动员的结果,有着主观营造的行动路径。

1. "感谢信是他们让孩子写的":理性动员对感性认知的吸纳

经过近几年持续发展后,M 社区基金会无论是从筹资规模还是品牌化服务建设来看都取得了较好发展,且随着捐赠资金的持续注入,该社区基金会开始将品牌服务与筹资发展相结合,实行品牌服务与项目筹资相向联动,致力于专项基金建设,如安乔基金、马自骑基金、至善文化艺术公益专项基金、桑珠利民基金。其中,安乔基金属于独立捐赠人资助,主要致力于促进儿童全面健康发展,开展艺术、运动、情商教育与交流活动,帮助弱势群体提升能力,为他们改善环境、提供机遇,于 2016 年由安乔国际双语幼儿园联同幼儿园家长捐赠 25.48 万元后发起成立。[①] 此后根据捐赠人意愿,M 社区基金会在此专项基金之上开发出螺蛳壳儿童空间改造项目与儿童心理援助计划,"螺蛳壳"是形容儿童生活空间狭小,类似于螺蛳壳,正是基于此,基金会提供生活空间改造服务,给孩子新的生活空间。在该项目实施过程中,为了让捐赠人全程把握捐赠过程,该社区基金

---

① 资料来源:M 社区基金会 2016 年度工作年报。

会采用了每年开展贫困家庭调研、填写 M 社区基金会服务对象探访记录表①、邀请捐赠人出席改造仪式等方式，且最具有代表性的方式为建议受助人写感谢信。自该项目实施以来 M 社区基金会先后为十余个家庭的儿童提供了家庭空间改造服务，每一个家庭的改造基本都会遵从探访调研—确定资助对象—设计改造方案—进行改造—举行入住仪式的流程进行，而在入住仪式上都会有一个改造家庭代表发言并为捐赠人提供感谢信的环节。

在此过程中，M 社区基金会通过策略性的理性选择将受助者对捐赠人的感激之情文本化，存在着情理上的适切性与道理上的合理性，在满足基金会需求的同时，也在很大程度上放大了捐赠人捐赠行为的慈善效益，提升了开展慈善公益活动给捐赠人带来的荣誉感，对于维持捐赠人与社区基金会、受助者之间的持续性关系有着积极性作用。

2. 特定仪式下的颁奖活动："让慈善行为看得见"的行动逻辑

在慈善事业发展过程中，作为集体行动者的慈善组织经常会举办各种慈善活动用来筹资或者彰显受助人对特定组织、群体的感恩，向外界传递一种慈善文化。其中，仪式可以说是最为常见的组织形式。作为在人类历史发展中最古老、最具普遍性的一种社会文化现象，仪式既不属于物质范围，也不是个体的主观概念，而是具有实践性的一种行为方式，一种超常态行为，具有仪式化、礼仪、典礼、巫术、礼拜与庆典等类型（薛艺兵，2003），体现着人类行为表达与符号表达，承载着文化的价值意蕴（李育红、杨永燕，2008），它可以对人们的行为产生一种心理方面的影响，让参加仪式的人对仪式的象征意义有相对较为充分的认可。媒体庆典下的组织仪式，更是融合了媒体符号与庆典仪式，前者是一种媒体事件的表达，已脱离了单纯意义上的信息传递，而是侧重应用媒体事件的理念与社会价值本身；后者是一种价值认同情感表达，与其他庆典仪式符号一起共同构筑"信仰的共享空间"（李进进，2016：49~50）。在社区基金会公益实践中，各种仪式下的组织活动已经成为其维持组织关系与向社会公众传播公益文化的重要手段，并在很大程度上对捐赠人需求满足具有倾向性，特别是具有官民二重性的 Y 社区基金会在这方面表现更为突出，其在官办性质

---

① 从现场调研情况来看，M 社区基金会的服务对象探访记录表主要包括基本信息（包括姓名、性别、出生年月、学校等）、生活空间（包括是否有独立空间、独立床铺、独立学习桌）、共同生活家庭成员情况、家庭成员关系评估、观察评估、总体评估与援助建议等。

的塑造下通过特定的评奖仪式与颁奖活动来满足捐赠人需求，平衡利他与利己关系的倾向更加明显。

正如前文所述，Y社区基金会是由街道发起的且街道在该社区基金会的筹资活动中扮演了重要角色，该社区基金会既拥有通过权威资源获取社会资源的行动轨迹，也有着互惠共利的利益平衡，但是为了维护捐赠人对于社区基金会的长期支持，实现社区基金会资金的持续性注入，该社区基金会在街道的支持下针对捐赠人也开展了一系列的服务活动，其中最具有代表性的且捐赠人最为满意的策略行动即是为捐赠人举办特定的评奖、评优活动并邀请社会媒体参与其中对其公益行为进行新闻报道，在达到了向社会大众宣传公益理念、弘扬社区公益的目的的同时，也满足了部分捐赠人通过公益捐赠获得政府优惠、树立社会公益形象的目的，发挥了"让慈善行为看得见"的双重价值。调研发现，Y社区基金会提供的评选活动涉及"文明单位""最佳公益单位""慈善公益奖"等荣誉称号或奖项，并在大型公益活动中颁奖表彰，邀请媒体进行报道。

"让慈善行为看得见"的行动逻辑蕴含着捐赠人的利益需求如何满足的命题预设，与"感谢信是他们让孩子写的"的策略选择具有一定的契合性，都是在尊重捐赠事实基础之上的对公益捐赠人动机的有效回应，达到了既实现组织公益使命，又维护捐赠人利益、满足捐赠人需求的目的。

（二）"给捐赠人一个交代"：弥合捐赠信息鸿沟

在慈善事业运行过程中存在着一个最基本的三元主体关系，三元主体分别为捐赠主体、中间主体、受益主体。慈善组织通常扮演着中间主体的角色，捐赠人则是捐赠主体，存在着捐赠人将慈善资源交予慈善组织，慈善组织根据捐赠人意愿与特定群体需求开展慈善活动的过程，捐赠人与慈善组织彼此之间存在着委托代理关系，即捐赠人委托慈善组织代替捐赠人提供服务。从委托代理关系中的竞争因子大小来看，存在着竞争因子赋值为零的委托代理关系，此情况属于政府直接供给公共物品的模式；弱委托代理关系则是政府通过部分转移经营权或者转移经营权中的部分环节，建立政府与其他组织之间的关系；强委托代理关系则是政府通过全部转移经营权或者转移经营权中的所有环节并附加相应的激励的方式，实现公共物品的有效供给（吕振宇，2010：240~244）。同时，随着福利多元主义的发展，政府、市场、慈善组织、家庭与群体都是福利的供给者，逐步形成了多元委托代理关系,存在着多层委托代理的层级链(Hawkins et al.,2006;吉鹏,2013)。但是,委托代理关系是因产权的所有权与管理权分离的既定事实产生的社会关系,存在着委托人与代理人实际运作中的责任模糊与内在矛盾(谷志军,2015),且委托人与代理人都是经济人,进行自身效益最大化的理性选择,彼此之间有利益不一致甚至冲突之处(刘有贵、蒋年云,2006),如果授权结构不明确,委托人授权代理人时容易产生逆向选择问题,授权后也易出现道德风险问题,如代理人利用自身掌握的信息优势欺骗委托人以此谋取利益,代理损耗成本上升(张建宏、郑义炜,2013)。而委托代理关系在慈善领域面临完整产权拥有者缺少、财产索取权与控制权分离、使用权受约束与受益权走向虚拟化的"公益产权"问题,财产权引发了众多认识误区,主体利益分离现象也很严重(金锦萍,2008;王菲,2012)。社区基金会委托代理关系的实践同样面临此种慈善资源动员与分配的过程性困境,集中表现在信息透明度不高、捐赠人与社区基金会地位不对等、捐赠人缺少足够的信息渠道了解资助的过程与效果上,这些在很大程度上影响到了捐赠人对于社区基金会的信任与关注。但值得庆幸的是,调研中的各社区基金会在制度规范与主观认识之下围绕捐赠人做出了大量工作,在一定程度上弥合了作为委托人的捐赠人与作为代理人的社区基金会之间的信息鸿沟。

就 N 社区基金会而言,该社区基金会自成立后于 2016 年就收到公司捐赠的 3843582.16 元,该笔捐赠资金是 N 社区基金会收到的最大的一笔捐赠款项,主要用于爱康工作站的专项资助。据调研发现,在实际运作过程中该社区基金会为捐赠人提供的服务主要涉及以下几方面:一是向该捐赠人提供申请资助的服务对象基本情况与社区基金会筛选后打算资助的人的名单,确保捐赠人了解拟受助人的基本情况;二是在资助时邀请捐赠人参与,并与捐赠人一起前往看望受助人,发放资助金;三是因为很多资助往往涉及后期资助,在开展后期资助时该社区基金会也会为捐赠人定期提供具体信息,内容涉及受助人的康复情况、家庭情况、花费情况、需要再次资助的理由。同时,通过基金会微信公众平台将拟受助人情况向外界公布,经过特定期限后给予正式资助。如 2016 年 9 月 16 日该社区基金会公示了首批满足受助条件的三名众保员的基本信息,具体包括人员基本信息、事件概况、事件审核过程、审核结果等内容。N 社区基金会较好地平衡了捐赠人、社区基金会与受助人之间的主体关系。而在 M 社区基金会的运作过程中，该社区基金会对于捐赠人的负责主要体现在两方面的做法上：一方面该社区基金会通过其官方网站、微信公众平台对相关的服务开展情况进行公示与报道，向捐赠人传递捐赠款已经收到且正在被合理应用的符号信息；另一方面对于一些大额且持续性的捐赠，由社区基金会与捐赠人共同设立资金管理委员会，由该管理委员会决定资金的具体资助标准、对象选择、资助范围。如 M 社区基金会的至善文化艺术公益专项基金是以艺术为载体，以中国文化的梳理、传承、发扬为使命，以艺术、教育、文化特别是文化产业项目为对象的专项公益基金，由海上艺术公社于 2015 年 4 月筹建，目前设了名誉主席、主席、秘书长之职，其担任者与社区基金会共同行使资金管理权与使用权。与 N 社区基金会和 M 社区基金会相比，Y 社区基金会与捐赠人的信息沟通主要集中在实施过程的及时披露与向捐赠人定期发送项目实施情况报告上。前者主要的披露渠道有官方网站、微信公众平台、上海社会组织网、上海浦东与基金会中心网，且经过持续不断的努力，该社区基金会的信息披露程度得到了提升，并在 2016 年基金会中心网的社区基金会的信息透明指数上位于同类型社区基金会之首。就后者而言，基金会主要通过项目总结会、公益活动开幕式、评奖等活动将捐赠人邀请到服务现场介绍项目实施情况，此后也会通过电子邮件或短信的方式将项目评估的中期报告与终期报告连同项目资金使用状况、相关宣传报道发送给捐赠人，就此向捐赠人做出说明。

捐赠人为了最大化发挥慈善资源效益，将慈善资源委托给社区基金会，由社区基金会代替其开展慈善公益活动，并会要求社区基金会做出系列有助于实现捐赠人自身利益的服务或者行为。在此种委托代理关系中，捐赠人并不能观察到社区基金会为了资源分配做出的努力的程度，或者即使可以观察到其也不能准确反映资源使用情况，信息鸿沟由此产生。同时，作为代理人的社区基金会也会追求服务效益的最大化，具有经济人理性价值的考量，社区基金会为了组织生存与发展在行使捐赠人授予的资源决策权与使用权时可能会受到各种诱惑，利用自身拥有的信息优势，把自己的主体利益放置于捐赠人利益之上，谋取利益最大化，损害捐赠人的利益，产生代理问题。在此种情况下，社区基金会与捐赠人之间就必须建立有效的制衡机制，缓解双方利益冲突，弥合信息不对称的鸿沟。实践中信息披露制度常态化、资金管理委员会的作用发挥和对其的共同参与在很大程度上就是对此代理问题的一种回应。对社区基金会而言，捐赠人的资助呈现契约性约束与利他性激励的特征，必须有效处理主体间关系，在对捐赠人负责、维护捐赠人利益的同时实现公益使命价值最大化，这既是由社区基金会组织发展社会化的主体环境决定的，也是为组织动员资源、增加组织资本做出的策略性回应。

（三）"劝友会"与"联席会"的入场：聚在一起的慈善力量

阿尔蒙德和维伯曾在其《公民文化——五个国家的政治态度和民主制》中讲到合作是社会主体从事一切活动的基础性价值，认为"如果那些重视合作行为的人与组织，也相信人们在实际的行为过程中会相互合作的话，那么对合作行为的高度重视，可望影响到实际的过程"（阿尔蒙德、维伯，1989：314）。在慈善事业历史进程中，多主体间的合作仍然是推动其不断发展的主要力量，可以说慈善之所以被当作"事业"看待，在极大程度上是因为其复杂化程度高，涉及多方事物间的关联，远超过个体的能力范围，需要集体行动的力量。但对于慈善组织筹款而言，若要维持慈善资源的持续化获取就需要有从宏观到微观、从不确定性主体向特定主体的过渡，以实现筹款对象的具体化与增强其对目标的针对性。筹款是存在有效性阶梯的，按有效性由低到高的顺序来看，媒体广告、网络筹款的有效性最低，其次为入户筹款、特别筹款活动、统发性的电话劝募、个性化的电话劝募、个性化的劝募信、电邮，劝募有效性最高者为个人关系下的劝募信、电话交谈、面谈。由此可见，劝募时所要求的捐赠金额越大，筹款方式就越倾向于依赖个人关系。正是在对于捐赠人关系的维持的价值基础之上，各社区基金会采取了相对多元化的维持方式，而为降低关系维持的组织成本，社区基金会则将个体化捐赠聚集起来，使其成为一个可以为组织服务的捐赠共同体，最具有代表性的为"劝友会"与"联席会"运作。

1. "劝友会"：捐赠人社群部落的生成

在长时期的发展中，M社区基金会形成了一批相对稳定的慈善捐赠人。为了进一步维持捐赠人对社区基金会的关注，该社区基金会在组织内部成立了"劝友会"，它是M社区基金会发起的捐赠人社群部落，旨在提供全面、系统的捐赠人服务，并倡导"增长公益认知、丰富公益生活、积累公益体验"的劝友会文化，让公益成为一种生活方式，[①] 为该社区基金

[①] 资料来源：M社区基金会2016年度工作报告。

会提供过捐赠服务，且有意愿的捐赠人均可成为"劝友会"成员。据该社区基金会宣筹部部长 ZST 介绍，"劝友会"成立于 2014 年，是基金会借鉴联合劝募模式中对于捐赠人的服务而成立的，在人员结构上主要有企业捐赠人、个体捐赠人、组织捐赠人代表及具有政府背景的人员，截至 2017 年 12 月 1 日，人员数量达到 232 人，其中企业捐赠人与组织捐赠人代表占比最高，长期性的捐赠人占到了总数的 1/3 左右。M 社区基金会除了定期与不定期地在线上向该"劝友会"发布项目实施进展、取得的成绩等之外，还会开展一些线下的沙龙服务活动，针对捐赠人关心的事项进行问题解答，也可以针对某项活动的开展提出具体的服务方案，邀请捐赠人做有关公益发展、社区服务、项目实施或者其他公益经验等方面的分享，对于有意愿参与公益服务活动过程的捐赠人也会积极吸纳，让其扮演一定的角色。

在 M 社区基金会捐赠人维护的逻辑中，"劝友会"是组织内部成立的一种相对稳定的非正式组织，既没有明确的组织边界，也没有规范性的责任与义务，更多的是一种基于工具理性之上的关系维系，赋有情感性链接的典型特征，是慈善资源再开发与持续获取的策略性推进。

2. "联席会"：以行政力量整合慈善力量

与 M 社区基金会相似的是，Y 社区基金会也为部分捐赠人提供组织化的服务，以"联席会"的形式将捐赠人聚集起来，提供了一个彼此了解、相互认知的服务性平台。但与 M 社区基金会不同的是，该社区基金会举办的"联席会"中的主要捐赠人为辖区内企业、单位或者组织方代表，具有集体性法人性质，较少地涉及个人捐赠人，其主要与该社区基金会的资金来源结构有关，如 2016 年该社区基金会筹资收入为 1869145.97 元，其中企业捐赠占比为 33.4%，各类单位为 27.3%，非营利组织为 18.9%，个人捐赠为 11.4%，还有部分其他收入。① 此外，"联席会"召开的时间具有随机性。与此同时，需要做出重点说明的是，"联席会"的成功组织恰好体现了该社区基金会官民二重性的组织特征，街道身份赋予的体制权威具有较强的资源吸引力，为捐赠主体的聚集提供了条件。Y 社区基金会针对捐赠人举办的"联席会"背后的力量在于街道，街道会在特定的时期内向辖区内的单位或组织发出邀请，社区基金会负责具体的工作事项，涉

---

① 资料来源：Y 社区基金会 2016 年度工作报告。

服务流程、稿件写作、人员选择等方面，此形式的活动一方面是街道联动辖区单位，听取辖区单位组织意见以为其提供更加适宜的社区服务的机会，另一方面也是社区基金会向捐赠单位、组织介绍资金使用情况、项目开展进程的重要方式。调研中，该社区基金会秘书长 R 将其看作"街道的职责""联系捐赠人的平台"，举办其是"要维护捐赠关系"，也反映出了基金会对于此组织方式的一种认可，其是社区基金会对于政府权威资源的再利用。"联席会"在 Y 社区基金会捐赠人组织化过程中处于重要位置，是该组织官民二重性演化的结果。"联席会"本身是一个行政色彩很浓的会议形式，可以特指没有隶属关系但有工作联系的单位或者部门为了某一特定的目的定期或者不定期地召开的会议，广泛存在于各级政府系统中。该社区基金会利用此种会议形式与捐赠人互动，让捐赠人了解组织服务活动，表达对于捐赠人的尊重与利益维护，既体现出官办慈善组织属性的一面，也具有民间组织的服务性，有着用行政力量整合慈善力量，联通政府、市场与社会组织，寻求慈善事业联合发展的实践逻辑。

从总体上看，无论是从"有组织"的感恩的实践过程来看，还是透析"给捐赠人一个交代"或者"劝友会"及"联席会"的生成，社区基金会都在试图维护与捐赠人关系的持续性，以期可以更好地帮助社区基金会践行公益使命，满足特定服务对象的需求，在已有实践形态中有着默顿笔下的"制度化的利他主义"的行动逻辑。制度化的利他主义是利他主义的一种特殊形式，它以结构性机制，特别是奖赏与处罚的调节，激励那种有助于他人的行为。制度化利他主义关注行动的选择性，提高个人选择利他行动的比例，期待通过一定的奖励制度使得在专门化的职业中道德责任与自我利益趋于一致与整合，有助于促使个体从业者的自我利己性行动转变为利他性行动。社区基金会采取一系列的组织措施致力于捐赠人关系的维护，其实质上就是在公益的利他性与主体利益的利己性中寻找平衡，激发制度化利他主义红利的持续性释放，对于实现基金会慈善资源的持续性动员与再注入有着积极的促进作用。

第7章　网络重塑与制度生产：社区基金会资源动员的总体实效

在社区基金会资源动员经历了冲突与分离和对主体间张力的弥合之后，滋生的分化增强了对整合的需要，这些整合纽带是组织群体凝聚与公益价值维护的基础，被组织活动过程所塑造的共同利益以及将群体、组织成员团结在一起的共同目标和价值所强化，并与组织社会支持网络和制度生产紧密相连。实践中，社区基金会资源动员总体实效是资源动员在经历了吸引、竞争与分化后的产物，通过一系列组织行动社区基金会的网络空间得到了再扩展，互联网与公益发生相互融合，制度生产使社区基金会资源动员走向持续化与规范化，具有影响环境、创造环境，为组织发展创造条件的行为轨迹，综合表现在基层治理格局的形态推进与变革中。

一　公益网络的链接：社区基金会资源空间的扩展

社区基金会生存于一个开放的系统，此系统连接着社会中的个体、群体、组织，构成了组织发展的基本环境与网络。发展中的社区基金会在借力于传统组织网络的同时，也在积极地接入互联网寻求资源空间的扩展，较好地实现公益网络的再生产。

（一）互联网＋公益："跨界融合，联通一切"的组织实践

当传统社会遇到信息技术革命之后，原有的社会结构与互动方式发生了巨大变化，网络社会的产生给时间与空间的链接方式和形态带来了新的变革，影响着社会的各个领域，同时也塑造了互联网与公益的新形态。

1. 网络社会的来临：传统社会形态的变革

随着信息技术的发展，互联网已经深刻影响社会生活的各个方面。但是网络社会不同于虚拟社会或者信息社会，它是通过互联网联系在一起的

各种关系聚合而成的社会系统（童星、罗军，2001）。与另两者的区别在于，虚拟社会可以是网络社会中的一部分，而网络社会又是信息社会的一部分，网络社会强调的是信息传递的形式、结构与以往社会的相互嵌入，可以看作一个在个体、群体与社会等各个层面上都以网络为社会和媒体的深层结构的社会，预示着社会和媒体的深层网状结构的产生，作为一种历史发展趋势，这些结构在互联网时代的支配性功能、作用及其发挥过程将通过网络的形式组织起来。网络重构了以往社会的形态，改变了生产、经验、互动、交往与文化相关过程中的实效与结果。早前曼纽尔·卡斯特（Manuel Castells）就曾指出，"信息技术从根本上改变了我们出生、生活、学习、工作、生产、消费、梦想、奋斗或者死亡的方式。当然，文化制度脉络与意图的社会行动和新技术体系之间会有决定性的互动，但这个体系有其自身的内在逻辑，可以将所有输入转译成共同的信息体系"（卡斯特，2006：37）。在网络社会中，新的信息技术是网络社会的物质基础，在卡斯特那里信息技术涉及微电子、计算机、电信技术、广播传媒与光电等集聚而成的整套技术，是在传统传媒基础上跨越时间与空间的发展。

总体而言，网络社会的出现是劳动生产力进步的产物，网络社会既是一种现实社会却又超越现实，代表着新社会形态。

2. 网络公益适时兴起与革新："跨界融合，联通一切"的优势释放

伴随着网络社会的来临，网络也成功地嵌入了政治、社会与文化的各个方面，网络公益以此得以兴起与发展，催生着公益慈善不断走向新突破。在网络公益的发展中，社会化媒体扮演着重要角色，如腾讯微博、新浪微博、微信、优酷等服务平台不断出现，利用这些平台社会中的个体与组织都可以随时随地设定内容，上传制作的照片、图片、视频与音频，关注他人，转发、修改、再次传播他人作品与信息，为公益组织推广慈善项目与民众参与公益事业发展提供了服务平台。与传统的公益慈善相比，网络公益具有传播速度快、覆盖范围广、服务成本较低、社会影响力大等优势，可以将社会中的个体、群体、组织以前所未有的力量联结起来，调动社会存在的大量闲置资源。这些闲置资源主要集中在两个方面：一方面是大量受过良好教育的人拥有较多的闲暇时间，存在认知盈余；另一方面是大量物资与产品处于闲置或半闲置状态（王瑾、周荣庭，2016）。而互联网以"跨界融合，联通一切"的技术优势催生了分享的可能，为认知盈余与物资、产品的分享创造了条件与基础。时任腾讯公益慈善基金会执行秘书长窦瑞刚曾认为网络公益的本质是社会化媒体推动公益事业的机理，联结、参与、改变是三个重要的关键词。网络公益在互联网的作用下跨越时间与空间，是对传统公益的一种再塑造，互为主体性的组织关系打破了自上而下的权力控制（朱志伟、刘振，2018），加快了公益事业的多元化步伐，改变了公益领域的行业结构，推动公益事业走向公开化、透明化、全民化与常态化（曲丽涛，2016）。在此种情况下，网络与公益联盟下的微公益也以其积小成大的公益理念、人人参与的公益形式成为网络公益的代表，微公益强调个人力量对于公益发展的作用，放弃了将公益寄托于大人物与强力量的传统模式（赵敏，2013）。可以说，网络公益的兴起是网络社会促生的结果，促进实体空间与虚拟空间的联通，使不同的个体、组织、群体实现了跨空间、跨领域的联结，是互联网与公益发展互构所产生的形态再造。

然而，我们也不应该过分地夸大新技术在网络公益发展与慈善资源动员中所起的作用。一方面，以社区基金会为代表的公益组织有时会受资源量影响无力引入新的技术手段，设置新的网络服务，因为技术引入的费用成本太高，且有些官办慈善组织会认为公民的网络化参与是一件很麻烦的事情，会产生额外的执行成本。另一方面，也有部分管理者或者组织方认为公民借助新技术进行参与会产生很多问题，他们表达的话语、观点并不那么具有代表性，或者说由于沟通变得便捷，公民传输的信息与表达的观点缺乏足够的思考与说服力（托马斯，2014：88），这些显然与公民参与的初衷相违背。因此，对网络公益的技术性价值与资源动员的实效性也需要在理性、系统性的视角下进行把握分析和判定，既要考虑到慈善资源动员价值最大化，也要将慈善组织的实际承载力纳入实践参考的执行过程。

3. 组织结构的调适：对网络公益的认可与践行

作为兴起于网络社会的公益新形态，各类慈善组织成为网络公益持续发展的重要推动者，已经深深地嵌入各类慈善组织的运作过程。作为新兴慈善主体的社区基金会对于网络公益也有较好的理解与应用，成为其扩大资源动员空间、丰富资源网络的有效工具，且为了适应网络公益的发展环境，部分社区基金会通过吸纳媒体人、增设新的组织部门或者调整组织结构的方式实现与网络公益的对接。调研中的社区基金会也都有着针对网络公益的实践化举措。就 M 社区基金会而言，该社区基金会的发起人与理事长 ML 对于媒体在公益资源动员与扩展中的作用有着较好的理解，成立基金会以后该理事长通过自己媒体人的身份在很大程度上较好地链接到不同主体的公益资源，举办了一系列极具公益传播优势的大型公益活动，如"公益第一站音乐会"的举办是文化艺术界与公益界深度合作的典型，在2017年举办的公益音乐会爱心援助活动则会聚了各界爱心人士、演艺明星，并借助活动契机将著名剧作家、导演赖川声，演员黄磊作为其爱心大使代言人，浙江卫视制作人、"公益第一站音乐会"总导演作为社区基金会媒体顾问。N社区基金会也在网络公益传播中具有极大的优势，最突出的特色在于其发起方来源于网络公司，在实践中利用智慧社区建设平台将自治项目、公益理念结合起来，具有较强的执行力。

而最具有代表性的，可以在社区基金会发展过程中组织推广的为Y社区基金会的做法。该社区基金会自成立之时的理事与监事人员选择就将媒体人作为重要的考虑对象，通过沟通与协商最终成功地将《社区晨报》主编吸纳进监事结构。实践证明，该主编为社区基金会带来了较好的媒体资源，如对该社区基金会"一日捐"资助进行报道、联系到了《文汇报》记者对其服务模式以"社区基金会改善社区公益架构"[①]为主题进行报道。此后，随着社区基金会的持续发展，该社区基金会先后开通了支付宝捐赠、微信捐赠，并在腾讯公益、京东公益、联劝网设置了公益筹款项目。为了更好地利用网络资源进行组织宣传，适应组织公益新环境，Y社区基金会将原来的联络部改设为信息部，以期更好地管理扩展基金会的宣传与网络资源。

网络公益对于社区基金会的塑造不仅仅限于资源动员网络的扩展与动员方式的多样化，还在于环境对组织结构的影响所带来的自我调适，是组织内化环境由此走向规范化的过程，需要有社会化传媒工具为社区基金会网络空间的再生产提供平台，更注重的是通过公益人才的引入与吸纳，链接公益资源，实现资源配置合理化与理性化。

（二）组织服务方式重塑的多重轨迹："线上"与"线下"结合的促变

我国公益发展经历了一个从传统公益到网络公益的变迁过程，现代信息技术连接着传统公益与网络公益这两端，改变着组织的服务方式。在传

---

① 《社区基金会改善社区公益架构》，2016年1月16日，http://www.whb.cn/zhuzhan/kandian/20160116/48769.html。

统公益慈善组织服务方式下，组织开展的慈善活动基本上没有信息网络的参与，组织与组织、组织与个体、个体与个体的公益联结基本上都依靠线下的服务活动。其中，信件成为组织与其他主体进行联系的主要方式，通过信件，慈善组织与捐赠人、服务对象、监管方等主体进行联系，组织劝募主要通过"抄信封""印传单"的方式进行，如现如今品牌化程度比较高的"希望工程"在刚开始进行慈善劝募时就有着"抄信封"的经历。

但是随着互联网技术的发展，传统的公益传播与沟通模式发生了转变，网络公益的基本形态促进慈善发展走向新阶段，在互联网技术的革新下，更多慈善组织的服务方式发生着变革。实践中的社区基金会兴起于网络时代，组织服务方式也开始由线下服务向线上扩展，基本形成了线上与线下服务一体化联动的演进方向。在 M 社区基金会的组织运作中，该社区基金会通过专项服务项目资助计划先后开通了支付宝捐赠、微信捐赠，并通过网络及时发布项目活动信息、项目实施进度等内容，开展信息披露，进行项目网络报名，在一定程度上节省了组织服务成本。而对于 Y 社区基金会而言，因其公募属性较为明确，其在利用互联网进行资源募集中表现出了很强的组织优势，在腾讯公益、京东公益、蚂蚁金服、联劝公益等服务平台上都有自己的服务项目，并根据服务社区情况与点赞网合作开设"点赞公益"的组织模式，在点赞网上发起基金会的社区公益项目，根据项目具体情况，社区基金会将为每个项目捐出不少于 200 元的支持基金，其余金额则通过点赞网的点赞筹资模式来完成筹集。在 Y 社区基金会的实践化逻辑中，"点赞公益"的运作模式在本质上属于通过基金会资金撬动民间公益资金，实现多元主体互助聚力的资源再分配的方式，有着线上筹资、线下服务跟进的一体化实践逻辑，是互联网与公益发展相结合的产物，是对传统组织服务方式的重塑与革新。

（三）单一主体向多面向筹资：组织自主性成长之路

筹资是慈善组织得以生存与发展的基础，是组织运作的基本性保障。社区基金会属于财团法人，其基本的发展轨迹涉及如何筹资、如何管理资源、资源如何分配的问题，筹资是其首先要面对的问题。从近代慈善发展来看，民国慈善组织的经费除官款援助、田租房租、存款生息外，主要依靠社会捐赠和自行筹募，筹资中不仅有义卖义演、私人募集，还有发行彩票、购买股票债券的行为（王卫平等，2011：162~163）。但无论是从民国组织的资源动员还是现有的社区基金会的劝募来看，慈善组织的筹资都涉及组织可持续发展力的培养，与组织的整体发展、协调发展与延续性发展息息相关。其中，整体发展直接涉及组织的募捐能力、资金管理情况、财务运作、项目执行与实施等各方面内容的同步发展；协调发展则是对于组织筹资关系的一种回应，包括基金会与基金会、基金会与组织单位、基金会与个人间的互动，如与政府、企业、其他组织的互动配合；延续性发展更加强调基金会要有足够多的资源支持其长期运作，需要探索出某种多主体共同发展的组织模式，以确保受委托资金的持续筹集、管理、运用，维持基金会运作与社会环境发展的长久性。在同样的组织逻辑下，社区基金会的可持续性发展，同样需要筹资行动来保障其整体发展、协调发展与延续性发展。对于筹资，虽然前文已经提及三类不同社区基金会主要的筹资推动力有所不同，但是其基本的筹资方向还是比较明确的，即由单一性主体向多元性主体过渡，部分社区基金会的此种倾向比较明显，特别是由政府发起的 Y 社区基金会的筹资转变值得进一步关注与讨论。

1. 单一性主体筹资阶段：基于对发起方依赖的选择

社区基金会在我国得以迅速发展是社会各界共同努力的结果，早期桃源居公益事业发展基金会将社区组织培育与发展作为重点关注对象之后，学界、政界、企业、大型基金会、社会组织对社区组织开始表现出极大的兴趣。得益于桃源居公益事业发展基金会成长于深圳的发展经验与其本土化发展，深圳市成为我国社区基金会开始大范围发展的实践样板。经过实地考察后，深圳市民政局于 2014 年 3 月以《深圳市社区基金会培育发展工作暂行办法》的出台为标志开始大力扶持社区基金会的发展，将社区基金会最低注册资金从 200 万元降至 100 万元，突破了公益基金不允许社区冠名的限制，极大降低了社区基金会成立的门槛，催生了一批政府倡导下的社区基金会，开了全国社区基金会制度化的先河。光明新区社区基金会正式成为了社区基金会国家级试点，包括凤凰社区基金会在内的 6 家深圳首批社区基金会正式登记成立，逐渐形成了以光明新区社区基金会为代表的政府倡导培育模式、以桃源居公益事业发展基金会为代表的企业社会倡导培育模式、以蛇口社区基金会为代表的居民发起模式，截至 2018 年初，深圳市社区基金会已达到 26 家，占广东省的七成以上。

在上海的实践化进程中，早在 2012 年就成立了全市第一家以"社区"命名的基金会，即 M 社区基金会，2013 年 Y 社区基金会成立，成为全市第一家政府发起型社区基金会,"一号课题"出台以后,政府发起型社区基金会得以扩展,随后企业发起型社区基金会开始出现。但无论是从深圳的实践来看,还是从上海的运作情况分析,受发展经验不成熟所限,各社区基金会在成立初期对于发起方的组织依赖都比较强,特别是在筹资方面。以 Y 社区基金会为例,在该社区基金会成立后近一年内,其基本的办公费、人员费等日常开支均由街道提供,组织人员也沿用了街道社会组织服务中心的工作人员;在财务处理方面,该社区基金会虽然有独立的财务账户但主要是由社会组织服务中心的工作人员进行维护管理,街道属性极为明显。在筹资方面,Y 社区基金会在成立后半年之内基本没有任何资金来源,这与该社区基金会没有完全运作起来存在很大关系。从 2014 年开始,该社区基金会虽然有一定的资金收入但是对于具有官办慈善性质的"一日捐"资金依赖性很强。同时,根据调研所得,2014 年街道通过政府购买服务的形式也在资金方面给予了该社区基金会很大支持,这部分资金占到基金会当年资金总额的近一半之多。主要原因有两点,其一是作为发起方的街道给予社区基金会的自由发展空间有限,街道将社区基金会作为其下属单位,具有"家长心态"的办事作风;其二,社区基金会自身能力有限,组织发展方向较为模糊,组织内生力不足,这与组织先天的依附性与实践探索偏离存在一定关联。

对于 N 社区基金会而言,成立后半年之内该社区基金会基本没有任何捐赠收入。N 社区基金会 2015 年度检查报告书显示,该社区基金会 2015 年末的资金总额为 2002275.47 元,其中 2000000 元为企业发起方为社区基金会成立提供的原始资金,2275.47 元为银行利息收入,[①] 且两名工作人员 MF 与 MJN 均为兼职负责财务部与业务部工作,在组织运作过程中对于发起企业的依赖性较大。笔者在调研中有幸参与了一次该社区基金会与发起方的视频会议,会议上企业经理可以直接对社区基金会下一步该如何开展社区服务,如何将社区服务与企业发展、社区基金会品牌建设融合在一起提出工作建议,在社区基金会与发起方之间存在着一定的经理负责制的行动印迹。而筹资工作的推动与进展则在很大程度上取决于发起方的重视程度与行为策略,有着对于发起方的实践特征与路径的依赖。

---

① 资料来源:N 社区基金会 2015 年度检查报告书。

2. 面向社会，走向社会：多元主体链接与推进

长期以来我国的基金会发展一直处于官办慈善阶段，政府办慈善成为最基本的慈善形态。在官办慈善中慈善组织与政府部门的关系存在着四方面的关联。其一是慈善组织的工作人员与体制内人员存在着互构与耦合之处，组织的工作人员在很大程度上是以体制招聘的形式进入基金会，享有体制身份与体制待遇，存在科层制下的职位差异，全职或兼职从事组织的具体工作；其二是慈善组织的财务制度离不开政府部门的支持与参与，需要有政府部门通过体制优势进行主体间协调，制度的制定要依靠政府负责制下的行政化执行；其三是慈善组织在组织执行上具有科层制的执行逻辑，慈善组织本身与体制官职相互链接，形成一种自上而下的组织运作方式，行政命令与组织动员成为组织持续发展的重要保障；其四是慈善组织在慈善资源的筹集上有着通过体制资源调动其他资源的行动印迹。其中资源的筹集可以集中反映出官办慈善组织的总体特征。官办慈善组织的资源动员主要是依靠行政权力的组织动员实现资源的持续性筹集与运作，是一种"动员式"或者"半纳税式"的筹资，组织本身的强制力与权威性在资源动员中扮演着重要角色。而随着我国慈善环境的持续优化与市民社会组织的发展，更多的慈善组织开始不断兴起，官办慈善组织原有的筹资模式开始受到冲击，政府部门也开始给予组织更多的自主权与独立权，鼓励其进行社会化改革向社会主体筹资，倡导社会筹资网络的建立与扩展，从而使社会公众与企业都可以参与到组织慈善活动中，以破除官办慈善组织的系列弊端。

实践中的Y社区基金会在发展初期的筹资过程中有着对于发起方的依赖性特征，是典型的官办慈善组织的运作模式。但是随着组织的持续性发展与街道逐步放权进程的加快，在依靠街道进行筹资的同时，该社区基金会从2014年开始步入社会化筹资进程中，向多元主体展开筹资。[①] 其一，开始积极地发挥公益品牌对于资源的吸引作用。自2014年初开始实施"耆乐融融"长者全家福拍摄项目之后，该社区基金会先后开发了针对不同人群的"一日捐""少年志""童书伴读""公益市集""小小志愿军"等项目，取得良好的社会反响，在获得了普通民众关注、支持的同时也得

---

① 此部分材料来自Y社区基金会2014年与2015年的年度检查报告书内容，为了条例清晰后面内容则不再逐一列出。

到部分大型基金会的资金支持，如其"少年志"项目连续两年成功入选中国扶贫基金会与民生银行的 ME 公益创新资助计划之列，获得 50 万元公益资助，福建正荣公益基金会也为该品牌项目设定的社区公益挑战赛资助 3 万元；桃源居公益事业发展基金会于 2014 年也向该社区基金会定向资助 20 万元，用于所服务社区的社会组织能力建设，包括购买第三方培训、组织行业学习和交流活动、根据学习成果提供奖学金支持等。其二，向特定主体劝募，为其提供专项基金服务。在借助街道力量的同时，该社区基金会也在通过理事、监事关系与辖区内的单位联系，为其提供资助人服务，扮演中间人的角色，如与辖区内企业联系设立了"万欣和·传家宝——阿尔茨海默病关爱专项基金"，共筹集到了 14 万元善款，为社区高龄及失智老人编写生命故事书，并且该企业也鼓励员工加入关爱社区阿尔茨海默病患者的行列中；与安信公司合作建立了安信信托资助建平中学专项基金，向特定中学提供专项资金；通过定向资助学生计划为个人提供资助，给社区居民 MBC 提供服务，为社区内的两名大学生和初中生提供资助。与此同时，开通了"点赞·社区微公益"众筹平台，上线了 17 个项目，共筹资 30687.89 元，共计有 22931 个人参与点赞筹资及捐赠活动；联合街道与多家社会组织，将品牌市集升级为首届"友邻节"，在辖区内举办了具有众筹性质的"友邻节"活动，在各界的共同努力下，吸引多家单位与组织的参与，共筹集到 22897.99 元。此一系列的组织活动对于该社区基金会多元化筹资，保障组织可持续性起着重要作用。

从总体上看，尽管 Y 社区基金会的筹资进程中有发起方的存在印迹，但是社会化的、面向多元主体进行筹资的组织方向没有发生变化，代表着对政府发起型社区基金会如何走社会化之路的探索，对于现有的社区基金会类型结构生态的实践化塑造与转换具有很大的启示价值。

3. 筹资转向的价值命题：组织自主性的映射

从向单一性主体筹资向面向社会、走向社会的多元性筹资演进，社区基金会筹资策略的转向反映了社区基金会筹资心态从被动依赖到主动推进的行动过程，折射出的是组织自主性增强的命题。在传统的社会三元论中，慈善组织被视为弥补政府失灵、市场失灵的重要主体，可以通过开展各种社会与志愿服务、推动社会发展创新，营造社会公平公正的发展环境，以推动国家、市场与社会的协调发展，促进社会秩序的有效生成。而推动组织自主性增强、扩大组织的发展空间一直是慈善组织成为可能、得以持续存在的重要保障。可以说，自主性的问题在很大程度上直接关系到第三部门的发展及其与社会相互协同作用的发挥，涉及一种对市民社会自主性的价值判断，成为政府与非营利部门组织关系的基本"参考框架"（Kojima et al.，2012）。

从发生学的角度进行分析，我国慈善组织生成的"动力"是政府推动主导下的社会经济转型，组织的发展仍然处于不断的创造与变化中，所以我国真正意义上的市民社会仍然处于不断"生产"中（沈原，2007），且随着"行政国家"的存在成为一种既定事实，政府的影响力已经全面介入了社会生活的各个方面（萨拉蒙，2008：156），政府与组织间的"政治关联"影响到组织正式性、资源分散程度及决策，影响到组织发展的每一个阶段（宋程成等，2013）。慈善组织与政府更多是一种相互协作的伙伴关系，特别是在公共服务供给方面，政府与慈善组织具有很强的互补价值，政府可以为慈善组织发展创造良好的条件，在一定情境下可以帮助其解决公共物品供给时的资源问题，而慈善组织则可以充分发挥在公共服务供给上的专业性、灵活性以及创新性以弥补政府在公共服务供给方式与类型上的单一化问题。此关系的协调程度直接关系到慈善组织生长的自主性问题。一般而言，在组织运作中拥有较强自主性的社会组织往往拥有更高水平的创新能力与绩效表现，而制度性因素则是经由自主性影响社会组织的创新与绩效水平的（张戟晖，2016）。需要指出的是，过分地强调双方协同性的重要性，不注重合作关系特别是跨部门协同的负面效应，最容易导致的后果之一就是组织自主权的衰退（马骏等，2012：48）。为此，培育慈善组织与政府部门及其他主体的协同性也需要把握好主体的属性关系，明确不同的法人关系，既要防止组织被其他主体所控制，也要注重合作关系的建立，避免主体分离与自我区隔。对于社区基金会而言，组织自主性仍然需要走面向社会推动筹资主体多中心化之路。至于对多中心的理解，最早提出该概念的博兰尼在《自由的逻辑》一书中集中论述了公共领域的多中心，他认为有两种基本的组织社会活动或两种组织秩序，一种是"设计的"或者"指挥的"秩序，它通过权威一体化的命令结构组织实施，从而可概括为"一元的"或"单中心"的秩序；另一种则是"自发的"秩序，在这种秩序下许多个体的行为可以相互独立、相互作用，在规则体系之中可以调整其相互关系，表现出一种"多中心"的秩序生成逻辑（博兰尼，2002）。后者是社区基金会需要重点关注的秩序模式，需要在自发秩序的生成逻辑之下充分发挥组织的自我能动性实现多主体间的联合，让组织自主性从单一性依赖走向多元性塑造，不断提升社区基金会可动员资源的广度与深度，助推组织实现持续性发展。

二 制度的生产：资源动员何以持续有效

社区基金会资源动员是一个持续的、循环往复的过程，为了获取资源，各社区基金会一方面采取多样化的组织措施进行实践性推进，另一方面也在积极地进行着制度的生产，在健全组织已有制度体系的基础上开始参与到法律制度的制定过程中，创造有利于组织发展的环境，不断地走向规范化。

（一）从链接政府转向政治参与：新制度生产的逻辑

经过四十多年的发展，尽管我国的慈善组织数量、种类都有了很大程度的增加，但慈善组织与国家的关系在一定程度上存在着"非对称依赖"的特征，慈善组织因其生存资源与发展资源有限，期望通过与政府的链接和互动达到利用体制权威资源的目的。社区基金会作为新生的慈善主体在组织资源有限的情况下，也在积极地链接政府资源，与政府部门进行互动，主要的表现形式有：其一，主动吸纳政府部门工作人员或者具有政府背景的工作者将其作为理事、监事，发挥此类人员在链接政府资源中的优势，以降低组织与政府部门进行对接的组织成本；其二，在日常组织活动中及时邀请政府部门工作人员参与，让其参与到组织活动过程中，通过领导出席、象征性讲话、嘉宾致辞等方式，加强社区基金会与政府部门的组织联系，这也是利用政府权威资源扩大组织影响力，获得社会资源支持的过程；其三，利用行业性活动增加与政府部门的联系，积极地参与政府举办的各类培训、服务活动、座谈会。这些行动一方面具有遵从政府指令、积极地向政府靠拢的执行逻辑，另一方面也是社区基金会动员政府资源、利用交流服务平台寻求权威支持的理性选择。但是，随着社区基金会自主性的增强与资深公益人的合理倡导，实践中的社区基金会在链接政府的同时，也开始转向参与政治活动，向政府部门提供发展建议，特别是参与到了一些制度法规的制定过程中，在维持组织社会合法性的基础上开始影响制度的生产，产生了较好的资源动员效果。

实践调研中，由政府发起的 Y 社区基金会与政府部门的组织关系最为密切，在经历了由政府全面扶持到部分扶持的转变之后，该社区基金会自主性得到很大提升，凭借其独特的品牌服务优势与组织影响力，其参与政府活动的深度与广度不断提高，开始与政府部门共同制定相关的指导性规章与法规。如 2016 年 6 月参与制定《Y 街道社会组织参与社区治理基本服务规范》（以下简称《规范》），该《规范》是 Y 街道为了规范基层社区组织发展而制定的，其中涉及街道、居委会与组织的关系，对引入组织与本土组织的培育和基本扶持措施，入驻街道公益坊的基本条件，并明确了社区基金会在街道社区治理中的地位。同时，Y 社区基金会还受市民政局邀请参加社会组织专项工作推进会，围绕拟出台的《上海市社区基金会发展三年规划（2017—2020）》，与市民政局，社团局的社会组织服务处、基金会管理处，政策研究员以及高校专家一同讨论未来社区基金会的发展。该社区基金会作为实务领域的代表，会议上就社区基金会发展的先进经验、实践困境以及对未来发展的期待提出了自己的看法，表达了对基金会保值增值政策、捐赠发票与免税额度相关法律的修订意见，会议为该社区基金会参与政策制定，助力新制度的产生提供了很好的平台，标志着该社区基金会参与制度制定的等级层次开始不断提高，制度生产的法律位阶得以提升。

社区基金会参与政策制定过程具有很强的实践价值，可以说是其发展到一定程度的产物，与组织的影响力和独立性有很大关联，也是组织动员资源、开拓资源筹集渠道的结果，需要组织团队成员的协调配合。在上海社区基金会的实践化进程中，社区基金会的影响力与其参与制度制定的可能性存在较强的正相关关系。如上海 LJZ 社区基金会虽然成立于 2015 年下半年，但是经过两年的不断创新与发展，该社区基金会在其秘书长 JXX 的带领之下，已经发展成为上海市非公募社区基金会中最具有影响力的社区基金会，目前已经形成了"青丝行动""STONE SOUP""青年创业汇""余香 ROSE""江畔沙龙"等品牌项目。该社区基金会以其独特的运作方式通过"福山路空间改造"项目与上海市城市规划设计研究院达成合作关系，并参与到《上海市 15 分钟社区生活圈规划导则（试行）》①等的制定

---

① 详见 2016 年上海市规划和国土资源管理局《关于印发〈上海市 15 分钟社区生活圈规划导则（试行）〉的通知》（沪规土资详〔2016〕636 号），该导则主要包括总则，规划准则、建设导引，行动指引三大部分，内容涉及居住、就业、出行、服务、休闲、行动指引六个方面。

中。调研中，LJZ 社区基金会首先为系列制度的出台进行了居民评估问卷调查，内容包括基本情况、住区分布、城市交通、居民、社区内的人口结构与需求、公共服务设施分布情况、民众对公共服务的基本态度等方面，以此作为制度的实践依据，并且也参与到了制度与规划的讨论过程中，出席了由规划和国土资源管理局主导的方案讨论会议，对规划准则就住宅布局、住区风貌、公共空间建设提出了发展意见。

在传统的制度生产逻辑中，政府按照管理的组织思维制定制度，成为最主要的制度制定者，是一种自上而下的制度生产逻辑。但是随着管理向治理的迈进，"新公共服务"得以兴起并开始被社会所接纳，政府的职能是服务，而不再是"掌舵"，政府的作用在于和私营与非营利组织一起，为社区所面临的问题寻找解决办法，其角色应该从控制者转变为议程安排者，使相关各方坐到一起，为促进公共问题的协商解决提供便利（登哈特、登哈特，2014：38～39）。在创新社会治理、加强基层建设的现有形势之下，社区基金会作为发展于社区、服务于社区、回馈于社区的基层主体，在把握基层民众与社区服务需求中具有极大优势，当其具有较好的社会影响力与组织发展力之时，也会以此成为新时期制度与政策出台时需要考虑的又一主体，反映了服务性政府的基层化实践。社区基金会参与政策的制定过程本质上反映了政府与社会关系的协作化转向，这既是资源动员的结果，也是社区基金会体现公益价值、影响组织发展的制度环境，是维持资源动员过程稳定性的表现，需要从组织发展与环境塑造的角度进行考察。

（二）创造环境：妥协与倒逼下的非正式制度

慈善组织根植于相互联系以及由各种各样联系组成的网络之中，所需要的各种资源，包括财务资源、物质资源以及信息资源等都是从环境中得到的，因此组织不得不依赖这些资源的外部提供者，这也是组织资源依赖的生成逻辑。尽管慈善组织对外部环境与资源主体有着较强的依赖性，但组织还是有机会做自己的事情，可以与拥有不同类型资源的组织建立联盟关系，以此获得更多的组织自主权，增加资源获取时的谈判空间，从而获得可以满足组织发展需要、符合组织利益的权力。正如菲佛与萨兰基克曾指出的，"由于外部限制条件对利益与决策自主权的影响，组织具有强烈的愿望，并且偶尔也有能力设法在这些限制条件中取得一席之地"（菲佛、萨兰基克，2006：4），慈善组织仍然可以突破外界环境的制约与限制采取一些有利于资源动员的组织措施，达到影响环境、创造环境的目的。实践中的社区基金会一方面受到经济、社会、政治与法律环境的制约，但另一方面也可以充分地发挥组织能动性参与制度制定、营造公益氛围、培育价值观与政治成果，采取一些可以实现资源动员、组织生存、主体利益的实践行动，达到影响所依赖的外界环境的目的。

1. "违规"与"合规"之间：主体协商下的筹资渠道再拓展

"环境"不仅是既定的，而且是可以被吸收、消除与接受的，可以说是一系列正式组织与非正式组织为了满足自身利益需求所采取的行动的动态结果。就组织互动关系而言，社会环境是组织将自己嵌入社会系统，并从其中持续获得支持与合法性的基础。良好的社会环境是组织健康发展的保障，但这种环境需要符合现有的制度规范，这既是维护资源使用权的重要手段，也是判断组织"合规"与"违规"的标准。在社区基金会的实践化过程中，为了更好地获取外界资源，最大限度发挥已有资源的价值，部分社区基金会也在突破制度限制的困境，通过系列组织化策略有目的地游走于违规与合规之间，之所以有如此情形，是因为协商下的非正式制度在起作用。其实在Y社区基金会从市慈善基金会劝募传统中获得"一日捐"的资源收取资格的过程中也有着该社区基金会与市慈善基金会、民政局的利益协调。"一日捐"活动产生于体制资源动员下，是市慈善基金会直接推动的结果，成立以来市慈善基金会对各个慈善站点的资源收取有着天然合法性。新成立的Y社区基金会想要将在其辖区内所筹集的资源纳入社区基金会的资源范围显然存在"违规"之处，而为了成功地取得所在街道辖区公益资源的获取权，该社区基金会在街道的协助之下进行积极性的部门合作与协同（详见第4章），筹资渠道进一步拓展，有助于社区基金会持续发展。

同时，在Y社区基金会成立早期，因2013年该基金会并没有运作，所以基金会也没有具体的收入及开支项目，2014年该基金会开始得以持续运作，但在运作初期因组织发展经验不足与服务开支项较多，基金会当年的人员工资及福利支出、行政办公支出占机构年度总支出的比例达到了15.45%，远超当年《基金会管理条例》规定的三者之和占比最高不能超过10%的比例限额。对此，Y社区基金会一方面明确指出问题所在，通过正式程序向民政局提出申请，在其年检报告书监事意见一栏中指出"除人员工资及福利支出和行政办公支出占机构年支出比例超过10%，其他皆符合章程和法律法规规定"；另一方面也通过"理事身份""领导关系"的非正式形式，向市局部门领导说明情况，以期获得理解与支持。民政局考虑到是第一年运作缺少经验，最终要求该基金会"注明情况""以后要注意"。这是一种从"违规"到"合规"的演化过程，也是多主体互动协商、推动形成社区基金会发展共识的结果。

在 Y 社区基金会与民政部门的组织互动过程中，一种不可忽视的力量即是以街道领导、理事身份所涉及的关系为代表的非正式关系的潜在作用，此种关系的存在在一定程度上已经超越了正式制度的价值约束，是新制度主义视角下的非正式制度执行逻辑，拓展了组织影响政治的渠道并降低了运作成本。

2. 监管的逻辑：政策执行空间自由裁量权的生成

改革开放释放了大量的资源流动空间与组织发展空间，一段时间内各类慈善组织处于自由发展阶段，大量的慈善组织先后兴起。20世纪80年代中后期，为了促进慈善组织的规范化发展，国务院开始在民政部下设社会团体登记管理部门，先后于1988年与1989年颁布了《基金会管理办法》与《社会团体登记管理条例》，这两个规章成为改革开放后政府监管社会组织最早的制度性规范，此后《民办非企业单位登记管理暂行条例》于1998年出台，基本形成了"归口登记""双重管理"的监管体制。经过不断优化与组织监管服务体系不断完善，以组织具体事务为对象的日常监管与以年度检查报告书为代表的结果监管始终具有较强的稳定性，并以此成为社区基金会监管的主要形式。实践中社区基金会的监管主体主要有两个。其一为以民政局为代表的上级政府部门，其监管主要体现在日常的组织业务与年度检查报告书中，前者中的监管体现在组织名称变更、业务范围调整、组织培训等方面，后者内容涉及组织基本情况、人员情况、党建情况、涉外活动、信息公开情况、内部制度建设、登记备案情况、分支机构设立、资产负债情况、业务活动情况、现金流量、具体活动等方面。其二为业务主管单位，但随着监管制度的变革及在分类发展的原则下，部分社区基金会也开始实现直接登记，如 M 社区基金会与 N 社区基金会均属于直接登记，而对于由政府发起的社区基金会则存在着传统意义上的业务主管单位，如 Y 社区基金会的业务主管单位为 Y 街道。然而，从实践情况来看，作为业务主管单位的街道往往与社区基金会存在较大的耦合之处，实质意义上的监管方上升为民政局。但是调研发现，作为主要监管部门的民政局监管重点在于组织活动是否危害到了社区安全及社会稳定、是否违背了一些强制性规定的法律规范、是否引发了矛盾纠纷，超越此三类问题者可以说均有自由裁量的空间。

可以说，对社区基金会的监管是一种选择性的监管，在重点监管范围外监管部门保留着对政策执行的自由裁量权，此种自由裁量的执行空间为社区基金会影响政府决策与行为，在与政府部门的组织互动中占据尽可能大的优势创造了条件，使其成功游走于"违规"与"合规"之间。这也反映出社区基金会在受制度环境制约的同时也可以反作用于制度环境，利用主体关系实现资源分配的再次合理化。

3. 走向规范化：自我约束带来的发展红利

我国的基金会是在实行改革开放以后，即在 20 世纪 80 年代经济体制与社会体制改革持续进行的背景下建立和发展起来的，主要基于两个目的：一是从社会各方面募集资金来发展某项事业；二是变经费支出的行政型指令性管理办法为专家型论证性管理办法，以保持社会各项事业的协调发展（国家民间组织管理局，2007：251）。从目前的发展效果来看，基金会在推动公益慈善事业的发展，如扶贫济困、帮残助孤、开展社区服务、提供法律援助、维护权益、发展文化教育、增进社会福利、调节社会分配、促进社会公平等方面发挥着积极作用，且这些作用是国家与企业无法代替的，基金会已经成为构建美好生活的一支十分活跃的民间力量。同时，我国的基金会仍然处于发展的初级阶段，数量有限，规模不大，发展极不平衡，资金流向结构不合理，有的基金会自律机制不健全，缺少较为严格规范的财务管理。大多数基金会在社会生活中发挥的作用并不是十分显著，组织的规范化程度还需要进一步提升，特别是对于刚兴起的社区基金会而言，规范化已经成为提升组织社区影响力、动员社区资源的重要举措。

调研发现，社区基金会的规范化程度主要有三个层级。第一个层级的规范是其在注册成立时，依照要求向登记管理部门提供的基础性材料，其中包括申请成立的申请书，章程草案，验资证明和住所证明，发起人、拟任负责人身份证明等基本信息，而组织章程成为社区基金会开展组织活动的"基本宪法"，内容涉及名称和住所，宗旨和业务范围，注册资金数额，财产来源及构成，组织机构的组成、职权和议事规则，理事、监事的职责、资格、产生程序和任期，负责人的职责、资格、产生程序和任期，财产管理使用制度，项目管理制度，终止情形及终止后的清算办法。第二个层级的规范是基金会年度检查报告书中的规范，年度检查报告书中明确了组织内部制度建设的具体内容，涉及组织机构管理制度、证书印章管理制度、人事管理制度、奖惩制度、志愿者管理制度、财政登记制度、票据管理制度。第三个层级的规范即满足民政局基金会评估内容要求，并在等级评估中取得较好的评估结果，从2017年基金会评估指标体系来看，具体评估指标包括4个一级指标、19个二级指标、59个三级指标，其中一级指标分别为基础条件、内部治理、工作绩效、社会评价，取得4A及5A的等级代表了社区基金会规范化发展情况较好，也是组织综合实力较强的反映。此层级关系中第一个层级的规范是每个社区基金会都会有的规范化标准，是其寻求政治合法性的基础性条件。第二个层级的规范在一定程度上仍然具有强制性，所规定范围有限，是组织年度检查内容的重要组成部分。第三个层级规范涉及的是组织在自愿原则基础上的自律行为，充分反映了社区基金会发展的差异化程度。实践中的Y社区基金会在街道与第三方培育组织YL的阶段性扶持之下，基础条件已经十分成熟，内部的组织治理结构也处于不断优化中，制度体系不断完善，先后制定修改《上海Y社区基金会人事管理制度》《上海Y社区基金会项目资助工作手册》《上海Y社区基金会财务管理办法要点一览表》《上海Y社区基金会社会组织专项基金设立指引》等制度。此外，该社区基金会在组织运作过程中不断开发出了一系列品牌化服务项目，取得了较好的社会评价，先后多次获得市、区与街道部门的表彰与奖励。同时，该社区基金会还根据组织实际发展情况邀请了ABC美好社会咨询社（上海），协助基金会制定新三年战略规划，最终该社区基金会在2017年社会组织评估中成功获得4A的高等级，这是该社区基金会成立第四年首次参加社会组织评估，可以说集中反映了Y社区基金会综合实力。同样，作为上海市最早的由个人发起的社区基金会的M社区基金会，经过近几年的持续发展基本形成了以理事与监事为核心，以专家委员会、爱心大使、媒体顾问为补充的治理结构，对各项组织制度与信息披露情况也做出较好的改进，品牌服务项目与专项基金的设立为该社区基金会赢得了较好的社会声誉，以其独有优势在2017年社会组织评估中也获得了4A的等级。调研中，M社区基金会理事长将等级评估中获得4A等级荣誉看作"长期发展""品牌影响力""社区项目"综合的结果。

组织自律与他律的共同作用造就了较高的评估等级，而对于社区基金会而言，获得较高的评估等级不仅仅是一种组织荣誉，更是组织动员体制资源、链接资源主体的一种发展红利。民政部于2011年颁布的文件《社会组织评估管理办法》（民政部令第39号）第二十八条明确指出："获得3A以上评估等级的基金会、慈善组织等公益性社会团体可以按照规定申请公益性捐赠税前扣除资格。获得4A以上评估等级的社会组织在年度检查时，可以简化年度检查程序。"上海市则整合各项政策优势将首次在社会组织评估中获得3A及以上等级的社会组织列为其重点扶持对象，优先享受各种福利待遇，将其作为创新社会治理、加强基层建设的重要联动者，部分区直接将社会组织评估结果与专项资金的扶持力度相关联，如《静安区社会组织发展专项资金管理办法》第十九条规定："本区登记的社会组织参与社会组织规范化建设等级评估，首次获得3A级、4A级、5A级的，分别给予1万元、5万元、8万元的奖励。"因此，社区基金会在评估中获得的等级标识可以演化为一种撬动其他资源的社会资本，帮助社区基金会获取较强的社会影响力，而制定出适合组织发展的科学合理的战略规划则对于社区基金会的规范化发展具有至关重要的作用。正如休利特基金会主席布雷斯特所说，"基金会制定战略并不一定能保证有良好的社会效益，但如果不制定战略，则几乎无法保证社会效益"（弗雷施曼，2013：116）。所以，社区基金会的规范化发展仍然需要在战略规划的驱动下从界定好问题、收集和分析信息、识别阻碍解决方案实行的关键因素、制定解决问题的战略并选择好恰当的执行策略方面入手为其提供动力支持。

三 基层治理格局的形态推进与变革

社区基金会资源动员整合所带来的组织网络的直接扩大与内外制度生产形成了一个开放性的系统，将社会多元主体、社会结构及环境紧密联系在了一起，在创新社会治理、加强基层建设的社会背景下直接带动了基层治理格局的形态推进，为社区自治与共治的再次融合提供凝聚力。

（一）社区领袖的培育与链接：从个体性迈向组织化策略选择

在基层化实践过程中，社区领袖可以链接不同的个体、群体与组织，具有多重价值。由于个体经历不同与发生场域的差异性，社区领袖也有着体制内领袖、草根阶层领袖以及权力精英领袖的区分（Polinger，1979）。因其具有较好的组织动员力，依赖参与能力、社区威望与社区认同、组织赋权，与其他主体共同构建基层社会治理的基本路径（唐有财、王天夫，2017），掌握着一定的优势资源，拥有稳定而广泛的社会关系网络与强烈的社区公益意识，可以积极地参与社会公共事务（杨贵华等，2010：130～131）。社区领袖在社区自主性培育、社会资本建设方面具有助推作用，因而成为社区居民、社会组织与政府的争夺对象（郎友兴、葛俊良，2014）。在社区基金会社区化实践中，社区领袖既是社区基金会入场社区、获取社区信任的有效助力，也是推进基层治理主体多元化的重要合作对象，成为社区基金会社区化运作的策略性选择。调研发现无论是从 N 社区基金会对工作站负责人的吸纳与人员培训，还是 Y 社区基金会的大众评审团人员的组织结构及社区联盟的组建，或者是 M 社区基金会的社区服务中，都可以看到社区领袖的身影，其中最典型的是 N 社区基金会与 Y 社区基金会的社区化实践，两者代表了基层社区领袖生成或者利用的不同方式。

1. 社区领袖培育的再生性：从街道中来，到居民中去的选择

商业与公益形塑了两个不同场域，由不同价值观指导，两者的相互融合带来了新的组织形态。正如前文所言，企业发起 N 社区基金会，既是企业入场社区，开拓服务市场的一种战略规划，也是其服务社区，对基层政府治理逻辑进行迎合与理性把脉的表现。这决定了该社区基金会对社区领袖的培育有其自身的逻辑。调研发现 N 社区基金会基本上采取了依靠街道与居委会入场社区，利用社区内已有的积极分子组建团队开展服务项目的方式进行社区领袖的培育。从服务领域来看，该社区基金会的重点服务区域主要集中在 LJZ、LY 和 HQ 三个街道，其中 LJZ 街道是 N 社区基金会最开始的服务区域，也是其办公地所在，在该地区社区领袖的培育直接奠定了基金会在其他社区的培育方式。

LJZ 街道是上海市最早一批推出社区自治服务项目的地方，此种良好的外界环境为 N 社区基金会社区领袖的培育提供了较好的机会。实践运作中该社区基金会对社区领袖的培育大体可以分为两个不同的阶段：第一个阶段为与街道与居委会的局部性黏合，借助街道与居委会力量寻找社区领袖中的第一链接人；第二个阶段为社区领袖网络圈的自我扩大与社区居民的多元链接。就第一个阶段而言，N 社区基金会借力于街道，街道通过"打招呼"或者"推荐"的方式与基层的居委会取得联系，提供社区基金会入场社区的基础性条件。在此基础之上，居委会与 N 社区基金会成功对接，居委会将参与社区活动的积极分子、社区组织负责人以及楼组组长推荐给 N 社区基金会，实现社区基金会与社区领袖的首次链接。就第二个阶段来讲，N 社区基金会以首批社区领袖为核心让其自由组建项目团队，围绕着绿色环保、为老服务、文化教育、健康管理、居民议事、楼组建设等主题申报项目，在项目运作过程中采取"老人带新人"的方式让团队成员承担一定的工作任务，内容涉及项目活动的策划、执行，社区居民的动员等方面，部分服务项目还通过上门服务、定期看望独居老人的方式不断扩大领袖团队的社区影响力。但受社区自治环境的影响，N 社区基金会在不同服务区域的社区领袖结构有所不同。例如，虹桥街道社区领袖中的第一链接人多为党员，在实践过程中基本形成了以社区老党员为核心的社区领袖队伍，党员带领下的服务项目不仅涉及传统的为老服务、居民议事、贫困家庭慰问等领域，而且包含了组建社区党员服务社、开展党员关怀服务，在极力吸收年轻的组织人员。而在凌云街道社区基金会则在很大程度上利用了该街道的品牌服务项目，在原有的以梅陇三村为核心覆盖 18 个居委会的绿主妇联盟的基础上，通过将 25 个项目放到同一个平台管理，① 基本形成了以家庭主妇为核心的社区领袖队伍，这也是该社区基金会将社区领袖培育与借力已有品牌服务项目扩大社区基金会自身影响力相结合的理性选择。但无论是何种形式的社区领袖结构与链接，N 社区基金会对于社区领袖的培育都具有再生性的特质，有着持续性的价值意蕴。

2. 社区领袖链接的逻辑：对居委会人员的吸纳、借力

与 N 社区基金会相比，Y 社区基金会对于社区领袖作用的发挥更多体现在了其对于居委会人员的吸纳与再利用，可以说是官民二重性下对体制连带资源的吸收和利用。实践中，Y 社区基金会之所以可以在社区内成功开展各类品牌服务活动，将社区居民纳入"一日捐"评审团，离不开居委会的极力支持，居委会的作用不仅体现在对社区基金会联合社区内其他行动主体共同行动的支持中，而且也存续于组织活动的策划、执行与反馈中。如在 2016 年 8 月该社区基金会举办了"争当小小敬老员！小小志愿者

---

① 资料来源：N 社区基金会秘书长于 2016 年 9 月 23 日在深圳慈展会"社区基金会发展专题研讨会"上的发言。

们看过来"的活动，该活动为亲子服务活动，主要是让孩子陪老人做手部运动、为老人讲故事、陪老人聊天及为老人表演节目。而在调研中Y街道的JD居委会主任LGH表示，类似的亲子报名活动自愿参与的家庭很少，通常情况下是Y社区基金会的工作人员在报名通知发布后几天内会与他们联系，让其动员社区民众参与，而居委会的工作人员往往会借助自身对于居民家庭的了解，通过打电话、上门家访的形式动员家庭成员集体性参与，在此过程中居委会工作人员发挥了社区领袖的作用并对组织活动能否得以开展起着决定性作用。在Y社区基金会资源动员最具有代表性的"一日捐"活动中，居委会仍然扮演着重要角色。通常情况下每当"一日捐"活动的筹资动员信息发布之后，一方面，社区基金会会在居委会内设置慈善捐赠服务点，以此吸收社区居民的捐赠；另一方面，居委会的主任或者书记与社区基金会的工作人员一同进行组织劝募，劝募对象涉及辖区内的单位、企业等，且Y社区基金会也会联合居委会在社区内进行慈善募捐的宣传服务活动。从很大程度上讲，此种对于居委会人员的吸纳、借力是基于该社区基金会官办属性而采取的选择，是对于权威资源的一种再利用。

社区领袖是基层治理的重要主体，其在获取、开发及动员社区闲置资源，搭建社区资源整合平台实现资源共享的同时，汇聚社区内不同社会阶层、不同群体需求，扮演着公共利益代言人的角色，以组织化的方式让社区问题得以解决，让社区需求满足。实践中N社区基金会以社区领袖培育的逻辑进行领袖的本土化再生，而Y社区基金会则是以居委会的链接为主要方式发挥权威资源的动员力，以此达到为社区基金会发展服务的目的，体现着官办慈善组织的动员方式，在加强基层建设的治理背景下有着从"类体制领袖"向民间领袖过渡的行为表征，这既是基层治理的发展方向也是官办社区基金会的自我再造。各社区基金会作为基层社区治理的新生主体，在各种组织资源的链接与关系协调中对社区领袖的需求空间正在不断扩大，特别是在其动员资源的初始阶段，获取社区领袖的支持与协作是其入场社区的有效路径，有助于发挥领袖价值的"连带效应"，影响资源流向。从很大程度上讲，对于社区领袖的重视本质上是组织动员资源的一种理性选择，符合"帕累托最优"（纳什等，2013）行动路径，最关键的"社区领导者"可以直接影响到社区治理模式与社区发展态度（博克斯，2014：50~52）。社区是倾向于一个封闭的、排斥的治理体系还是一个欢迎公民参与、公民易于进入政策制定过程的治理体系？是将社区看作一个市场体系，极力要求发展其商业能力，还是将社区看作一个生活环境，极力保护净化公民的生活空间？社区领袖在把握这些问题的解答方向中发挥着作用，这也是个体性走向组织化的重要保障，需要在基层实践中进行社区领袖的持续培育与再生产。

（二）与社区组织的互构共变：相互需要的双向度合作

社区组织作为社区共同体的内在机制与组成部分，是在社区内开展着工作或者活动，执行着一定的社会职能，完成特定社会目标的组织形式（徐永祥，2004：21）。20世纪80年代中期以后，我国一些城市先是兴起了社区服务，继而发展为社区建设，社区建设取得了较好的实务成效，成为社区组织得以恢复并逐步发育的关键因素，一个涉及社区党、团、工会组织系列，居委会、业主委员会等自治组织系列，社区志愿者组织、专业性的社区服务组织的社区组织新格局得以形成（杨贵华，2014：22）。社区组织与驻区单位共驻共建、成果共享，共同致力于社区发展，至今社区组织已经演变为一种不可忽视的组织力量。据不完全统计，到2014年底，我国经过备案的社区社会组织有20万~30万个，2014年度登记与未登记的志愿服务组织约有220.3万家，登记志愿者为6710万人，未登记志愿者为4200万人（杨团，2015：22）。社区组织不仅是社区的内源性、可持续发展的关键，也是和谐社会建设的一个微观基础。实践中，社区组织与社区基金会都在满足社区民众的多元化需求、解决社区问题中发挥着重要作用，两者间存在相互合作与相互需要的具体关系形态。

尽管社区基金会成长于社区、服务于社区、回馈于社区，但是在发展经验不足、慈善资源有限的情况下，社区基金会就需要借力于其他主体与其共同行动，一方面可以在把握民众需求、解决社区问题中发挥应有作用，另一方面也可以动员社区资源、联结社区多元主体，其中社区组织成为仅次于街道或者居委会的社会基金会联合的第二大主体。以Y社区基金会为例，在该社区基金会成立初期受其人力资源配置有待加强、组织规划模糊、捐赠票据未拿到等因素影响，基金会发展在一段时间内处于停滞状态，直到2014年初Y社区基金会才开始实施第一个服务项目，即"耆乐融融"长者全家福拍摄项目，该项目旨在通过拍摄全家福的形式，呼吁家人回家陪伴老人，倡导社区居民认识到家庭的支持和陪伴对于长者的重要性，在获得浦东新区正大生活馆与浦发公益基金会联合资助后，Y社区基金会就联系了社区内的摄影协会,让其提供拍摄时的技术支持,在每个社区组织拍摄活动,服务涉及 19 个社区、4 家院舍,共计拍摄 126 位长者,拍摄人次达到 473 人次。[①] 照片制作及装裱完成后,作为新年礼物春节前由学生志愿者送至长者家中。从项目前期拍摄、中间装裱到后期举办社区摄影展,Y 社区基金会始终与社区的摄影协会进行着合作。此后,2015 年 9 月,该社区基金会还联合社区 9 家为老服务机构在社区内开展了"60+++长者活动月"联合行动,搭建了为老服务社会组织与社区及社区居民之间的沟通平台;联合街道与多家社区组织,将公益市集升级成为首届"友邻节"。而在 M 社区基金会的社区化实践中,社区组织也成为其重要的合作伙伴,如"爱晚晴"服务活动的开展得益于先后与社区志愿者服务队、老年协会建立的合作关系,这为组织活动的顺利开展提供了很好的条件。

而对于社区组织而言,与社区基金会进行合作也是其生存与发展、获取公益资源的理性选择。在现有的社区环境下,绝大多数社区组织处于弥散化状态,各方面规范化程度较低,组织人员流动性大且人员老龄化现象较为普遍,在很大程度上影响到了社区组织的资源动员与资源获取。在组织自身资源再造能力较低的情况下,其为了生存与发展必须向其他主体动员资源或者与其他组织合作以维持其正常运作。正因如此,实践中绝大多数社区组织对于与社区基金会的合作均持包容的态度。调研发现社区组织与社区基金会的合作关系可以说是呈现多元化特征,其中既有通过向社区基金会申请项目,让其支持社区组织在社区内的服务与活动的运作形态,也有两者形成共同的行动系统以服务或者活动的形式致力于社区需求的把握与社区问题的解决的合作方式。实践中 Y 社区基金会"一日捐"社区微公益资助项目的重点资助对象就以社区组织为主。以 2016 年为例,此年"一日捐"共资助 8 个项目,并且邀请了第三方组织开展监测与评估,但从资助的机构归属地来看项目与评估共涉及 7 家公益组织,其中有 5 家来自该社区基金会所在的街道或者社区,1 家为引入性组织,1 家为外来的评估组织。其中 Y 街道老娘舅纠纷调解服务社就是此 5 家组织中的一员,该服务社社长 ZXT 认为社区基金会的资助活动可以极大地缓解组织自身的运作压力,在获得资助以前组织主要依靠政府购买服务资助进行矛盾调处,但是调处矛盾的种类繁杂,涉及的内容较多,经常会出现资金短缺的

---

① 资料来源:2013~2014 年 Y 社区基金会工作年报(公开材料)。

情况，会影响到后续服务的开展，而获得社区基金会的资助可以将项目进行分解，几个特定的区域设定一个项目，实现特定区域项目覆盖，可以在很大程度上缓解资金不足的情况。此外，社区基金会也会为部分社区组织提供组织能力建设服务，内容涉及第三方培训、组织行业学习与交流活动、项目开发与设计。但是需要指出的是，在社区基金会与社区组织的合作关系中社区基金会处于社区组织位置的上游，在实践中占有优势地位，这直接影响到两者合作关系的稳定性与持续性。

组织是为了实现特定目标建立起来的载体，社区基金会与社区组织虽为不同的载体，但两者在满足民众需求、解决社区问题，共同致力于社区发展中存在着很大的契合性。尽管实践中社区基金会与社区组织的合作有着主体地位不对等的一面，但是两者的合作是一个互惠共利的过程，有着相互吸引、相互需要的执行逻辑，作为财团法人的社区基金会有在解决社区问题、募集公益资产、提供项目资助上的实效优势。这种合作关系一方面为社区基金会联结多元行动主体、履行公益使命、开展公益服务提供保障，另一方面也为社区组织的生存与发展提供了新的动力，扩展了社区组织网络，是社区治理现代形式的实现方式，社区基金会与社区组织的相互作用对于基层社区治理的持续推进有着积极意义。

（三）自治与共治的融合：社区多元主体性吸纳下的协同治理

1. 自治与共治的生成逻辑：纵向时间链中社区基金会何以重塑

社区基金会对社区自治与共治的塑造，需要从其本源上进行讨论，以回答社区自治与共治来自何处、发展如何、如何重塑的问题。从本源上讲，社区自治与共治的缘起需要放置于20世纪的时代背景中理解。在改革开放前，由于计划经济体制与政治制度变革的运作，单位制成为一项全能主义的基层社会制度，直接决定社会资源的生产、分配与主体利益得失。单位对社会中个体与群体的约束是全面的，具有功能合一性、组织的非契约性、资源分配的不可流动性等基本特质（路风，1989），它在承担教育医疗、住房分配、养老等基本公共服务的同时将城镇中的社会人员纳入国家控制体系以实现稳定社会、控制社会的目的，单位以此成为集政治功能、经济功能与社会功能于一体的组织形式，国家治理结构中存在着国家与社会的二元模式，社区被单位吸纳，社区自治与共治的空间完全被压缩。但随着改革开放进程的推进与市场经济方向的确立，原有的单位制开始松动并走向解体，社区开始从单位制中解放出来，其中比较有影响力的事件如下。依照 1978 年五届全国人大一次会议通过的新宪法，1979 年，之前的"革命委员会"得以撤销，街道办事处恢复，1980 年，国家重新颁布了 1954 年通过的《城市居民委员会组织条例》，城市基层群众自治组织得以再次恢复。1982 年，宪法首次以根本大法的形式明确了居委会的性质与作用。1989 年 12 月，七届全国人大常委会第十一次会议通过《城市居民委员会组织法》，取代原来的《城市居民委员会组织条例》，其内容则比之前更具体，明确指出我国城市社区居民委员会是居民"自我管理、自我教育、自我服务的基层群众性自治组织"，至此社区自治得以形成。此后为了缓解单位制解体导致大量社会结构巨变带来的社会人口流动性大、日常需要从单一走向多元、家庭结构分化与自我服务能力弱化、社会管理难度加大的问题，国家在 20 世纪 80 年代开始提出社区服务，90 年代开始以此为基础倡导社区建设。

社区建设在很大程度上讲，是在基层政府领导下的通过社区居民委员会满足民众服务需求、解决社区问题的一种组织动员，社区居民委员会成为社区服务的最重要主体。但我国社区本身就具有很强的国家性与行政性，行政推动型的社区建设则会必然强化这一性质，产生与改革和社会发展相悖的效果（李亚雄，2007），实践中也存在着自治主体"以居委会为中心"与"自我中心"的二元区隔（闵学勤，2009），社区居民在一定程度上缺少参与，居民的主体性也没有充分发挥出来，属于"仪式表演"（Townsend，1969）型治理，需要自治主体由单一性走向多元性，自治手段由简单性走向复合性，自治目标由行政化管理走向民主化治理（向德平、申可君，2013）。在此种情况下，强调多元主体共同参与的共治成为一种有效选择，可以说，社区自治的转型与发展演化出了社区共治，两者的推进是依靠社区多元化主体共同参与，是"制度性合作"的结果（俞楠、张辉，2006）。同时，也存在一个不可忽视的事实，即社区资源有分散性，资源供给与资源需求存在很大失衡，主体间的联动参与性有限，居民、市场与社会主体在社区问题上的协调性仍然不足（郑杭生、黄家亮，2012；严志兰、邓伟志，2014）。需要在自治的引导下一方面最大限度地激发公民的主体性意识，调动公民参政的积极性，增强公民的社会责任感与治理能力；另一方面减轻政府的社会管理负担，降低政府行政成本，增强政府维护社会稳定与回应民众需求的能力（俞可平，2015：122）。

在此种情况下，社区基金会在兴起与发展中以其合法的、享有法律优待的公益价值在满足社区民众需求、为相关组织或个体提供服务支持的同时面向社区开展公益资源募集，连接社区多元主体，将政府、市场与社会有效地整合起来，这属于社区实施的社会发展战略中的重要行动（米奇利，2009：132），社区基金会成为社区组织中最具有组织优势、在破解我国社区治理困境与社区服务参与不足的难题中可以发挥重要作用的主体（饶锦兴、王筱昀，2014），成为基层治理创新的有效力量，实现了社区自治与共治的新发展。

2. 组织发展空间的演化从发展的"一枝独秀"到泛化的"百花齐放"

从现有实践情况来看，社区基金会第一次正式进入官方视野是于2008年深圳桃源居集团捐资1亿元成立桃源居公益事业发展基金会时，其因是我国第一家致力于培育发展社区组织、为其提供社区组织战略发展规划、创建社区组织资本的基金会，受到了政府部门的重视，在人民大会堂举办了成立仪式，产生了较好的社会影响，其中深圳市政府作为直接的推动者成为最先接受社区基金会发展的地方政府。此后，为了进一步了解社区基金会发展的国外经验，深圳市民政局与深圳市慈善会共同组织了相关人员前往美国参观了印第安纳州布鲁明顿和门罗县社区基金会、美国联合劝募会等多家基金会学习经验。2014年初《深圳市社区基金会培育发展工作暂行办法》随之出台，紧接着5家社区基金会在光明新区成立，涉及白花、凤凰、新羌、圳美、玉律5个社区，其中凤凰社区是市、区试点工作重点示范社区。与此同时，深圳市委、市政府也在全国率先将"培育发展社区基金会"列为全市改革计划项目，并成立"社区基金会培育发展工作领导小组"，由此前任市民政局局长的时任前海管理局局长任组长，开展全市社区基金会的统筹工作。基于此，深圳市"社区基金会助推社区治理创新"，获民政部"2014年度中国社区治理十大创新成果"提名奖第一名，在全国社区基金会发展中属于"一枝独秀"。

在深圳社区基金会持续发展的同时，上海也有Y社区基金会与M社区基金会的存在，但因社区基金会的合法性有待进一步明确，相关政府部门对此保持了相对保守的处事风格，特别要求Y社区基金会低调发展（具体内容可参见第4章相关内容），也没有采取鼓励措施促进社区基金会持续发展，直至2014年深圳慈展会以后，在上海市委"一号课题"的促进之下，上海市的社区基金会开始不断发展，且数量每年都以成倍的速度增长,如 2014 年底上海市共有 2 家社区基金会,2015 年底共有 22 家,2016 年底则有 35 家,2017 年底共有 67 家,① 这时其已成为全国社区基金会数量最多的地方。南京也发布《关于推动南京市社区型基金(会)的发展的实施方案(试行)》(宁民办〔2015〕138 号),明确提出 2015~2016 年建成不少于 30 家社区型基金会,至 2015 年底建成不少于 11 家社区型基金会,每个区不少于 1 家。此外,北京、成都、天津、广州、苏州、宁夏等地政府也认识到社区基金会在基层治理中的作用,开始广泛成立社区基金会,社区基金会发展呈现"百花齐放"的状态。其实社区基金会发展范围的持续扩大从本质上反映了组织发展空间的优化,其蕴含着政府对于社区基金会的价值认知的转变,此积极性转向直接推动着社区基金会发展并对社区自治与共治格局产生影响。

3. 跨界合作与协同治理:多元合作的常态化

社会组织的本质是社会基础发挥作用的组织化形式,因其更有效,可以看成是社会基础发挥作用的高级形式,但社会基础本身也具有解决问题的作用,组织并不总是必需的,只有当问题的难度大到某种程度,依靠社会机制解决有困难时,组织才会形成(陶传进,2005:124)。在基层社会治理中,因治理问题的复杂性、专业性不断增强,单一性的组织形式已经无法完全解决某个问题了,越来越多地需要跨界合作与协同治理。调研中社区基金会以其独特的组织优势,在践行公益使命,动员社会资源,维持生存与发展的同时也推进了社区基金会与政府、市场、社会其他主体间的交流与互助合作,在跨界合作与协同治理的实效表现中更为突出。

就跨界合作而言,作为社会组织重要组成部分的社区基金会在实践中无论是在成立之初的探索还是发展中的逐步推进中,均有着跨越组织边界寻求支持的行动路径。以 Y 社区基金会为例,2014 年 11 月该社区基金会举办了基层社区治理发展论坛,一百多名来自社区、政府、企业、学界、媒体等各界的来宾参与了论坛,并邀请了全国各地城市社区公益领域的优秀代表进行分享,论坛主题涉及社区基金会与其他类型基金会的区别,如何进行组织合作、资源动员、品牌影响力塑造等方面。② 那次论坛活动是 Y 社区基金会响应市局要求低调运作后的首次复出,在塑造较强的组织影

---

① 资料来源:笔者根据实际调研与上海社会组织网对于社区基金会的统计整理而得。
② 资料来源:2013~2014 年 Y 社区基金会工作年报。

响力的同时也奠定了其在政府发起型社区基金会中的主体地位。同样，M社区基金会2016年9月的公益第一站音乐会筹资活动的成功举办也离不开政界、企业界、公益界、演艺界的大力支持，合作主体涉及民政局、上海戏剧学院红十字会与演艺中心、幼儿园、影视明星等，筹资超过50万元，可以说取得了较好的服务成效，此种跨界合作模式也在其2017年的公益第一站音乐会中显示出了很大优势。同时，经过调研发现，社区基金会经常需要和不同部门与主体的互相协作、共同行动才可以有效解决社区问题，而通过相互协调释放的发展红利往往不仅回应了民众需求与基本问题，而且在持续性开发利用之后也在很大程度上增加了社区活力，推进社区的民主化进程。如Y社区基金会为了解决社区居民对于项目预算工作参与积极性不足的问题，引入了"参与式预算"项目机制，经过与浦东新区民政局、街道、浦东新区社区服务中心及部分居委的协调，最终决定在该街道的YS居委会实施该项目，于2017年5月6日与浦东新区社区服务中心、YS居委会签订了专项基金的三方合作协议，实验项目资金将由基金会与浦东新区基层政权和社区建设处共同提供，浦东新区社区服务中心会全程为项目提供技术指导，YS居委会引导居民商议项目内容，推进项目实施，整个预算工作的参与涉及焦点座谈、提案说明会及初级培训、提案意向征集、提案工作坊、居民大会、专家评审小组和最后的公开展示及投票。[①]此项目的顺利推进就是协同化治理演进的典型，涉及出资方、实施地、问题集中区以及后续的居民动员，虽然实践中的实效有待进一步观察，但此种做法对于解决居民参与项目预算不足的问题、推进项目财务信息公开化与社区民主化进程具有积极意义。

从总体上讲，社区基金会在维护组织的生存与发展，实现公益资源的动员的过程中对基层治理格局与治理形式产生了积极影响，这不仅体现在社区基金会可以利用自己的组织优势相对有效地回应居民的需求，在解决社区问题中的资源调动力与解决力更强，而且还体现在其可以将多元主体由相互分立连接起来，增强社区的内聚力，特别是对社区领袖、社区组织的培育与扶持对于基层自治与共治格局的塑造产生了重要影响。但从实践来看，公众何以有效参与自治与共治的执行过程始终是一个需要不断探索的问题，而社区基金会根据公共决策的性质，由低到高地选择不同梯度的

---

① 资料来源：Y社区基金会2017年上半年工作总结报告。

公民参与决策的模式则是一个有效的参考，可以依次从自主式管理决策、改良的自主管理决策、分散式的公众协商、整体式的公众协商与公共决策入手探索（托马斯，2014：32~33）。其中，自主式管理决策是管理者在没有任何公民参与的情况下独自解决问题及做出决策；改良的自主管理决策则需要管理者从不同的公众群体中搜寻信息，然后独自决策，但是有部分公民群体的要求可能不会得到及时反映；分散式的公众协商则是管理者分别与不同的公众团体探讨问题，听取其观点与建议以此制定反映这些团体要求的决策；整体式的公众协商是管理者与作为一个单一集合体的公众探讨问题，听取其观点与建议，然后制定反映出相关团体要求的决策；公共决策则是管理者同整合起来的公众探讨问题，且管理者与公众都试图在问题解决方案上取得共识。此阶梯式的参与方式不仅为社区基金会动员民众参与组织活动与服务提供很恰当的切入点，而且也是社区基金会动员资源，开展自治与共治合作的实践性经验，需要社区基金会根据不同的执行议题与实践过程选择不同层级的参与方式。这可以说既是社区基金会发展的一个理论性命题，也是实践性命题，且在组织化运作中有着实践性强于理论性之势，蕴含社区基金会资源动员的实效性价值。

第8章 迈向新范式：社区基金会资源动员机制建构

社区基金会的资源动员是一个持续性的过程，在经历了吸引、竞争、分化引发的冲突与对其的应对之后产生了较好的整合效应，不仅实现了公益网络的链接、制度的生产，而且在变革基层治理格局、带动社区自治与社区共治主体融合方面发挥了重要作用。对此动员过程的系统性考察，为我们再次思考社区基金会资源动员机制该如何建构提供了很好的实践参考。研究发现，社区基金会的资源动员过程首先是一个开放性的系统，需要有组织环境的保障，为自由流动资源与自由活动空间的存在提供可能，这也是社区基金会资源动员机制建构的宏观环境。同时，公益资源的获得在很大程度上源于社会主体对自身拥有的资源使用权的一种转让或者放弃，此主体成为资源结构的重要组成部分，成为使资源动员机制成为可能的行动者。而合法性、信任度、符号、品牌等因素则是社区基金会动员资源的基本要素，直接影响到社区基金会资源动员机制的建构。资源动员机制的总体性建构既是一个系统、结构、要素融为一体的过程，也是宏观、中观与微观的层层递进、相互联结。

一 社区基金会资源环境的系统性考量

环境是组织生存与发展的基本条件，没有任何一个组织可以脱离环境而独立存在，实践中两者的互动是经常性的、至关重要的。一方面环境为组织提供生存所需资源，是组织获取资源的支持者，另一方面组织也在影响环境、改造环境。国家、市场与社会的分析视角虽然具有一定的滞后性，但却有很强的现实借鉴性，也能涉及社区基金会的基本环境。

(一) 慈善空间的再度扩大：从制度模糊到规范明确的转向

从很大程度上讲，社区基金会在我国的兴起是自由流动资源增加与资源自由流动空间扩大的结果，正是原有慈善空间的释放使得以 Y 社区基金会为代表的政府发起型、N 社区基金会为代表的企业发起型、M 社区基金会为代表的个人发起型以及深圳蛇口社区基金会为代表的居民发起型社区基金会的持续发展成为可能，成为我国慈善发展与基层治理的新方向，以此带动了基层治理创新的新发展。同时，我们需要看到的是尽管国家、部分省市也出台了相关政策性文件对社区基金会的作用给予了充分肯定，表明了其基本态度，奠定了社区基金会发展的"势"，但是也存在一定的具体组织措施不明确、发展方向不清晰、主体地位待研究等问题（黄晓春，2015），有着"宏观政策的模糊发包"的典型特征。现实中虽然有的地方政府政策得到进一步明确与细化，但在政策指令的操作之下社区基金会容易陷入"重数量，轻服务"组织发展困境，出现有组织、无发展甚至名存实亡的空置组织。调研发现此现象已在上海社区基金会的发展过程中具有一定的普遍性，特别是在基于行政指令而成立的社区基金会中最为严重，这在很大程度上限制了社区基金会对于慈善资源的动员和组织作用的发挥，背离了组织成立时的价值意图，亟须对已有的制度规范做出进一步明确，为社区基金会的发展创造制度环境，再次扩展其发展空间。

1. 在差异化中探寻规范化，呼吁高位阶法律、专门性法规的出台

制度规范是慈善组织发展的基础性条件。在我国现有的慈善事业发展进程中，社区基金会作为一种新生的慈善主体，需要不断加强制度化建设，推动组织发展走向持续性的规范化。但是与其他基金会相比，社区基金会具有更明显的区域属性，是来源于社区、发展于社区、回馈于社区的组织主体，既有公益慈善的社会公益性又有着服务于社区的基层性。因此，对于社区基金会的规范化进程应该在差异化中探寻其制度化推进方式，要尽力解决社会组织发展过程面临的公共性缺失（李友梅等，2012）、工具主义发展逻辑（文军，2012）、专业化能力不足以及政治优待有限（黄晓春、张东苏，2015：23）等问题。

鉴于此，在实践中需要以高位阶法律、专门性法规为基础，在明确社区基金会的主体地位与法律优待方面做出系列性革新。其一，因社区基金会不同于其他组织类型，是社区化的公益慈善，在我国现有的以行政化社区为主导的情况下，社区基金会的服务范围与行政化社区的划分具有较强的耦合性，两者存在很大的相似之处，且与大型的基金会相比，社区基金会的资源规模较小，但区域需求量较大，其对社区问题的解决对居民获得感提升的作用更加明显。然而因现有社区基金会注册遵行《基金会管理条例》的普遍性规定，其基本的注册资金不得少于 200 万元，在一定程度上存在注册资金要求过高的情况，阻碍了部分有现实需求的社区基金会的成立，为此需要对社区基金会的注册资金规模要求做出适应性调整，降低制度的约束性，将慈善带回社区，更好地发挥社区基金会动员资源的作用。其二，目前我国的社会政策发展已经不再是单纯的剩余型模式或制度型模式，发展型社会政策已经成为新的社会政策导向，政府在加强对社区发展和社区组织的投入，提高社会成员的社会参与程度（张秀兰等，2007：128～129）的同时也要为社会企业、非营利组织提供税收支持，调动政府以外的主体力量进行多主体参与，让它们加强对社会资产与人力资本的建设（Midgley，2003）。为此，政府部门应该在发展型社会政策的指导下增加对社区基金会的税务优待，鼓励其他社会捐赠人向社区基金会投放资源。从全球范围来看，社区基金会的差别化税收政策具有一定的普遍性，其中以美国 1969 年《税收改革法案》最具有代表性，该税法将慈善组织分为公共慈善机构与私人基金会，其中 501（c）（1）～501（c）（21）、501（d）、501（e）、501（f）以及 509（a）条款在明确基金会类型与权责义务的同时，也给予了私人性质公司性基金会、独立性基金会等基金会很大的活动范围，而对于社区基金会则给予极大的税务优惠，鼓励捐赠人向社区基金会捐赠，放宽了社区基金会的活动限制（Council of Michigan Foundations，1998：68）。其三，加大对社区基金会资金保值增值活动的规范和支持力度，实现社区基金会已有资产的良性增值。到 2018 年 6 月底，根据调研发现有 90% 以上的社区基金会均选择将基金会资产存入银行，而用于投资以实现保值增值者很少，在一定程度上既降低了已有闲置资源的利用率，也不利于社区基金会的可持续性发展。尽管《基金会管理条例》明确指出基金会可以开展保值增值活动，但也对投资失败给基金会造成损失的行为进行了严格限制。实践中众多基金会理事也对此表示担心，为避免承担相应责任而不进行保值增值活动，为此已有法律制度应该对保值增值行为予以明确规定，确定合理的风险防范机制，极力探索第三方基金的委托投资。通过新法新规明确社区基金会主体权利与对其优惠措施而进一步为社区基金会的基层化实践提供发展红利，实现"存量"组织的持续优化与"增量"组织的持续兴起。但是，需要注意的是，在推动保障社区基金会发展的制度生产时要注意加强对非正式制度的规范，因为在历史上当组织在交互作用之中演化出新的非正式交换手段时，原有的社会规范、习俗与行为准则可能会逐渐失去作用（诺思，2014：56），需要防止其折损正式制度的实施实效。

2. "扶而不入"基层组织化服务的推进，连通社区公益价值链

政策文本的制定与政策执行可以说是两个相互割裂的部分，前者更加注重的是制度的规范化逻辑及其展示出的治理价值（顾昕、王旭，2005），后者更加注重的是政策执行者的利益、技术策略性及"地方自主性"实践（贺东航、孔繁斌，2011）。基层政府作为社区基金会政策制度的执行者，一方面需要对国家出台的规范化宏观政策予以再次明确，明确基层化实践的指导价值，这一工作具有短期性；另一方面则需要下沉到政策的执行层面，对社区基金会采取一系列的组织服务措施，这是一项长期的服务工作，成为其以后工作的重点。从社区基金会资源动员实践化进程来看，在创新社会治理、加强基层建设的政治背景下，社区基金会的服务推进也在很大程度上被纳入基层治理的主体系统中，政府部门需要在"扶而不入"的执行逻辑下，做到以扶持社区基金会发展但不干涉其组织运作的方式，开展组织化服务。具体可以从以下几方面入手：第一，探索"省—市—区—街（镇）"的四级扶持模式，市、区可以将社区基金会发展纳入具体化的社会组织培育发展规划中，对社区基金会的基本条件、组织结构、项目运作、财务管理等内容做出进一步明确，重点强化理事结构、监事结构的多元性，用有限的强制性确保社区基金会先天的规范性，为其成立后的资源动员创造条件；第二，强化对社区基金会秘书长及组织人员的培训，充分发挥社区基金会秘书长的组织引导作用，积极地促进社区基金会与政府、企业、大型基金会和其他社会组织的资源对接，为社区基金会实现跨界资源对接提供很好平台与机会，帮助社区基金会在初创期积累公益资本，实现资源网络的持续性扩大；第三，实现社区基金会服务内容、服务主体区域化整合，打造社区公益价值链，将社区组织、社区兴趣团体、社区公益超市、社区服务机构、社区单位、社区领袖与居委会等原有的公益主体链接起来，发挥社区基金会作为资源链接者、服务资助者的作用，且在服务需求的基础上梳理不同的服务内容与服务供给，防止服务供给过剩与供给不足，提升有限资源的利用效率。目前，社会福利视角下的发展观已经成为社会治理的一种价值追求，政府在促进社会发展的过程中扮演着重要角色，只有通过政府、专门的政府机构、决策者、规划者和行政官员齐心协力为各个社会主体创造环境，维护好组织间的权力边界，才能更好地促进社会发展，这种信念构成了社会发展的国家主义途径的基础（米奇利，2009：144）。但也需要做出说明的是，社会发展进程中的政府与社区基金会分属于两个不同的结构场域，代表着不同的组织主体，需要有明确的组织关系意识，政府既要有组织扶持，也要让其自主成长，实现政府与社会协调发展。

（二）公益嵌入商业：实现"社会人"与"经济人"互构耦合

随着社会的开放程度的提升与包容性的增强，慈善形态持续变化，一些慈善组织开展商业活动，慈善组织与商业机构合作引起了社会各界的普遍关注，对公益行业、慈善组织公益性、企业参与公益慈善的积极性以至我国慈善事业的再次发展产生了较大的影响。在社区基金会的资源动员行动过程中，无论是其资源获得的合作主体还是资源动员的方式都有着商业化倾向，如Y社区基金会举办公益市集，其参与主体虽然以社区居民为主，但是也有辖区内的部分企业参与，企业将商品低价售出，所获资金全额捐赠给社区基金会；M社区基金会开办的社区音乐会也是通过低价售票的方式向观看者收取一定的服务费用，并且将其用于社区基金会的运营成本支出与支付下一阶段组织活动的开展费用，在社区基金会动员资源中发挥着重要作用。这种商业化反映了公益"社会人"与商业"经济人"的耦合，需要在以后的社区基金会资源动员过程中做出持续性推进。

如何实现商业与公益的结合对社区基金会公益资源动员机制的再造这一命题至关重要，需要发挥商业的公益价值，在以后的社区公益中实现两者的良性运作。为此可以从以下几个方面做出探索。其一，在社区基金会内部管理中借用企业的商业化管理模式，提高社区基金会的运作与资源使用效率，最大限度地利用资源，如引入KPI（Key Performance Indicator）的组织考核模式，可以将组织的战略目标分解为可操作的工作目标，并以此为基础，明确各个部门人员的业绩衡量指标，实现以任务分解为中心开展日常活动与项目运作，更有效地为社区基金会与服务对象服务。其二，社区基金会可以向受益人提供相应的服务并收取一定的服务费用。此举在确保服务对象享受公益服务，提升公益服务的价值量，通过有偿服务增强服务对服务对象吸引力的同时，拓展了社区基金会的筹资来源，也对社区基金会本身的组织能力提出了新要求，有助于社区基金会不断地走向自我发展与革新。在实践中开展有偿服务既要让服务对象感觉到物有所值，又要充分调动起行动者与参与者的积极性，实现此类服务的延续。其三，社区基金会可以通过政府购买服务获得资金支持，与政府部门之间建立服务需求与服务供给的契约性关系。作为服务于社区、成长于社区的组织，社区基金会对社区服务需求有着较好的敏感性，可以在差异化的服务群体中利用自身的服务优势准确回应民众需求，通过动员社区主体参与以解决相关的社区问题，恰好与政府提供基本公共服务的实践进程存在很大契合之处，因此有着政府与社区基金会准市场化合作逻辑的生成。其四，社区基金会与商业组织合作进行一定范围内的商业投资，进行保值增值活动。长期以来社区基金会保值增值活动一直是其能力建设的一个短板，绝大多数社区基金会采用了传统方式将资金放置于银行，这在一定程度上限制了资金累积成效的发挥，需要发挥理事、监事或者其他组织人员的专业优势合理控制投资风险进行保值增值活动，以提高资源的利用效率。其五，社区基金会可以与商业伙伴共同从事公益化的商业活动，涉及与商业伙伴进行公益促销、开展公益推广活动，邀请商业伙伴进行公益活动资助，允许商业伙伴使用社区基金会名称与标识等。实践中，社区基金会可以探索多样化的商业化合作模式，既可以提供经常性的社会服务，开展一些与社区基金会宗旨、利益相关的活动并收取一定利润，也可以通过偶发性的组织活动机遇与商业伙伴建立合作关系。

社区基金会资源动员对公益与商业不可能进行完全隔离，这是由社区基金会现有的组织关系决定的。现阶段社区基金会必须探求多元化的资金来源，当营利性资金进入公益慈善领域后，社区基金会根本无法与之抗衡，这迫使社区基金会开始从事一些商业化活动，以此获得更多资源与其他慈善组织进行竞争而证明自身的存在价值。但是公益与商业属于两种不同的执行逻辑，公益的价值在做"好事"，商业的价值是"做好"事，两者还是要有区分，合作也要有限度，社区基金会中公益与商业互融的基本原则与底线是让服务对象可以从中获得利益，可以更好地发挥公益价值，组织化运作要避免偏离社区基金会的宗旨与原则，禁止将慈善公益金用于利润分配，要防止公共利益私人化，发挥好理事、监事、合作伙伴的作用，建立起风险防控机制，合理评估合作的风险大小，通过税收杠杆合理调控社区基金会的利益分割，做好组织的信息公开制度。此外，也要守好社区基金会与商业伙伴合作的基本底线，把握好四条价值标准，即从政策法律开始到行业约定，再到公众与舆论认可或者监督及组织自身尺度的把握。其中，守住政策与法律的底线是基本性标准，组织自身尺度的把握是最高标准，此四条标准的践行需要在组织使命的形塑之下与其他行动主体共同作用，以此最大限度地充分发挥好社区基金会公益"社会人"与商业"经济人"互构合作的价值。

（三）公益理念与行动：文化价值的塑造、转化

长期以来，我国公益事业的发展一直都是公益理念与行动相互作用的结果，无论是从传统家国天下式的共同体建设所倡导的"扶贫济弱""慈心为民，善举济世"及实践运作中义庄、公田等产生孳息的财产，还是我国近代以来的"扶老、助残、救孤、济困、赈灾"的福利彩票公益金使用宗旨的制定及基金会、民办非企业单位、社会团体、各种志愿服务组织的不断持续兴起与发展来看，公益理念在公益实践化标准与基本形态的塑造中扮演着重要角色。从马克思的唯物主义观来看，理念与行动的关系实质是价值与实践的关系，实践决定价值的生产，而价值又反作用于实践，指导实践形态的发展。具有同样价值逻辑的是，公益理念一方面受到了行动或实践的塑造，另一方面也指导着公益行动形态的发展，两者相互作用共同助力公益慈善事业的发展。实践中社区基金会的兴起既是我国公益事业发展到一定阶段的产物，也是公益理念与行动的互融。资源动员是社区基金通过组织技巧、方法从资源主体处获取社会闲置资源使用权与支配权的过程，至于采取什么样的策略与方法则需要公益理念的指导。因此，社区基金会资源动员机制的建构也需要有理念与行动的支撑，下面将对此做出重点性说明。

1. 公益理念：社区基金会公益价值塑造的一种软实力

公益理念是一种无形的价值表达，它对于社区基金会的塑造在于其无形性，内在作用发挥在于其承载的文化价值，并以此映射出其稳定性。费孝通晚年在反思社会学的学科性质时曾强调了社会学应该重点关注"人文性"与价值文化理念，主张把理念与人文性的视角融入社会结构与日常生活的深层意义中，以期拓展社会学的研究对象（费孝通，2003），这是对

理念化人文性社会学价值的一种肯定。其实，在很大程度上理念与意义处于文化结构的中心，把握意义也就是认识内在的社会结构、没有被人们所意识到的潜藏的文化价值结构，这也是文化关注的核心内容（孙秋云、周浪，2016）。树立理念说到底在很大程度上是一种"人化"，是在培养"集体认同感"的有效价值，它属于"情感文化"，在社会运动中，它成为建立集体行动文化的基础，直接涉及命运共同感的产生，从而可以以群体逻辑取代个体逻辑，破解"搭便车"的执行困境（范斌、赵欣，2012）。树立公益理念则是培养公益集体认同感的重要方式，但公益理念必须关注理念的主体，这一主体有着较为丰富的外延，既包括了个体也包含了群体，同时还含有人们所建立的各类组织机构。不同主体内在的差异性、分散性显示了公益理念的重要性，不同的公益理念主体具有各不相同的文化实践。

因此，对于公益理念的塑造需要在把握不同主体特点基础上开展系列重点性工作，其中国家作为社会公益文化的重要推行者在公益理念塑造中扮演着决定性角色，可以从传统公益理念继承与现代公益理念开发方面入手在社会中开展系列化塑造活动。就前者而言，政府部门需要在传统文化中探寻公益理念的新形态，在中华民族的精神发育过程中，公益慈善文化始终伴随着社会的发展，慈善文化在儒释道和其余诸子百家中有着深邃幽微的表达：孔孟提倡的仁爱是在向社会传授以仁爱为核心的价值观、人生观，是一种与人为善的价值关怀；墨家的"兼爱"思想则是一种群体关系网络处理的基本价值；道家的天下大同社会思想对于公益慈善发展的警示性也很强。政府部门对具有共享价值的公益理念应该通过各种服务性平台向外界传递，弘扬传统公益理念。就后者而言，政府部门也应该立足于当下中国公益慈善的新发展，适时利用互联网技术、信息传播平台，降低公益门槛，提倡人人参与、自我服务，发挥集体的力量建立公益思维与生活方式（赵敏，2013），及时吸收国际公益慈善新理念，将公益风险投资、联合劝募公益、社会企业发展等理念进行融合，利用政府强大的资源动员能力与传播能力为公益慈善发展创造良好的文化环境，以获得其他社会主体的认同。同时，要引导市场主体在围绕逐利目标开展商业化组织活动的过程中也要有利他主义的价值关怀，承担起一定的企业社会责任，履行"企业公民"的实践责任，实现公益在商业中的嵌入或者两者的互构与耦合。对于慈善组织而言，公益理念是其公益行动的价值指导，也需要在不断吸收新的价值理念的基础上,从实践中开发出新方法、新技术,从其他领域提炼出新理念,以此带动实践的发展。

正如有学者提出"有效的大众慈善事业的一个要求就是要营造一种捐助文化,只有那样,回应大众诉求而进行捐款或救助才会成为一种常规"(聪茨,2016:23),公益理念作为捐赠文化的重要表现形式,在营造大众捐赠文化、凝聚慈善发展力的同时,也可以增强社会主体对于社区基金会动员资源的价值认识,降低资源动员与获取的执行成本,使社区基金会更容易获得社会公众的信任与认可。慈善事业理念核心应该是集公益慈善、公民慈善、公开慈善与专业慈善于一体的发展模式(耿云,2014:14),但无论是从国家对于公益理念的塑造还是企业、慈善组织的层次推进模式来看,承载捐赠文化的公益理念最终的目的在于形成一种社会的共识价值,促进集体公益与公益组织化的互融,为公益实践化提供基础性条件。

2. 行动逻辑的生成:从公益的"悬浮"到在地性的转化

公益理念是行动的产物而又反作用于公益行动,两者相辅相成共同作用于我国公益慈善事业的发展。在社区基金会资源动员机制的建构中对公益理念的塑造是资源动员得以持续的价值保障,是公益精神与共识的组成部分,但是仅有理念或者精神的公益处于"悬浮"于公益实践的状态,并不会带来公益事业发展的组织性变革,需要在组织过程中实现公益理念到公益行动的转化,促使其获得在地性,实现公益实践化发展与保障资源动员的能动性。但是从"悬浮"到公益的在地性的组织性变革并不是一蹴而就的,是一个渐变的转化过程,转化的动力成为其获得公益实效的基础。

从实践调研来看,将公益理念转化为公益行动以获得公益资源的组织动力主要有三种,每一种的推动方式都存在差异性。其一,发挥好行政力量的转化作用。正如在前文提及,现阶段我国虽然处于后总体性社会,自由流动的资源与资源自由流动空间得到了极大的增加和扩展,但是行政力量对于社会生活的影响力仍然很大,在资源的调动、分配中发挥着重要作用,可以在极大程度上影响到其他社会主体对于资源的基本态度,这也就是缺乏社会基础的体制外慈善组织利用靠近行政力量的机会获取社会领域资源的基本出发点,对于此策略有学者将其称为"寄居蟹的艺术"(邓宁华,2011)。通过行政力量把那些接受社会公益理念的个人、群体与组织的力量组织起来形成公益集体行动,达到动员社会慈善资源的目的,此方式的组织动力来自权威性价值。其二,利用现代信息技术,发挥微公益对于慈善的形塑作用。现代信息技术是互联网与智能化相互作用的产物，已经影响到社会生活的各个方面，当技术与公益互嵌时便以此催生了新的公益模式，即互联网公益下的微公益，微公益既包含着优秀的传统文化，也是当前时代技术与组织实践共同作用的结果，其本身具有传播速度快、参与主体多元化、参与方式多样化的特征（金英，2017），需要将互联网与社区基金会的资源动员结合起来，实现资源动员的在地化的再造，是技术对于公益形态的促生。其三，注重仪式、口号对于资源的动员作用。仪式与口号可以唤起社会相关主体对于公益的情感化认知，有助于共同情感的形成，实践中无论是 Y 社区基金会还是 M 社区基金会都有着对于仪式、口号的实践应用，并且取得了较好的实践效应，仪式与口号的应用既可以形成集体归属感，也可以产生较大的社会影响力，在社区资源的动员中有着很强的吸附性。

在注重回答转化动力为何的问题的同时，还需要把握好转化方式的实践性应用。与转化动力相比，转化方式则更加具体。实践中政府购买服务、公益创投、项目化资助成为公益理念转化为公益行动的有效方式。其中，政府购买服务是在保留社区基金会运作模式属性的基础上通过与政府部门互动获取公益服务资源的一种重要方式。就 2018 年 6 月底的上海市社区基金会运作模式而言，有超过 80% 的社区基金会都有着自主化运作的实践形态，作为基层社会治理的一种新生力量，社区基金会因其独特的组织价值在把握社区民众需求、解决社区问题中发挥着重要作用，在很大程度上可以充分地解决原有社区基本公益服务不足或者分配不公的问题，而以此受到政府部门的重视，政府部门也开始委托社区基金会开展社区公益服务活动，这是其对于社区基金会公益理念的一种接纳与实践，政府由此成为社区基金会重要的资源供给者。而公益创投作为一种新的公益伙伴与慈善投资模式也在社区基金会的实践化中得到了应用，这是一种借鉴商业创业投资的运作方式，对慈善组织进行持续金融支持并参与组织管理的资本形态，既考虑到了社会价值的最大化也将财务回报作为参考价值（刘志阳、邱舒敏，2014），是一种可以有效实现社会组织发展目标的投资工具（Miller and Wesley，2010），其以项目为中心的发展，将政府、市场与社区居民联系在一起，为社区群体提供"微服务"（崔光胜、耿静，2015）。实践中，资助者出于对于社区基金会公益理念与价值的认可而支持社区基金会的发展，社区基金会在获取公益资源的同时也在组织能力建设提升方面有着很大的发展空间。而项目化资助的方式一方面是对于公益资金运作中募用分离的一种实践，另一方面则是对资源动员与分配专项化的回应，社区基金会通过项目资助其他公益机构开展公益服务的过程同时也是对于公益理念的执行与具体操作化过程，在社区基金会组织化实践中具有很强的典型性与可行性。

从总体上讲，社区基金会资源动员理念与行动虽分属于两个不同的场域空间，对于资源动员的实效作用也存在差异，但都对于社区基金会资源动员机制的建构起着关键性作用且彼此间存在内在的互构性，而理念转化带来的在地性则为资源动员实效性的再次发挥提供了条件，需要在转化动力与转化方式的催生作用下为社区基金会的资源动员变革助力。

二 社区基金会资源结构的持续性塑造

社区基金会资源动员机制的建构是一个系统性的工程，在讨论了国家视角下的制度环境、市场的他利与自利、承载公益文化的理念与其在地性转化这些系统性的宏观背景之后，有必要对中观层面的资源结构做出讨论，并以此回答社区基金会资源结构何以稳定的问题。

（一）资源结构的基本形态：对点、线、面、体的资源性探析

1. 宏观与微观之间：对资源结构基本属性的分析

"结构"一词在社会学、建筑学、几何学、解剖学等领域有着较为广泛的应用，且概念内涵的差异性较大。但是正如社会学家布劳（P. M. Blau）所认为的那样，所有的结构观都有着一个共同属性，即结构是一个具有整合性质的聚集，整合的结果并不是对个别元素的彰显（Blau and Merton, 1981: 9）。因此，结构具有一定的整体性，也处于不断变化之中，由此延伸出的社会结构也具有相似属性。社会结构是由各种要素构成的一个系统，可以划分出多个层次且每个层次都可以看作独立的系统与结构，客观地存在于要素之间（杜玉华，2013）。作为社会关系的协调体系，社会结构具有一定稳定性但同时依赖与环境间的交换活动，环境变化也会影响社会结构的变化使其具有动态性（郑杭生、赵文龙，2003）。社会结构作为资源存在的重要场域结构为资源结构提供了分析场域。林南在对社会资本进行论述时认为社会资本是对在市场中期望得到回报的社会关系的一种投

资，是目的性行动（Purposive Action）中被获取的和被动员的、嵌入在社会结构中的资源（林南，2005：28），并指出资源是所有社会资本理论的核心，提出了资源有宏观结构与微观结构的区分。

就宏观结构而言，他从等级制与社会位置进行论述，其中在等级制结构中位置被权威控制链连接了起来，在控制链的执行逻辑中，较高和较有权力位置的占有者可以通过教导与社会化方式来支配较少权力位置占有者的行为，以此来解释规则与程序，实现资源的再次分配，是一种在等级制结构中位置越高，资源的占据者可能获得的结构资源就越多的执行逻辑，这实质上是一种基于位置之上的等级制下的金字塔形态，处于顶层位置的人"不仅控制着最多的绝对和相对数量的有限价值资源，而且拥有结构中关于资源位置的最全面信息"（林南，2005：28），这些论述是对于结构的层次性与整体性的回应。就资源的微观结构而言，他则从嵌入行动者中的资源开始讨论，认为与群体或者组织相似的是，个体获得与维持那些有价值的资源也是为了增进他们自身的福利，实际中有着作为人力资本的个人资源与作为社会资本的社会资源之分，对两者的获取都是在目的性行动的资源动机下进行的行动，而非表达性行动①（林南，2005），目的性行动尽管也会涉及情感因素，但"最终结果被期待着对自己有益处"（林南，2005：45）。此过程中有两种不同的行为结果，一种为行动者可以自行主导实践性活动，顺势更好地保护或者获取资源，另一种即为一个行动者可以与其他不同的行动者进行互动，通过社会交换使用对方的资源，两种行为结果也是在互动中变化的。

在结构论的视角下讨论林南的资源结构观发现，无论是从林南所论述的等级制、位置、资源获取的宏观结构来看，还是从其个体化的行动者进行分析，其对资源结构属性的论述在很大程度上还是与社会结构特征表现出较强的契合性，这些属性即整合性、层次性、稳定性与动态性的结合，且都是行动者共同参与的结果，这对于我们理解、建构社区基金会资源结构观具有较好的启示价值。

---

① 林南认为获取资源的基本动机有两个，对应两种行动，分别为目的性行动与表达性行动。前者是在工具主义的价值指导下认为行动是理性的，行动者为了生存与延续而获取对自己有利的资源，最终目的在于使行动者获利。后者则是基于寻找情感支持的资源获取行动，获取对资源的财产权的承认和与他人分享行动者的情感的合法性认同。

2. 点、线、面、体的重塑：一种新的社区基金会资源结构观

社区基金会的资源结构是对个体性的整合，也是一个层次递进的过程。在此，"社会学者的点、线、面、体"（潘乃穆、潘乃和，2000）的讨论为社区基金会资源结构的重塑提供了很好的分析框架。潘光旦指出，点是指社会生活中的每一个人，"社会生活从每一个人出发，也是以每一个人作归宿"；而"点与点之间的刺激与反应"则构成了线，是社会学者讲的关系，反映的是中国人旧日的伦理关系；线条之间的总和构成了面，"进入了社会解释与社会思想的领域"；面的不断累积构成了个体，个体需要引入时间的概念，放置于纵向的时间链中理解，以某种历史哲学或者史观看待；"立体是一种结构"，是个体、个体与个体关系及关系积累层层递加、共同整合的结果。在社区基金会资源结构中，个体、群体与组织成为其最重要的行动主体，作为集体法人的社区基金会为了获取组织生存资源必须与社会生活各主体产生互动关系，其既要从个体性角度出发讨论如何动员个体资源，在个体与个体之间创造链接关系，也要考虑到法人行动的组织性，从各个群体、组织的经常性交往中获得资源。为此，社区基金会的资源结构具有双重性，需要在个体结构与组织结构中把握结构的生成。

从社区基金会的形成过程来看，社区基金会是个体性的组织化，个体是其组织化的基础。在组织场域内，机构理事长成为其最具有代表性的个体，理事长可以说既是社区基金会得以组织化的起点也是其终点。为了健全组织的治理结构，社区基金会必须要吸纳个体加入，理事、监事、组织员工成为组织实体化运作的必要组成部分和组织内的基本点，而理事、监事、组织员工间的互动构成了组织内的线，最明显的线性活动印迹则为部门的形成，而部门与部门之间个体化的合作、竞争与冲突则形成了面的基本形态，部门间的互动使得社区基金会的实体化成为可能，在与时间的相互作用下社区基金会得以持续发展，纵截面的结构体得以形成。在组织场域外，社区是社会人生活的基本落脚点，也是社区基金会主要的活动场，社区基金会以个体化的形式与社区内不同职业、不同年龄的个体发生着互动，在互动中把握个体化的服务需求的同时，也在获取社区居民的人力支持、财力支持及智力支持，以弥补社区基金会的资源不足，在此过程中形成了新的线性关系。随着互动频率与互动个体化对象的增加，新的互动对象不断加入，基于点线互动形成的互动网络使资源动员得以走向多元化与多面向，是一种社会化的行动过程，纵向时间链蕴含着社区基金会发展的生命历程。而组织结构与个体结构的形成具有相似的逻辑关系，只是在社区基金会资源的组织结构中主体间互动的点是群体或者组织，常见的有政府、企业、同类社会服务机构、大型基金会、社会团体，它们是资源的集体拥有者，组织间基于相互需要或者被迫需要进行着主体互动，社区基金会在互动中建立新的主体关系，获取主体性资源，且当社区基金会通过能动性努力不断拓展新的组织主体，开拓出新的资源渠道时，社区基金会资源组织结构网得以形成并不断变得更加紧密，在引入组织的生命历程与组织发展的阶段后，社区基金会的资源动员过程得以更加清晰地呈现，需要将其与制度环境、市场环境及公益慈善文化的变迁结合起来。

同时，需要说明的是社区基金会资源个体结构与组织结构是相互联系、相互作用的，两者在一定程度上是可以相互转化的。潘光旦主张的"点、线、面、体"恰好是对于社区基金会资源结构的一种层次把脉，是主体的、关系的、网络的与动态的，并因此成为个体结构与组织结构的基本主线。

（二）开放性系统的建立与主体融合：资源结构的持续优化

1. 开放性系统的现实需求：资源结构得以存在的基础

实践中，政府发起型社区基金会、企业发起型社区基金会及个人发起型社区基金会本身的存在就是一个开放的组织系统。这种开放性主要表现在两个方面：一方面，每个社区基金会都是存在于一定的社会环境中的，没有哪一类社区基金会可以独立于发展环境而存在，社区基金会为了生存与发展必须与环境中的个体、群体、组织发生互动，获得各资源主体的支持，以期其为组织提供相应的财力资源、物力资源与人力资源，并通过资源的相互转化实现资源的持续性获取；另一方面，社区基金会自身的组织治理结构仍然处于不断变化之中，理事、监事、秘书长随着组织战略规划而调整，社区基金会的工作重点、主体关系及发展方向都会发生变化。就前者而言，政策法律赋予的制度空间决定了组织可以在多大程度上与其他主体进行交流互动，在现有的制度环境下各社区基金会所面临的政策空间在很大程度上具有同质性，尽管社区基金会在实践中也有公募与非公募的区分，但在《慈善法》的助推之下，公募资质得以逐步放开，两类社区基金会的差异性开始趋向消解。就后者而言，其内部治理结构、制度化层次、组织能力强弱会直接影响到社区基金会与环境发生互动的层次化水平与系统的开放程度,这也是社区基金会发展差异化的根本原因所在,需要做出重点性说明。

自从上海市委、市政府"一号课题"发布以后,各级政府将社区基金会发展纳入了已有的组织规划,社区基金会在行政力量的助推之下得到了较大的发展。其中,普陀区、徐汇区、虹口区的社区基金会已经实现了街镇全覆盖,到 2019 年 9 月,浦东新区的社区基金会数量已达 14 家,其他区的社区基金会也有发展,截至 2022 年初,上海市社区基金会的数量达到了 87 家,① 根据发起方不同有着政府发起型、企业发起型、个人发起型之分,政府发起型社区基金会已经成为主流。然而,正因为绝大多数社区基金会成立于政府助推之下,在发展过程中面临行政性过强、组织制度规范化程度不高、具体的执行人员缺乏等问题,甚至有的社区基金会仍然处于空置状态,是一种有名无实的组织形态,组织能力则无从谈起。这种在行政压力与功利主义共同作用下的执行逻辑在一定程度上消解了社区基金会的发展动力,社区基金会处于无人管、无人用、无运作的状态,在很大程度上限制了社区基金会与外界的交流,在阻碍社区基金会开展多元化合作的同时,也将其发展置于封闭的系统中,影响社区基金会与个体、群体、组织的互动交流,而这些则是社区基金会资源结构的基础。对外的开放性合作与对内的规范化运作成为资源个体结构与组织结构得以生成的保障,仍然需要在社区基金会以后的资源动员过程中做出持续性努力,为资源结构的优化提供条件。

2. 多元主体的融合:对资源结构何以稳定的回应

社区基金会的资源结构具有二重性,在基于个体互动形成个体结构的同时,作为集体在组织间也会产生互动行为,形成组织结构,但是两者基本上都遵循着点、线、面、体的形塑逻辑,实质上是对资源主体性的回归。实践中,社区基金会的生存与发展需要资源予以支持,但是资源在很大程度上具有客体性,并不会与社区基金会主动链接,社区基金会要获得资源必须与资源的拥有者建立互惠合作的信任关系,以此获得资源的所有权或者使用权。从调研实践来看,社区基金会的资源主体一般可以分为三类:一类为个体,以社区居民、普通公众为主;另一类为群体,一般特指没有经过法律登记的自组织,涉及服务队、群众性团队等,此类组织的内

---

① 资料来源:笔者根据调研与上海市社会组织网数据综合统计而来。

部凝聚力较低，缺少相对固定的场地，组织领袖发挥着重要作用；还有一类为具有合法的组织身份的独立的法人，政府、企业、同类社会服务机构、社会团体、大型基金会都属于此类。社区基金会的资源动员对个体、群体与组织共同发挥作用，实践中，尽管组织成为社区基金会最主要的互动主体与资源动员对象，但仍然不可以忽视个体与群体对于组织的支持，资源结构的持续与稳定是社区基金会与个体、群体和组织协调配合的结果。

调研发现本书的分析对象 Y 社区基金会、M 社区基金以及 N 社区基金会经过持续不断的发展与社区居民、社区社会组织、居委会、街道、同类慈善组织和企业建立了较好的组织关系，资源的个体结构与组织结构相对稳定，这为社区基金会资源的动员提供了很好的基础。但并不是所有的社区基金会都可以在资源动员中建立相对稳定的个体结构与组织结构。在社区基金会的发展生态中，无论是占据发展主流的政府发起型社区基金会还是自发兴起的企业发起型社区基金会都因成立时间较短，对发起方保持着较强的依赖性。以普陀区为例，该区到 2015 年底在全区 10 个街镇各成立了一家社区基金会，是最早在上海市内实现社区基金会全覆盖的区，而所有这些社区基金会的成立都是政府直接推动的结果，此前普陀区的居委会每年的经费有 30 万元，分别为基本办公费 10 万元、党建服务费 10 万元、社区自治费 10 万元，为了成立社区基金会，区里将拨付到居委会的 10 万元自治费用截流至街道，以此作为社区基金会的发起资金，如 CF 街道共有 26 个居委会，在截流了每个居委会的自治费用后成立了社区基金会，以后街道每年都会将每个居委会的自治费用纳入社区基金会的捐赠费中，社区基金会以此费用开展项目服务，以实现社区基金会的运作。这种通过转换居委会资金拨付方式而成立并运作社区基金会的行为虽然具有合法性，也符合自治费用用于自治项目的规定，但是却增强了社区基金会的行政性，限制了其运作范围的扩大。该类社区基金会实际主要执行人员仍然是街道工作人员或者社会组织服务中心的工作者，对外的资源动员对象仍然以政府为主，与社会组织的互动仍然是基于项目执行之上的，主要以街道的社会组织为委托对象，资源主体结构仍然处于"点"与"线"的层次，尚未上升到多主体共存、合作的"面"与"体"阶段，相应的组织关系与资源结构仍然需要做出进一步优化，这也是对社区基金会多元主体融合的必要性何在的问题的回应。

总体而言，社区基金会开放性系统的建立是组织环境与组织内部治理共同推进的结果，在组织环境趋向一致的情况下，社区基金会更多地需要从加强自身内部治理规范、强化组织能力等方面来提升社区基金会动员资源、挖掘新型资源主体、吸纳多元化资源的能力，这是社区基金会动员资源的基础性条件。同时，社区基金会为了稳定资源个体结构与组织结构，仍然需要吸纳多样化个体、群体与组织，增加资源主体间的互动链接，这也是组织持续化发展的客观要求。

（三）信息网络：一种连通资源结构的组织力量与社会资本

无论是资源的个体结构还是组织结构，点、线、面、体都是其基本的构成脉络，这实质上是资源主体性关系的连接与网络生成的再造，而主体性关系何以连接、网络何以再造就成为首先需要解决与回答的问题，可以说这是对于资源结构何以成形的一种追问。在此，信息技术网络为资源结构的连通提供了一个很好的实践条件。当前，互联网和大数据等信息技术的持续发展，已经深刻地影响到了人类社会的沟通方式和生存形态，并融入生活、教育、医疗、金融等各个领域。在十二届全国人大三次会议上，李克强总理在政府工作报告中首次提出了"互联网+"的行动计划，以互联网为代表的信息技术被提升到了国家发展战略层面，它不仅可以被应用于商业社会的各个行业，也为社区基金会的资源动员提供了条件。对于社区基金会资源动员而言，信息技术既是高效的技术工具和一种连通时间与空间的组织力量，也是组织发展所依赖的网络社会资本。

1. 互联网技术的嵌入：资源结构主体性关系互构的组织力量

克拉克曾言："在现代社会中起作用的力量，除了那些旧的力量以外，还有新的力量；我们对这些新的力量进行单独的研究是完全必要的。"（克拉克，2009：46）在他看来新的社会力量不仅可以引起社会机构的反应，而且可以带动实际的分配关系与社会的进步。互联网技术作为一种新的社会力量，正在以其独有技术优势与价值优势对现有的社会进行着重塑。随着互联网的快速发展，社会生活开始逐步网络化，信息网络已经深深地嵌入了社区基金会从起始到发展的全过程，特别是在资源筹集过程中互联网技术的应用不仅拓展了资源的筹集渠道，带动筹资走向多元化，而且将不同的资源主体都链接起来，使组织关系更加紧密，资源的结构网络得以持续。对于社区基金会资源动员而言，互联网技术已经成为与资源结构主体性关系进行互构的一种组织力量。在网络化时代,实践、认识与审美活动中的个体将表现出更多的主体性价值,个体与个体、个体与社会、个体与自然的关系中,主体性状况都将会得到改善(万林艳,2000)。"互联网作为一种信息交流渠道,可以凝聚主体理念,具备独特的、甚至是革命性的力量",人们通过网络可以相对容易地接触、联系到与自身具有相似兴趣、价值与喜好的人,互联网交流的相对匿名性、肢体词语互动的缺失,减少了对具体环境的限制,可以让不同的个体、群体更容易地形成共同的信念与价值观(Bargh and Katelyn,2004),而且网络信息交流技术的应用更是组织实现目标的重要方式,可以扩展组织网络,使组织发展可视化,变得更加灵活(Ružić and Biloš,2011)。

正如前文所述,共同的价值与共识成为社区基金会动员资源、获取不同主体性资源的基础与起点。实践中无论是 Y 社区基金会、N 社区基金会还是 M 社区基金会都围绕着打造让个体、群体共同认可的价值展开了一系列活动,如开展宏大叙事下的公益活动、探寻公益与商业的契合点、塑造出"家的隐喻",这些都是社区基金会创造共同价值的日常行动。而随着社区基金会对互联网技术的应用,互联网对个体、群体、组织的联结、聚力作用日益突显,并在慈善资源动员、组织结构维护中发挥着积极性作用。

互联网技术本身就是一种力量,带动了组织内部结构的扁平化,实现了组织内部结构由纵向金字塔向横向扁平结构转变,组织由刚性组织向柔性组织转变,组织边界由清晰向模糊转变,组织内部结构设计由非人性化向人性化转变、由强调"硬件"能力向强调"软件"能力转变(杨家诚,2016:37~38),是对传统组织架构的颠覆与重构,可以将不同的主体链接起来,织密社区基金会资源动员的主体性网络。但是技术具有客体性,在很大程度上缺少能动性与主观意识,无法主动性地与社会主体进行联结,需要社区基金会为技术赋予活力,应用技术为各主体继续提供服务平台,让各主体有个可以互动交流、汇集资源的相对固定的场域。从实践来看,社区基金会可以借助互联网技术创建服务平台或借力于服务平台为整合主体力量、汇集结构资源创造条件,特别是要加强对商业公益筹资平台、公益众筹平台、新公益网店平台、独立网络捐赠平台的利用。其中,商业公益筹资平台由商业企业负责运营,网络筹资只是业务之一,主要体现商业机构的企业社会责任,其将商业平台涉及的个体、组织聚集起来,具有代表性的有蚂蚁金服公益平台、新浪微公益平台和腾讯公益平台；公益众筹平台特点是众筹项目发起人需要设置筹资目标金额、筹款时间以及给予捐赠人的回报，其中包括实物或非实物，它可分为垂直类公益众筹平台，如创意鼓、积善之家，以及综合类众筹平台，如众筹网、淘宝众筹、京东众筹等；新公益网店平台是开放公益组织入驻的电商平台，此类平台网络捐赠形态善用营销激励机制，以公益宝贝为代表，以公益网店为主；独立网络捐赠平台，此类捐赠平台可能由公益机构开发，也可能由商业机构开发，平台捐赠人主要源自捐赠平台自身推广，又可分为现金捐赠平台及非现金配捐平台，前者以51Give、联劝网、"泉公益"平台为代表，后者用户捐赠的不是现金，而是步数、时间、转发等，由企业配捐现金，公益机构或者志愿者执行项目。社区基金会可以通过此四大类公益平台实现资源个体结构、组织结构的整合，将社区基金会与捐赠人相对接，扩大慈善捐赠网络，实现资源个体结构、组织结构的链接与优化。

2. 发展与变革的需要：时间与空间促生下的组织资本

对社区基金会资源动员而言，互联网技术既是其链接资源主体、寻求公益共识的有效方式，也是资源动员的重要对象，因为互联网技术的掌握与应用本身就是一种社会资本，是社区基金会适应环境、寻求持续发展的变革所需的，这是由互联网技术的价值本身决定的。早前麦肯纳（McKenna）与巴奇（Bargh）就指出因突破了物理空间与社会空间的限制，互联网将现实中边缘性的个体、群体凝聚起来，为他们提供了很好的交流沟通场所，并反过来影响到了人们对现实生活的社会认同，增强了社会的整体凝聚力（McKenna and Bargh，1998）。吉登斯也曾将电子信息媒体的发展作为一种传递经验（mediated experience）（吉登斯，1998：25~29），在他看来，在现代化时代，发达的信息技术与通信媒体，使信息流动的速度加快，各种图像、画面不断涌现，一个独立于在场事物的象征系统或者符号世界增加了人们的新体验，在呈现在场事物与象征符号分离化趋势的同时，更为人类社会生活传递出了一种基本经验。林南则更直接地指出因特网与电子网络是一种新的社会资本，网络带动了电子商务、信息技术的发展，认为我们正处于由电子网络所代表的社会资本的革命性上升时代，"电子网络不仅富含社会资本，而且成为参与者在生产与消费市场中目的性行动的重要投资"（林南，2005：214）。实践中，各社区基金会已经在很大程度上认识到了互联网技术的资源价值，先后建立了自己的网站，开通了社区基金会微信公众平台、微博,在第三方网站上发布组织信息,以此达到适应组织环境、扩大组织品牌影响力的目的。以 M 社区基金会为例,该社区基金会在成立后三个月内即建立了自己的网站,在 2016 年 9 月之前基本上形成了以"关于我们""机构通告""项目服务""志愿者服务""资源下载"为主要版块的网站服务内容,后为了适应社区基金会发展转型的调整,将基金会网站版块改为"首页""机构项目""志愿者""机构新闻""关于我们",并开始将品牌项目分类、分层次呈现,网站成为社区基金会转化资源的重要载体。正因如此,在 M 社区基金会理事长看来,"网站是我们的门户,是窗口"①,这从侧面反映了网站的内在价值性。对 Y 社区基金会而言,在构建新的资源信息网络之时,也有着将信息技术转化为组织能力的行动路径。如 2014 年、2015 年连续两年委托广告公司向基金会与街道的社会组织从业人员教授 PPT 制作、网络传播的专业技能,这也是社区基金会将信息技术内化的过程,是对互联网技术资源的再利用,为其他社区基金会何以将互联网技术用于资源动员提供了很好的借鉴。

在社区基金会资源结构的组织场域中,一方面以互联网技术为代表的信息网络为资源主体的链接提供了支持力量,为社区基金会动员个体、群体与组织资源提供了条件;另一方面因技术具有打破物理空间与连通不同时间面的特征,其本身就是一种组织发展资源,在可转让、可利用的情况下社区基金会可以实现资源形态的转化,使信息网络与其他资源共同作用于资源结构的维系与优化。

三　社区基金会资源动员要素、价值的类别化链接

社区基金会资源动员机制的构建是一个从宏观到中观再到微观的过程,宏观是在说明组织资源环境的作用,这是动员机制成为可能的条件;中观层面涉及的是资源结构的问题,是对资源主体性的回应;在此处则需要重点讨论社区基金会资源动员的微观基础,明确社区基金会开展资源动员的基本要素、价值何在,这是建构资源动员机制的核心所在。

---

① 来源于访谈文本:20171211PMML(M 社区基金会理事长)。

（一）合法性：社区基金会资源动员基础的多维之需

合法性在英文中为"legitimacy"，它是组织生存与发展的基础，任何类型的组织为了获得生存与发展性的资源，就必须获得合法性。但组织合法性的获得过程也是其发挥价值，争取社会认可的过程，正如 Scott 等学者所言："组织如果想要在它所处的环境中得以生存并获得发展，除了需要的物质资源和技术信息之外，还需要其他东西。特别是它们需要得到社会的认可、接受与信任。"（Scott et al., 2000）然而，因组织环境的复杂性与社会主体的多元性，合法性也有着不同的类型划分，社区基金会因其独特的组织性质也需要进行合法性重塑。

1. 合法性的理论内涵及类型划分

合法性是现代社会理论与实践中一个内涵丰富而富有弹性的概念，同时也是一个价值评判的标准，对事物、行为及组织合理性、公正性的一种论证与判断。在西方社会中，面对合法性危机的学者与实践者开始提出各种疑问，都试图为现代社会的发展提供新的合法性基础（郝鸿军、贾丽萍，2007）。学界对合法性相关理论的研究经历了从政治学领域到社会学领域的扩展。其中，制度与规范，无论是对国家政权还是组织、个体来说都是需要首先考虑的问题。在新制度主义看来，制度不仅仅涉及政治制度、法律、文本规范等明文规定，还涉及政治指令、意识形态、权威命令等来自统治阶级的意志，正如韦伯对合法性概念的解析那样。他认为合法性是促使一些人服从某种命令的动机，这种命令既可以是由统治者个人签发的，也可以是通过契约、协议产生的抽象法律条文、规章或命令形式，并与权力、统治相关，"任何统治都企图唤起并维持对它'合法性'的信仰"（韦伯，1997：239），并由此提出了法理型统治、传统型统治、魅力型统治的类型划分。同时，李普塞特在论证自由民主政体时也诠释了合法性的概念，认为合法性是"政治系统使人们产生和坚持现存政治制度是社会的最适宜制度之信仰的能力"（李普塞特，1997：55），主要的检验标准与特定国家形成的共同的"长期政治文化"有关，并与政治有效性交织在一起，但合法性是评价性的，有效性是工具性的，两者共同维护着特定政治系统的稳定性。而哈贝马斯则在交往行动理论的基础上旗帜鲜明地提出了合法性的两种历史倾向，即经验主义与规范主义合法性，认为前者虽然可被应用在社会科学上，但是缺少有效的价值基础，后者排斥民众认可的经验基础,寻求价值的永恒普适标准,"有累于自身被嵌入其中的形而上学背景,也很难立住脚跟"(哈贝马斯,1989:211)。为此,他提出合法性的第三种概念,即重建性的合法性,认为这种重建首先存在于对某种证明系统的发现中,有和经验主义与规范主义的相容性联结,是对某种政治秩序的价值认可与事实承认,与纵向历史时期的社会规范相关联,代表着一种历史制度主义下政治秩序、权力的理性建构。

在合法性的类型上,除了宏观层面的经验主义合法性、规范主义合法性以及重建性的合法性之外,其他学者也做出了丰富探讨。如 Suchman 提出了实效合法性与道德合法性的分析维度,前者以理性评价为基础,可以细分为交换合法性、影响合法性以及属性合法性;后者以行为的正确判断为基础,从结果合法性、过程合法性、结构合法性角度测量(Suchman,1995)。而 Ruef 和 Scott 则从制度分析的角度将合法性分为规制合法性、规范合法性以及文化-认知合法性三个层面(Ruef and Scott,1998),认为合法的组织是那些根据相关的法律规范要求建立的,规制合法性是可以用规则、法律、奖惩等系列指标衡量的;规范合法性是有可能被行动内化的,基础在于道德支配感的延伸;来自文化-认知的合法性是一种深层次的合法性,存在于前意识的、被视为当然而接受的各种理解或者认知框架中,具有持续稳定性。而我国学者高丙中基于社会团体的合法性提出了政治合法性、法律合法性、行政合法性、社会合法性,创造出一个新的四维分析框架(高丙中,2000)。杨光斌则认为合法性具有"因时因地的哲学"性质,是一个时代概念,主要包括合法律性、有效性、人民性以及正义性,其中,合法律性是基础与前提,人民性体现了民生的实现程度,正义性可以衡定其他三类合法性要素,是最高的判定标准(杨光斌,2016)。由此可见,合法性的维度划分是一个仁者见仁、智者见智的多元概念。

从总体上来看,合法性具有很强的价值性,判断一个事物、组织或者事件是否具有合法性,其中必然存有评判的主体、客体与标准的问题。从实践中看,合法性的评判主体既可以是个体化的人、群体性的组织也可以是国家、社会。其中,国家是特殊化的组织,社会则是由政治、经济、文化、生态等形式表现出来的不同主体的交互作用的综合性;而合法性评判的客体主要是国家,"只有政治秩序才拥有着或丧失着合法性,也只有它们才需要合法化"(哈贝马斯,1989:184),在国家场域中以此延伸出的政治秩序、政治权力、权威与法律等都可以成为评判合法性的有效客体。

对于评判标准，笔者认为可以有三个标准：其一，是否有法律性，任何组织、事件的发展都需要在已有的法律制度规范之中运作，违背现有的法律则会增加其存在的风险；其二，是否有实效性，客体在实践过程中需要取得公众成员的同意或者认可，它们本身的存在就可以回应或者解决某些问题；其三，是否有合理性，客体需要有以人为本的价值关怀，符合公平、正义、自由、平等的社会价值。明确合法性评判的主体、客体以及标准对于我们理解社区基金会在资源动员中合法性的获得与维度划分具有很强的借鉴意义。

2. 标准化下的差异：社区基金会资源获取的合法性重塑

在我国，社区基金会作为一种新型的慈善主体，在获取组织生存与发展资源的过程中同样面临合法性的问题。但是与以往政治秩序合法性相比，社区基金会属于国家中的社会层面，既有着政治层面的合法性约束，也有着与社会、市场相互作用的差异性考虑，因此不能单独照搬已有其他学者对于合法性的分类维度，需要找出一种适合社区基金会资源动员的合法性维度。正如很多学者论述的一样，遵守制度、规则是合法性的基础，合法性的组织是那些根据法律和制度要求建立，并按照要求运行的组织，因此规制层面的政治合法性成为本研究分析中首个划分出的维度，这也是社区基金会获得政治认可与其他资源的基础。同时，来自专业协会和行业协会的认可、证明、鉴定、联系、资格认证及委托常常会成为组织具有合法性的重要标志（Ruef and Scott，1998），赋予组织社会合法性，社会合法性的强弱决定社区基金会可以获得社会资源的多少，可以与多少社会主体建立合作关系。而无论是从韦伯的官僚制的正当性认可，还是李普塞特的有效性与合法性的相互关系以及罗尔斯主张的政府责任的有效性来看，有效性都已经成为合法性的重要组成部分。在笔者看来，有效性在很大程度上是一种实效导向的组织发展原则，强调组织运作是否可以取得一定预期服务效果，是否带动了新的实践形态产生，产生新的发展价值。实效合法性是测量组织合法性的必要维度，也是社区基金会开展资源动员行动的重要组成部分，组织只有具备一定的公益价值，可以满足其他主体的公益性需求，才能吸引到其他主体与之进行互动。此外，不可忽视的是，与特定的情境相联系而采用正统的结构或身份，其实就是通过认知一致性来寻求合法性，这种来自文化‐认知的合法性，是一种"最深层"的合法性，因为它依赖于前意识的、被视为当然而接受的各种理解或认知框架（斯科特，2010：70）。这种合法性与长期以来的文化环境相关，属于文化合法性维度的内涵，特别是对于具有很强区域性色彩的社区基金会而言，对本土文化的继承与开发程度的不同可以体现在社区基金会动员资源的差异性中。但是无论是哪个维度的合法性都不能忽视普通民众的态度及民意的表达，如果将合法性视为一种特殊的资源，那么民意就是一个存储"信用"的银行（王海洲，2008：18），当普通民众认可组织时，组织就可以从民意的银行支取信用，继而获得合法性。具体的资源动员合法性维度划分如图8-1所示。

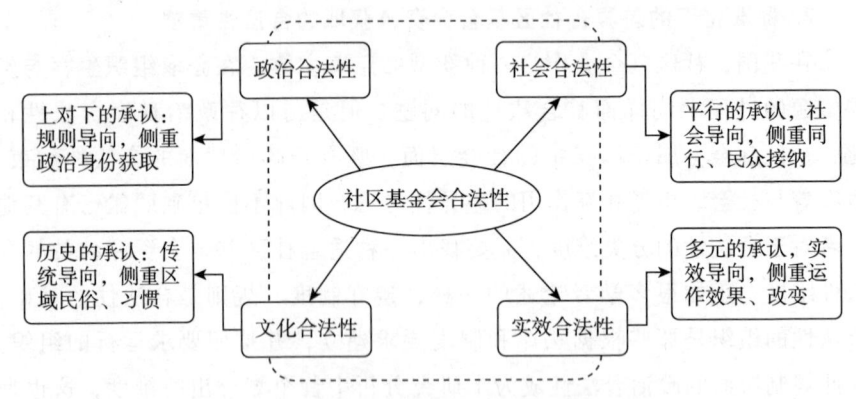

图8-1 社区基金会资源动员的合法性维度

说明：本图是由笔者结合对合法性的理解与社区基金会发展情况提炼整理而得的。

社区基金会资源动员的合法性获取实质是赢得不同资源主体对于社区基金会符合其被期许符合的某种规则的一种价值承认，其承认主体既包括政府、行政事业单位，也涉及企业、同行组织、民众以及社会中的个体，这种获取是社区基金会动员资源的基础性条件，特别是对于政治合法性的获取程度直接关系到社区基金会对于其他维度合法性的获取，决定着自由流动资源的种类与空间。然而，获取政治合法性是资源动员成为可能的基础，却不是资源动员持续有效、确保社区基金会发展有充足资源的充分条件，过度的政治合法性反而会抑制其他合法性的获取。如在上海市社区基金会发展的组织生态中，尽管基层政府为绝大部分街镇社区基金会提供了注册资金、人员配置、场地服务等方面的全力支持，使社区基金会具有很强的政治合法性，但是部分社区基金会仍然面临筹资困难、组织发展力不足、战略规划不明确的问题，有的社区基金会仍然处于名存实亡、有组织无发展的空置状态，主要原因是过度的政治合法性容易引发社区基金会的行政化倾向，降低组织的灵活性与公益性，使其在获取社会合法性、文化合法性与实效合法性方面的能力不足，影响到了社区基金会与其他社会主体的互动，限制了组织发展空间。因此，社区基金会仍然需要在维持政治合法性的基础上采取不同的组织策略以获取社会、文化及实效合法性，确保资源的持续性注入。

（二）信任度：社区基金会动员资源，扎根社区的组织资本

合法性在为社区基金会资源动员提供制度环境的同时，也为社区基金会资源的动员提供了很好的发展方向。但是社区基金会要确保发展资源的持续增加就必须要与不同的资源主体建立良好的信任关系，信任关系作为一种有效的社会资本，不仅可以为社区基金会树立良好的组织形象，使其在同类组织中获得较高的社会声望，而且还可以吸引到更多的合作伙伴与资源注入，提升组织在资源获取中的竞争力。

1. 信任度：社会化慈善发展的重要资本

对于信任，西美尔在他的著作《货币哲学》中将信任看作"社会最主要的群体凝聚力之一，离开了人们之间的一般性信任，社会就会变成一盘散沙……如果信任不能像理性证据或者个人经验那样强大，那么就很少有什么关系可以支持下来"（西美尔，2002：178）。福山则认为"信任是在一个社团之中成员对彼此常态、诚实、合作行为的期待"（福山，1998：18），它的社会基础是社会团体成员之间存在的规范与个体隶属于那个社会团体的角色。彼得·什托姆普卡则认为信任是一种相信他人可能产生某种行动的赌博，既包括个体对他人未来行动的预期，也涉及"对他人的责任与义务"，是一种文明的资格（什托姆普卡，2005：33）。但随着市场经济的快速发展与西方自由主义思想的广泛传播，功利主义盛行，社会开始出现信任危机。而信任作为一种重要资本，不仅是维持社会关系、构建良好社会秩序的基本条件，更是凝聚社会力量，走向社会化慈善，推进慈善事业持续发展的重要保障。帕特南曾明确地指出信任是重要的社会资本形式，他在《使民主运转起来》一文中花费了大量的篇幅来说明轮流信用组织对于民众联结、社会发展的作用，认为"社会信任长期以来一直都是伦理道德的核心组成部分，它维持了经济发展的动力，确保了政府的绩效"（帕特南，2001：198）。在他看来，在一个共同体中，社会信任可以从互惠规范（norm of reciprocity）与公民参与网络中产生，且信任水平越高，

不同主体间合作的可能性就会越大，合作就会越发紧密与有效（Putnam，1995）。对于慈善资源动员而言，信任关系是个体、群体与组织进行有效资源动员的基础性元素之一，只有拥有良好的信任关系后社区基金会与政府、企业、同类社会组织、大型基金会和社区居民的合作才会成为可能。一般而言，政府部门可以依靠税收强制力进行资源动员，企业可以通过营利获得生产发展性资源，而慈善组织更多地需要依靠社会公众的自愿捐赠进行组织运作、践行公益使命，是需要依靠社会化力量发展的组织，而信任关系的营造则是吸引社会主体向慈善组织捐赠的重要因素之一，基于信任关系各社会主体才愿意向慈善组织捐赠，通过让渡资源使用权或者所有权的方式支持组织项目活动的开展。因此，信任度是慈善组织发展的重要社会资本，对此资本的培育、使用可以很好地撬动其他资源，为资源种类、来源多样化提供条件。

2. 场域、技术与制度：社区基金会信任关系营造的现实进路

在社区基金会的实践化进程中，信任度可以说是社区基金会动员其他资源的重要社会资本，直接决定着动员资源的数量与种类。调研中无论是由政府发起的 Y 社区基金会，还是由个人发起的 M 社区基金会，甚至是由企业发起的 N 社区基金会都对信任关系的营造与建立持非常积极的态度，但是对于一些组织能力有限、资源来源单一的组织来说，如何加强与其他主体的信任关系仍然是一个需要进一步探讨的话题。鉴于此，笔者基于实践调研认为应该从场域、技术与制度的角度打造社区基金会发展的现实进路。在场域方面，社区基金会应该将组织服务场域与信任关系的建立结合起来，从社区场域、政府场域、企业场域与同类组织场域入手进行建立。其中，在社区场域要重点打造多样化的社区居民参与渠道，推动社区居民积极地参与到社区基金会的组织发展中。可以加大对居民的群体化动员与宣传力度，用社区居民容易接受的方便的方式，开展一系列广泛的动员与宣传活动，让社区民众在了解社区基金会发展理念的同时参与到社区基金会项目开展过程、组织活动中；还可以吸纳社区积极分子或者骨干参与机构建设，使那些具有公益精神、乐于参与社区公共事务的骨干人物成为社区基金会理事、监事，与社区工作人员一起工作，这是提升社区居民对于组织信任度的重要手段；此外，也可以设计出有价值的品牌服务项目，通过了解社区居民服务需求，以民主参与、民主决策的方式打造出一批既可以回应民众对于公共服务的诉求，也可以提升社区基金会社区影响力的项目。而政府场域信任关系的建立，一方面需要社区基金会遵守现有的制度规范，在法律允许的范围内从事组织服务活动，以获取从事公益事业的政治合法性基础；另一方面可以通过举办大型公益服务活动、捐赠仪式等方式邀请政府相关工作人员参与到社区基金会的组织服务活动中，并以象征性出席、领导讲话的方式提升政府部门领导对于社区基金会的认可度，在此过程中社区基金会既可以与政府建立良好的组织信任关系，也可以获得体制资源，提供资源转化的条件。而在企业场域的信任关系建立中，社区基金会需要考虑到如何激发企业"经济人"背后的"社会人"所蕴含的慈善理念，在投入与产出的经济理性回馈的逻辑下企业对于公益资源支出所获得公益回报有较多的考虑，社区基金会需要加强公益价值链的打造，在让企业相信社区基金会可以帮助企业更好地管理慈善资源，最大限度地发挥资源使用价值的同时也要及时向企业报送公益资源的使用情况，让企业主体可以明确资源分配的理由与进度。而在同类组织场域的信任关系中，社区基金会可以与其他组织共享慈善资源，建立公益组织联盟，围绕社区问题与社区需求开展集体行动，在参与与共享中生成信任关系。

在技术方面，因社区基金会信任关系的营造涉及多个主体，在互联网快速发展的时代，网络技术也可以为信任关系再造提供技术支撑。有美国学者认为"当技术与智力结构开始结合时，技术才会对个体和组织产生实际性的作用发挥，组织网络由此开始形成"（芳汀，2010：82）。在实际过程中可以以互联网、网络计算机系统为核心技术生态，使其与资源主体相互结合，建立一种人工与智能并存、"线上"与"线下"一体化联动的模式，通过对互联网平台的感知、设计、执行、使用，建立组织数据库与服务平台（朱志伟、刘振，2018），实现主体间联动，增加彼此之间的相互认识以实现信任关系的技术性延续。

在制度方面，社区基金会需要遵行法律相关规定，特别是信息披露与筹资的相关规定，及时履行法律规定的责任。如《慈善法》第七十三条指出："公开募捐周期超过六个月的，至少每三个月公开一次募捐情况，公开募捐活动结束后三个月内应当全面公开募捐情况。"第七十四条则提出："慈善组织开展定向募捐的，应当及时向捐赠人告知募捐情况、募得款物的管理使用情况。"这些都需要社区基金会从尊重慈善捐赠人利益、向社会公众负责的角度开展系列服务，以维持基金会的组织公信力。

(三）品牌化：社区基金会面向社会，走向社会化动员的重要方式

1. 发展中的竞争：慈善品牌化的资源价值

随着我国公益慈善制度环境的不断优化，组织自由活动的空间得到扩展，慈善组织发展开始进入新阶段，而组织发展的速度与慈善资源存在的数量并不是对等的，慈善组织为了生存与发展必须与其他组织就如何更好、更有效地动员资源展开竞争，这也是社区基金会需要直面的客观现实。在很大程度上讲公益资源的竞争实质是慈善品牌的竞争，是社区基金会试图面对众多的筹资机构快速给捐赠人留下第一印象，让捐赠人相信组织机构有践行公益价值理念、帮助实现捐赠人意愿的能力，而慈善品牌在此就扮演着实现公益价值的载体的角色。

就本研究重点分析的三个社区基金会而言，三者都在品牌化建设中花费了大量的时间、精力，在上海的社区基金会发展生态中基本上已经形成了其独特的组织与服务标识，这些标识在吸纳社会多元化资金、动员社会公众参与中发挥了不可替代的作用，成为社区基金会动员资源、提升组织参与劝募竞争能力的重要方式。如Y社区基金会在经过第三方机构协助与组织自身的努力探索之后先后开发出了"少年志""一日捐""公益市集"等品牌项目。其中，"少年志"的品牌化效应最大，先后获得了政府购买服务资金、中国扶贫基金会等多家组织与个人的专项捐赠，给社区基金会带来了较好的组织资源。M社区基金会虽然经过了转型发展，但无论是就以前的广服务、宽领域而言还是从现有的社区性回归来看，品牌化建设都是该社区基金会较为成功的组织资本，特别是其专项基金的开发与社区音乐会的举办在该领域中为该社区基金会取得了较强的组织影响力。N社区基金会虽然是由企业发起成立的，但是其独特的社区工作站模式也在上海的社区基金会发展中具有十分个性化的标识。随着社区基金会发展开始走向规范化，慈善品牌化在塑造机构形象、扩大机构影响力的同时，也是为获得公益资源开展竞争的重要手段，应该将慈善品牌化作为以后社区基金会发展过程的重要内容，使其成为慈善动员社会化的重要方式，对其重视程度直接反映了社区基金会慈善竞争力的大小。

2. 慈善品牌的竞争力何以持续

当慈善品牌化在社区基金会慈善资源竞争中的价值得以明确后，我们

需要明确的是如何维持社区基金会慈善品牌竞争力的问题。慈善品牌可以是一个名字、象征、标志或者个性化的设计，可以很清楚地告诉外界它代表的是谁，是组织发展的优势与工具（Kylander and Stone，2012），是在组织哲学层面发挥作用的，引导着组织决策、发展（Evans et al.，2012）。对于慈善品牌的发展性战略，要明确的是慈善品牌的特性，实践中的慈善品牌具有非营利性、社会责任性，承载了一定的文化性与价值性，在观念形态上甚至被看作社会供给的"公共产品"，突破了传统慈善对于宗教意识的依赖（杨明刚、商婷婷，2008）。

结合实践调研，在笔者看来社区基金会持续长久地维护慈善品牌的竞争力，需要有过程性的分析视角，从源头上考虑慈善品牌的发展性问题，遵从慈善品牌定位与品牌理念确定—品牌形象设计—品牌宣传推广—品牌维护—品牌价值发挥的实践逻辑。其中，品牌定位与品牌理念确定是塑造社区基金会慈善品牌价值的基础性条件，需要明确慈善品牌要回应的基本问题是什么、拟服务的对象在哪里，对现有的服务市场做出分析，准确定位不同利益相关方的需求及可利用的资源，明确与其他同类服务相比的发展性优势在何方的问题；品牌形象设计关系到社区基金会留给不同服务主体的第一主观印象，既需要考虑到品牌形象的视觉效果及冲击力，也要注重不同的服务场域中的适用性，凸显出其公益价值，特别是 logo 设计；而品牌宣传推广是社区基金会将慈善品牌向组织外主体及环境推送的过程，是发挥慈善成果的传播性，扩大品牌影响力的有效选择，可以与媒体合作展开慈善活动，利用网络新媒体技术，植入商业性品牌，与其他组织共同进行交流与合作（周延风，2015），也可以发挥政府的社会影响力，通过政府领导出席、题词等方式扩大品牌在政府、市场与社会领域中的影响力；而品牌维护则是社区基金会实现慈善价值持续化的关键性因素，在组织发展的实践中要不断地创新品牌服务的表现形式，在实现慈善资源持续注入的同时需要重视慈善品牌的保护，维护慈善品牌的公信力，做到信息公开透明，注重慈善品牌忠诚度建设（何兰萍，2011），让更多的行动者感受到慈善品牌带来的获得感与品牌成果的可视性，扩大慈善品牌的发展性空间；品牌价值发挥则是一个综合性的维度，一方面涉及社区基金会品牌在经过系列性建设后在实践中取得的基本成效，包括为组织发展带来的变化有哪些、动员了多少慈善资源，另一方面也是对品牌理论价值的回应，涉及是否在慈善品牌建设中有新发现、新发现，是方法上的革新还是理念的创新,这些都对下一个品牌项目开发具有参考性价值。

此外,在明确了慈善品牌竞争力的形成之后,我们有必要再对社区基金会慈善品牌的价值如何评估做出探讨。需要明确的是慈善品牌与商业品牌是有所区别的,可以说慈善品牌带给服务对象、社会公众的利益更多的是品牌的内在精神价值,而企业塑造慈善品牌更加注重企业社会形象、社会声誉等,以此来获得社会公众精神层面的认同(郭敏慧,2014)。因此,对于社区基金会慈善品牌价值的评估需要在组织机构与项目服务相结合的视角下从以下几个方面做起:其一,机构的规范性,涉及营业执照、登记证书、年检、社会组织等级评估等方面,这是慈善品牌得以形成的主体保障;其二,品牌担负的、可动员的资金量大小,商业品牌承载的是销售额的多少,而慈善公益品牌则是募款量的大小,这是最直接的品牌衡量标准;其三,在公众中的社会知晓度,要发挥品牌的社会效应需要做很大力度的宣传推广,以此来获得公众注意力使其成为慈善资源的捐赠人,可以说社会知晓度高低与慈善品牌的成功率是呈正相关关系的;其四,将社会风险评估纳入对慈善品牌价值的考量中,如是否有风险性报道、官司、社会负面消息,这些可能对品牌价值产生影响;其五,对于社会奖励的获得,对于商业品牌来说拿下 ISO 认证、商标被评为全国驰名商标是其比较理想的品牌回报,对于慈善组织或者项目来说,可以查看获得的某些奖项或荣誉,如在中国慈善榜中的排名上升,获得民政部或省市相关的慈善奖项。

总体而言,慈善品牌化是公益创意与公益服务的结合、理性策略与感性唤起的结合,对于慈善品牌价值的评估也是公益组织与公益项目的互构,品牌需要不同的利益相关方的支持以获得慈善信任,品牌化成为社区基金会资源动员社会化的重要方式,代表着社区基金会持续性发展的方向。

(四)关系网:社区基金会资源动员路径的有效选择

厄里曾在论述市民社会的空间结构化时指出,市民社会内部的社会关系建立在"地方群"而不是商品关系或国家的基础上的程度较高(格利高里、厄里,2011:42~43),这就意味着市民社会结构主体涉及各组多样的社会关系。作为市民社会的新兴主体,与其他类型的基金会相比,社区基金会立足于社区、服务于社区、回馈于社区,具有很强的区域性,但是社区基金会承载的满足民众需求、解决社区问题、提升民众生活质量的多重责任,决定了其不仅要对社区居民、组织发起方、合作伙伴、慈善捐赠人等外部主体负责，也需要对机构员工、理事会与监事会等内部主体承担起相应责任。此种多重责任的组织身份就决定了社区基金会的发展必然需要一个开放性的关系网络。

　　社区基金会对于关系网的链接与塑造程度可以直接反映出社区基金会资源动员能力的大小，因为关系网的大小与资源存储量具有很强的关联性。边燕杰曾指出"关系网络蕴含着社会行动者之间可以转移的资源"（边燕杰，2004），在他看来任何社会行动者都不可能采取单方面措施获得资源，而是需要通过组织关系网的积累、发展来运用某种资源。实践中，社区基金会组织关系网的形成既是社区基金会通过组织化发展综合努力的结果，也是日益激烈的慈善资源竞争作用于组织生存与发展的结果，其中社区基金会的发起方性质在关系网的形成中起到重要作用，关系网涉及的是一种基于"服务－信任－商谈"的伦理机制之上的多中心治理的运作形式，蕴含着"合作机制"的构建（孔繁斌，2012：10）。就政府发起型的Y社区基金会而言，该社区基金会关系网的建构对应的是在街道主导下的形成模式，为了推动社区基金会的成立和发展街道先后用引入第三方机构、跨部门合作使该社区基金会尽早地获得公益免税资质，与市慈善基金会、区民政部门沟通争取到"一日捐"的资金收取权，动员辖区内企业向社区基金会捐赠等方式，这不仅为社区基金会的发展奠定了很好的组织基础，连通了政府、企业与辖区单位的关系，而且也为组织动员其他主体资源提供了很好的条件。此做法实质上是一种官办慈善的行动网络建构逻辑，发挥了体制权威对于组织网络的链接作用，有着通过体制权威链接一切资源主体的内在优势。在由企业发起的N社区基金会的关系网链接中企业的资源动员作用也是非常明显的，分析该社区基金会近几年的捐赠主体发现，企业捐赠成为社区基金会主要收入来源，借助这些资源N社区基金会开始与政府、居委会开展合作。但是，正如前文所述，该社区基金会对社区的入场是基于企业发展战略规划的立场，因此有着重视社区布点而忽视同类组织合作的固有倾向，在一定程度上限制了社区基金会组织化合作的进一步发展。而在由个人发起的M社区基金会的关系网建构中，发起人独特的职业经历与较大的人际关系交往圈成为该社区基金会组织关系网不断扩展的关键性力量，其发起者通过早年从事新闻媒体的丰富经历积累了很好的个人关系网络，这种关系网的建构一方面体现在其具有多元身份、社会影响力的理事、监事的选择与安排上，另一方面也体现在实际的组织运作与项目安排上。前者涉及通过动员各类组织关系，实现组织治理结构的优化，如增设专家顾问团、爱心大使代表、媒体公益人，人员涉及高校、社会团体、公益界、媒体等领域的多个主体；后者包括通过联系各个捐赠主体为其基金会开设专项基金运作项目，如安乔幼儿园专项基金项目、马自骑教育项目、艺术基金项目。这些都是个人关系的发挥与组织关系网构建的结果。

美国印第安纳大学筹款学院曾开发出了不同捐赠人与筹款战略模型，他们认为存在着六种不同层级的捐赠人（卢咏，2014），由低到高分别为所有可能的捐赠人、首度捐赠人、连续的或升级的捐赠人、特别或高额捐赠人、资本捐赠人以及计划性捐赠人，除了所有可能的捐赠人与首度捐赠人之外，其他所有层级的捐赠人都需要通过个人关系做出资源链接，特别是资本捐赠人与计划性捐赠人只能通过个人关系来获取，可以说募款时所要求的捐赠金额越高，筹款就会越依赖个人关系，这也是各社区基金会在极力通过参与者身份多元化链接多元主体关系的一种潜在行动逻辑。正是基于此，从实践中的链接方式上看，主要存在着组织化的网络关系机制与项目化的网络关系机制，两种方式既有相同之处也有差异性。就相同之处而言，两种方式都将政府部门作为重要网络关系的组成者，存在着主体关系链接的优先次序，都看到了不同行动者是组织关系中的一个"结"而不是"点"，联结着不同的个体、群体与组织行动者，组织关系网的建立是为了达到使不同行动者共同聚力以动员所有组织关系网资源总和的目的。就差异性而言，组织化的网络关系机制更多的是一种官办慈善的行动逻辑，通常情况下是以特定的行政单位与行动者为主要目标，发挥体制权威的潜在强制力与通过科层化的行政程序而达到联结不同资源主体、建立资源捐赠关系的目的，捐赠人具有一定的被动性，有着官办慈善下的依赖性与行政性服从的特征；而项目化的网络关系机制则是通过组织的动员力与项目品牌化服务与政府部门建立组织合作关系，在合作分工共同行动的情况下联合不同的行动者致力于项目的运作，是社会化动员与市场化合作的动员逻辑，捐赠人具有很强的主动性、广泛性与一定的匿名性。在社区基金会以后的关系网建构过程中，不仅需要不断加强项目化的网络关系机制，淡化组织化的网络关系机制以展开社会化、市场化改革，也要创造多元化的组织交流平台，打破官办社区基金会与民办社区基金会的身份差异屏障，不断促进关系网的多方信息共享与多元主体参与。

第9章 研究结论与讨论

正如菲佛与萨兰基克所言,"组织生存的关键是获取和维持资源的能力。如果组织可以对其运作所需要的元素有完全的控制权,问题将会变得非常简单,尽管如此,现实中没有一个组织可以实现对资源的完全控制"(菲佛、萨兰基克,2006:42),组织必须与其他主体进行互动以维持生存与发展。且一种行动发生的可能性就在于行动者所期望的可以从多种可能的行动结果中获得的功利性回报,行动者的主体行动所追求的是价值或者利益的最大化,"不同的行动(在某些情况下是不同的商品)有不同的'效益',而行动者的行动原则可以表述为最大限度地获取效益"(科尔曼,1999:18)。社区基金会的资源动员也有相同的执行逻辑。基于此,本研究综合结构交换论与理性选择理论,对社区基金会与其他主体对于动员资源所需的社会信任与共同价值的营造、对于资源空间的争取、冲突的形态与应对、资源动员的总体实效进行深入剖析,进而发现社区基金会的资源动员不是一个单纯的组织如何获取生存与发展资源的问题,而是在管理向善治转型的过程中,基层治理与公益慈善何以在互构耦合共同致力于社区服务与社区发展的同时为慈善组织获取资源、获得更多的自由发展空间与流动资源提供条件的命题。社区基金会的兴起与发展既是基层政府推动的结果,也是我国慈善事业发展到一定阶段的产物,资源动员的行动过程所蕴含的价值内涵源于社区基金会但又高于组织本身。因此,在对本书研究结论进行梳理的基础上也需要对潜在价值命题做出进一步讨论。

一 研究结论

(一)环境与结构:社区基金会资源动员的基础性要件

社区基金会对慈善资源的动员是其将分散的慈善资源向自身不断汇集

起来的过程，这注定了社区基金会的资源动员是一个开放的系统，需要考虑影响资源动员的各种因素，特别是要在尊重资源存在的现实环境与结构性要件的基础上做出系列性动员，实现组织内部自力与外部借力的双向结合。

　　从社区基金会资源动员的实践化环境分析来看，社区基金会在资源动员过程中需要从组织外部环境与内部环境两个方面入手。就前者而言，社区基金会与外部环境的互动有着三个不同的层次，分别为适应环境、控制环境与改造环境。其中，在适应环境层面，社区基金会在动员资源时首先需要遵从已有的法律制度，一是按照法律规范要求开展正常的组织日常活动，在进行商业化运作或者与商业伙伴进行合作时要守住商业与公益的价值底线，不得进行商业化投机游走于法律规范之外。遵从制度安排、适应现有的制度环境不仅涉及社区基金会制度合法性的获得与可动员资源空间的扩大，也直接关系到整个公益慈善事业公信力水平的提升及今后的持续性发展。在适应制度环境之外，社区基金会也需要积极融入组织发展的新环境，特别是要加强对公益慈善发展的宏观环境的把握，重视互联网信息技术对于社区基金会慈善资源筹集的促进作用。在控制环境层面，作为新生的法人行动者，社区基金会需要改变对组织发起方的单一性依赖，改变组织相互依赖的情形，做到对环境进行控制，通过互惠合作的组织关系的营造与多元主体建立相对稳定且持续的资源互助关系，实现资源来源的多样化，降低对单一性主体的依赖性程度与风险层级，这在提高组织自主化水平、获得更多组织发展权的同时，还可以扩展组织发展网络的范围。在此过程中，社区基金会需要联合其他行动主体建立组织间行动的集体框架，丰富、规范主体间互助合作的形式，达到有限控制组织发展环境的目的。在改造环境层面，社区基金会一方面需要通过自身的努力不断加强组织建设，以品牌化服务与影响力塑造为重点积极参与到和政府、企业与社会服务机构的合作过程中，为组织的进一步发展创造环境；另一方面也可以以政治倡导、组织化与理性化的部门游说等积极方式实现政治妥协或者倒逼制度改革以为社区基金会的持续性发展争取到更多的红利。而在社区基金会资源动员的内部环境建设方面，则首先需要明确社区基金会的内部制度环境，制度源于实践却高于实践，对于实践有着很强的价值指导作用，决定着组织未来的发展方向。调研发现，尽管现有的与基金会相关的制度规范对社区基金会的内部制度建设提出了一定的要求，有着组织同

"制"化的倾向，但是现实中制度的差异性还是很明显，而这种差异性直接反映出了社区基金会资源动员能力的差距，如项目管理制度与专项基金规范制度，这两项制度带来的对组织的约束力涉及组织项目如何运作、如何管理、如何实现项目实效的问题以及对组织持续动员资源的保障力大小。此外，社区基金会人文环境的塑造也对于社区基金会的资源动员产生着影响，特别是组织的民主氛围、员工的组织参与度与自主性直接关系到公益人才是否愿意为组织发展做出持续性投入，且社区基金会的发展或者资源动员离不开组织领导及资深公益人的支持，为了防止资深公益人与组织管理方出现冲突，迫切需要协调各方利益关系以期塑造良好的组织人文环境。

与此同时，也需要从结构性的视角理解社区基金会资源动员的基础。慈善资源的动员是一个由分散走向集中的过程，需要不同的资源主体进行协商配合并以此在实践中形成"点""线""面""体"的资源结构。就"点"而言，社区基金会不仅需要动员社会生活中的个体行动者，如社区居民，还要动员集体行动者，即具有法人行动者身份的组织，涉及政府、企业与同类社会服务机构，他们是客观存在的资源主体，掌握着慈善资源的所有权与使用权，是慈善资源的众多聚集点，并链接着其他不同类型的慈善资源。在组织资源动员的结构性场域中这些主体广泛存在且散落于不同的场域中，但是在很大程度上各个资源主体处于一种彼此割裂的状态，其自身的资源价值仍然需要社区基金会去挖掘与动员，而社区基金会发挥主观能动性向不同的资源主体展开动员就涉及点与点的链接，"线"的生成逻辑由此产生。社区基金会资源动员的线性结构，涉及社区基金会与个体的联系，与群体、组织的联系，对于这些行动者的动员直接关系到社区基金会可以在多大程度上动员资源，多点动员不仅有助于社区基金会减少对单一性资源主体的依赖，而且还为资源结构的基础性构建提供了条件。但是需要做出说明的是，社区基金会与资源主体的线性结构的链接并不是简单的一个主体对另一个主体的熟知，社区基金会何以与另一个主体建立友好的互助合作关系、何以成功地动员到慈善资源为其发展提供支持仍然是社区基金会需要重点探究的问题。而"面"的生成则需要社区基金会一方面不断挖掘、联结更多的资源主体，以组织的生存与发展为中心形成更多的资源线性结构，扩展可以动员的资源主体范围，形成多元化的资源来源渠道；另一方面充分发挥好不同主体资源结点的辐射作用，利用其联结着不同的资源主体的优势实现主体与主体的横向链接,如将社区基金会志愿者、长期捐赠人发展成为组织的资源动员者,以此增强组织的资源动员力量。"体"是在已有结构的基础之上发展而来的,需要跨越时间与空间的限制,将纵向的时间链与横向的空间域结合起来,最为典型的即为互联网筹资模式的兴起,该模式围绕着共同的慈善价值与认知以互联网的"跨界融合,联通一切"的技术优势使得不同领域的行动者得以聚集,改变了传统的资源动员模式,代表着社区基金会资源动员的创新之路。

在社区基金会资源动员的结构化进程中,社区基金会自身的组织结构建设也是其必不可少的基础性要件,是增强资源动员持续力的重要保障。在实践执行中需要以优化社区基金会理事、监事结构为核心,不断明确秘书处的工作任务与增强其领导力量,依据组织的实际运作情况增设相应的组织部门,如项目部、财务部与宣筹部等。其中,在选择理事、监事时需要重点强调组织人员身份的多样性、社区影响力的可挖掘性及行业领域的代表性以期为社区基金会的发展带来资源增量。而对于秘书处工作的重视则需要有专业秘书长的实际引领,秘书长的组织价值观、公益理念与实际执行力在一定程度上决定了社区基金会发展的广度。除此之外,社区基金会为了塑造良好的社会形象与较强影响力可以通过增设名誉理事长、组织顾问、媒体委员会等方式不断吸纳政界、商界、影视界与公益界的名人领袖参与基金会的组织活动与服务,以此实现跨界资源主体间的联合与公益资源的持续注入。

(二)对行政力量的遵从、吸纳与转化:社区基金会资源动员的共性策略

现阶段我国已经从总体性社会过渡到了后总体性社会,随着国家对资源与社会活动空间的控制力持续弱化,社会正在成为一个可以与国家并列的、相对独立地提供资源与机会的重要主体,而这种资源与机会的供给与交换主要是以市场的形式进行的。而社会之所以得以增强力量,可以与国家相对并列且独立运作,则与体制改革所释放的自由流动资源与自由活动空间紧密相连,此局面的形成与扩展可以说既是体制改革的结果,也是政府政策调整的产物,自由活动空间是社会行动主体利用自由流动资源的具体场域。然而,尽管社会出现了深刻的变化,但这并不意味着这些自由流动资源与自由活动空间可以获得如在理论上纯粹的市场经济社会中那样大

的自主性，资源流动与空间中活动的自由在很大程度上仍然需要从相对意义上讲。因为在现有的社会环境中政治和行政因素仍然是一种极具辐射力与穿透力的资源，即使是完全在市场中流动的其他资源也仍然会受到政治与行政力量的巨大影响。正是鉴于此，作为新生主体的社区基金会也将政治或体制资源的获取作为资源动员的重要任务，并为此采取了一系列组织策略。

在慈善资源的动员过程中，无论是政府发起型还是企业发起型，或者是个人发起型的社区基金会都针对体制资源的获得表现出了很强的动员意愿，有着对行政力量的遵从、吸纳与转化的具体化形态。在对行政力量的遵从上，社区基金会一方面在按照现有的法律规范、制度文本开展组织服务活动，定期向业务主管单位与监管部门提交资源动员活动报表，对组织结构调整、组织业务范围扩充等内容进行备案，并按照要求提交基金会年度检查报告表，以期为社区基金会的持续性发展提供基础；另一方面及时把握政府在社区服务与社区治理方面的需求，采取积极性地回应的方式与政府工作人员建立协作关系。此现象在政府发起型社区基金会内部存在很强的广泛性，这些社区基金会对于政府权威的遵从体现面较广，处于一种被动迎合的状态，相比之下企业与个人发起的社区基金会则是选择性地遵从。前一方面具有普遍性，是每一个社区基金会寻求法律合法性的必要方式，而后一方面则因社区基金会自身发展程度不同具有很大的差异性，此差异性反映出了社区基金会的资源动员能力差异。然而很明显的是，社区基金会对于以行政领导意愿为代表的权威的遵从在为社区基金会链接政府资源创造条件、提供便利的同时，也会带来一定的消极影响。比如对组织独立性与自主性的损伤，长期下去有使社区基金会丧失服务于社区、发展于社区、回馈于社区的区域优势与灵活性的可能，不利于组织区域公信力的塑造。在对行政力量的吸纳上，实践中的社区基金会的吸纳首先表现为在内部组织结构层面的吸纳，最为典型的即是聘请政府部门领导或者工作人员作为社区基金会的理事或者监事，赋予其一定的组织权力，让其参与社区基金会的集体化决策过程，以获得政府部门的支持，为社区基金会组织活动的开展与慈善资源的动员赢得行政许可与机遇。与此同时，各社区基金会在开展组织活动时也在积极地与政府工作人员进行对接，在组织服务或者活动中主动靠近政府部门，为政府部门提供基本公共服务支持或者创造主体合作平台以寻求政府部门领导的价值认可，这也是借助政府部门领导的身份优势或者身份符号塑造组织影响力，获取不同行为主体关注，吸引社会资源的一种有效方式。

除对行政力量进行遵从与吸纳之外，社区基金会也在通过政府权威进行慈善资源的动员与号召，如通过"一日捐"活动、领导人象征性出席的组织活动进行资源募集，此行动策略实质上是将政治资源通过直接与间接的方式转化为社会慈善资源。作为新生的慈善主体，社区基金会正处于组织发展的初期，社会公信力水平有待进一步提升，仅依靠自身的组织力量难以获得足够多的社会资源，在此种情况下政府则成为其重点动员对象，因为政府拥有着大量的组织资源、政治资源、公信力资源、信息资源等，这些资源可以通过与政府的互动和组织策略转化为社区基金会的社会慈善资源。在社区基金会组织筹备阶段，这种资源转化倾向并不是非常明显，实际过程中反映出的更多的是政府对于社区基金会直接的资源支持，而在资源募集阶段社区基金会在通过利用政府权威将政府部门掌握的资源成功地转化为基金会资源的同时，也可以凭借政府赋予的政治身份实现其他社会资源与政府资源的互换，其潜在行动逻辑是社区基金会利用了政府权威对于资源的吸引力。而通过实践调研发现，此种转化之所以成功是因政府与社区基金会存在着相互的需要：政府虽然掌握着一定的量的资源，但在创新社会治理、加强基层建设的背景下仍然面临组织资源不足的问题，其本身就对社会慈善资源有着较强的吸纳意愿，但因其受到政府属性与合法性价值约束，不能直接获取社会慈善资源；而社区基金会虽然有着获得社会慈善资源的组织功能与合法性价值，但因现阶段组织能力有限，在吸纳社会慈善资源方面还存在很多困境。这就为两者的协同合作与资源转化提供了可能性基础。且实践中政府资源转化为社区基金会慈善资源较为普遍，而社区基金会资源转化为政府资源则较少，这也反映了当前社区基金会与政府的关系呈现不对称状态，彼此之间存在着失衡。

需要说明的是，在对行政力量进行遵从、吸纳与转化的过程中，与政府部门寻求合作是各社区基金会最基本的做法。对此笔者认为这主要与我国当前的社会特征与政治体制存在很大关系。现阶段国家仍然是合法性的首要供给者，行政合法性与法律合法性因此成为社区基金会生存与发展的基础，带有国家权威的象征性符号仍然在社会经济生活与资源动员中保持着很高的价值，突出的特征在于这些对合法性的认定或评价往往以组织化的形态出现，政府部门是典型的组织化形态。而这些组织化的政府权威资源在很多情况下会对资源配置产生影响。对使用这种组织化的政治资本的社区基金会而言,重要之处不仅仅在于此类资本的再生产与社会交换,更在于该资本所承载的"象征"意义与"展示"价值,可以说来自不同层级之中的此种组织化的政治资本代表着社区基金会拥有不同等级的组织背景,反映了其与政府的关联程度,而这也是一种地位与荣誉的象征。因此,社区基金会获得政府部门的支持的作用更多地体现在获得了组织化的政治资本,这既显示了组织活动是被政府认可且合法的,也对其慈善资源的动员至关重要。

(三) 从单一性依赖到多元性自主:资源动员需要因类、因时的差异化推进

从总体上看,尽管社区基金会的资源动员过程先后经历了吸引、竞争、分化与整合,为资源动员机制的建构提供了很好的基础,但是我们也需要在共性中把握社区基金会资源动员的差异化路径,特别是由单一性依赖向多元性自主的发展演变就具有很强的说服性。就单一性依赖而言,此阶段的形态特征主要体现在社区基金会成立之初,在该阶段社区基金会因组织能力有限,很难在短时间内建立良好的主体信任关系与价值共识,资源网络还没有完全形成,很容易对发起方产生依赖,有着偏利共生以求发展的执行逻辑与具体表现。而随着组织服务能力的提升与主体关系网络的扩展,社区基金会为了维护组织的持续性发展,则会向不同的主体展开资源动员,自我发展的自主性也会得到提升,逐步打破单一性依赖的局面。但是要成功实现从单一性依赖到多元性自主的资源动员转变则需要根据社区基金会的服务类别与组织发展情况具体安排行动,做到因类、因时的差异化推进。

就上海社区基金会的发展情况来看,目前已经形成了政府发起型社区基金会、企业发起型社区基金会与个人发起型社区基金会,并且发起方的类型直接影响到了社区基金会成立之初的资源结构。以本书的研究对象为例,其中 Y 社区基金会由政府发起,注册资金为政府独资,该基金会成立之初的资源动员基本上是依赖街道相关部门或领导的支持进行的;N 社区基金会由企业发起,注册资金为企业独资,起初基本的人员工资发放、办公用品购买与人员安排均由企业负责,企业领导也会参与到社区基金会的组织规划设定与筹资过程中;而 M 社区基金会则由个人发起,资源动员路

径的建立在很大程度上需要依靠个人权威价值的发挥与个人组织关系的扩展进行。在对社区基金会资源动员从单一性依赖向多元性自主的转变的类别化考量中，一方面需要正确处理好发起方与社区基金会的组织关系，明确彼此的权力边界，另一方面则需要在明确社区基金会自身发展优劣势的基础上制定针对性的入场社区、获取社区信任关系的具体服务方案。前一方面是对于国家、市场与社会关系的一种再探讨，无论是政府发起型社区基金会还是企业发起型社区基金会，或者是个人发起型社区基金会，都属于社会主体的重要组成部分，要尊重社区基金会的社会性。对于政府发起型、企业发起型的社区基金会，作为发起方的政府、企业可以在组织成立之初给予其一定的扶持与指导，帮助组织能力不断提升，但当组织成熟之后即要采取适度退出的方式使社区基金会回归社会性；个人发起型社区基金会也要避免社区基金会走向个人化与专断，偏离大众慈善的发展路径。后一方面是对于社区信任关系何以营造的思考，信任关系的营造是社区基金会进入社区的基本前提。调研发现，政府发起型社区基金会虽然可以借助街道与居委会的力量达到动员社区居民参与服务的目的，但是却在调动社区居民向基金会捐款方面存在困难，其主要缘于部分居民对于政府发起型社区基金会的公信力有所怀疑；企业发起型社区基金会的最大优势在于资源投入量较为充足，但是因企业的利己性较为明显所以在持续性方面存在问题，需要在利他性的指导下做出针对性调整；而个人发起型社区基金会则需要打破停留在活动与服务层面的困境，更多地关注到社区公益价值的培养与公益人才持续性的问题。

  同时，社区基金会资源动员的行动转向仍然需要在纵向的时间链下注重组织不同的发展时期，根据组织的发展时期具体制定资源动员策略。调研发现，从单一性依赖到多元性自主的转变大体上会经历社区基金会发展的初期、探索期与成熟期。在社区基金会发展的初期，因组织规范性有待提升、组织能力有限与主体关系尚未完全建立，社区基金会的资源动员对于发起方有着较强的依赖性，基本上是由发起方起主导作用，社区基金会通过公开募捐身份予以配合，处于被动迎合的状态，社区基金会在很大程度上成为发起方的附属单位，发起方对组织资源动员与服务运作方式具有决定性作用，两者之间的组织地位失衡。在探索期，因社区基金会对资源有一定量的积累，组织能力与服务需求回应能力也得到了一定的提升，社区基金会开始逐步探索组织的发展之路，注重与发起方协商处理部分事务,自主性的服务意识开始显现出来,与发起方以外的其他主体间的交流开始增多,在日常的组织服务与活动过程中也开始注重与其他主体开展合作,但是可以为社区基金会发展提供资源支持的主体网络还没有完全形成,社区基金会通过自身动员力可以获得的资源量仍然非常有限。而在成熟期,在经历了探索期的不断发展之后,社区基金会开始摆脱对发起方的依赖,即使没有发起方的支持仍然可以维持生存与发展,区域中的组织影响力不断扩大,开始注重对品牌化服务项目的塑造,资源主体网络得以形成,组织的主动性开始提升,资源动员能力得到了进一步增强,社区基金会资源动员的发展实现了向多元性自主的转向。明确社区基金会不同发展时期的资源动员行为表征,对于我们制定针对性的资源动员策略与组织关系处理方式具有积极意义。

在社区基金会资源动员的行动过程中,走好从单一性依赖到多元性自主的动员之路需要在尊重社区基金会类别化性质与不同发展时期特点的基础上做出对系列性计划的制订与执行。但是,值得注意的是,正是因为不同类型的社区基金会在资源动员过程中存在着各自的优劣势差异,而这种差异性也为不同类型的社区基金会之间的互补提供了契机,如政府发起型社区基金会可以学习个人发起型社区基金会资源主体网络的拓展与资金保值增值的经验,一种差异性互补的资源动员路径因此成为可能。

(四) 理性化:社区基金会资源动员过程的价值选择

资源是社区基金会得以生存与发展的基础,资源地位的重要性决定了社区基金会对于资源有很强的实际需求,需要采取慎重的态度对待资源。调研发现无论是何种类型、处于何种发展阶段的社区基金会,都对慈善资源采取了一系列的组织动员策略以实现资源获取的最大化,且社区基金会自身是"具有目的性的理性人",具有很强的利益偏好。此理性化倾向始终贯穿社区基金会资源动员过程的每一个阶段,成为其重要的价值选择。

在社区基金会动员资源的实践化进程中,理性化的行为表征可以从资源类型的分析、资源主体的链接、资源获取策略的实施、组织关系的维护这四个方面进行理解。对于社区基金会资源动员而言,其首先需要明确的是组织需要哪些资源来支持发展,这是社区基金会动员资源的基本前提,是一种只有明确自身需求才会知道该如何去做的执行逻辑。实践中合法性资源成为社区基金会生存与发展的基础性资源,该资源决定了社区基金会动员其他类型资源的空间大小与广度，正因如此各社区基金会才会针对特定的对象采取特定的组织策略，在遵行制度规范的同时，也在积极地争取政府部门及政府领导的支持，以减少组织的政治风险，这是一种理性价值选择。但不同类型的资源之间也存在互构与耦合，某一资源的获得往往与另一类资源的开发存在相互关联，如前文提及的合法性资源的获得则需要有信任资源的开发，两者互为因果，彼此制约，特别是对于以 M 社区基金会为代表的个人发起型社区基金会与以 N 社区基金会为代表的企业发起型社区基金会来说，如何获得政府的信任成为获得合法性资源的关键，是需要组织综合考虑与权衡的命题。而在明确了资源类型之后，社区基金会为了获得资源的使用权或者所有权必须要明确资源使用权或者所有权的实际拥有者是谁，这就涉及资源主体的问题。从实践化进程中看，各社区基金会链接的资源主体与资源的类型呈现周期性发展的特点，在组织发展初期无论是何种类型的社区基金会都对政府表现出了很强的亲近性，因为政府是赋予组织政治合法性身份的唯一主体，掌握着体制资源的所有权。但随着社区基金会的持续性发展，发起方的身份或者背景逐渐成为组织链接其他资源的重要支持因素，开始形成了以组织发起方为中心的资源主体网络，组织发起方、企业、政府、社会公众、同类服务机构、大型基金会等主体都成为此主体网络的延伸链接点，这是社区基金会摆脱单一性主体依赖，寻求组织自主性与多元化发展路径的理性选择，调研中类似于"我们总不能依赖政府吧"的发展倾向反映出了社区基金会进行资源主体多元化链接的初始动机：实现组织发展最大化，维护组织利益基础。

继资源主体与归属之后，如何因地制宜地获得特定的资源成为社区基金会需要面对的问题。在社区基金会的实践化进程中无论是从组织从自身建设出发致力于项目设计能力提升、品牌化项目塑造、专项基金的完善与设立，还是从组织联合其他主体，通过共意性价值为慈善资源的获得开展集体行动或者通过互惠关系向特定主体募集或将从特定主体处得到的资源转化为组织生存资源来说，社区基金会资源获取的主体策略都是从组织有效获取生存与发展资源，通过有限的慈善资源践行公益价值与组织宗旨出发，既需要社区基金会有开放系统的分析视角，还要综合把握类型学下的主体差异，涉及社区基金会对公益的利他主义与组织生存的利己主义之间的平衡的探寻。而为了使慈善资源可以持续性地为社区基金会发展提供支持，实践中的社区基金会也通过一系列组织策略来维持组织关系的稳定性，如定期向捐赠人披露资金使用情况、邀请捐赠人参与组织活动、给捐赠人一定的荣誉奖励、评选慈善公益之星，甚至有的社区基金会建立了针对捐赠人的劝友会以期可以最大限度地让捐赠人了解慈善资源的使用情况，增强捐赠人对社区基金会的信任，在捐赠人与社区基金会之间建立良好的组织关系，具有很强的目的合理性，即通过现有组织手段与组织策略的合理性与针对性达到维护组织关系稳定性的目的，这是基于组织发展与组织公益持续有效性的一种理性选择。此四个方面在说明社区基金会资源动员理性化行为表现的同时，也是对于社区基金会资源动员过程的概括性的简要回顾，既是对理性选择理论与结构交换论的回应也是社区基金会资源动员行动的实践性特征。

需要做出说明的是，尽管社区基金会资源动员过程的理性化在理论与实践中都具有很强的说明性，但在实践中这一过程也会有着情感性价值表达或者感性捐赠的一面，为此我们有必要对此倾向与理性化的关系做出进一步探讨。从社区基金会资源动员的实践来看，存在着两种情感性价值表达的资源动员形式：一种是从现代公益慈善观出发，通过营造"善"的公益氛围，打造社会公众对于公益的情感化认知，最常见筹款方式有公益晚宴、社区音乐会、公益活动周等；另一种则从挖掘传统公益观入手，通过将社区或者特定服务范围内的传统文化融入社区基金会的组织化活动或者服务过程，以加强受益群体对于社区公益的认可与价值归属感的培养，如Y社区基金会的组织标识就吸收了社区内具有近二百年历史的枫树的文化象征。此两种不同的方式可以达到使公众进行公益资源的经常性捐赠或者即兴捐赠的目的，且涉及社会公众对于公益慈善的感性认知的行为表现，公益照片、公益视频、公益口号、公益理念的宣传均在其中扮演着重要角色。但是若从情感化认知的最终指向进行分析，无论是从现代公益慈善观下对社会公众公益情感的激发还是传统文化视角下对社区归属感的塑造来看，两种方式都是出于特定的公益目的并将开拓公益慈善资源提到较高的地位，使用公益照片与公益口号等情感化标识也是社区基金会在把握公众心理与公益价值融合基础上做出的理性选择，是社区基金会通过对慈善公益需求和社会公众对其举止的期待的把握，利用了社会公众的这种期待将其作为"条件"或者"手段"，以期实现社区基金会自身合乎理性的所争取考虑的公益目的的行动，有着韦伯笔下的目的合理性行动的价值表达。从总体上来看，社区基金会动员慈善资源的社会行动是一种包含社会关系的理性行动，建立在以目的合理性或者价值合理性为动机的利他主义与利己主义之中对利益平衡的寻找之上，情感化的关系认知或者非理性表征是社区基金会资源动员的实现形式与手段，与理性表征共同助力社区基金会的组织发展与资源动员。

二　讨论

（一）社区基金会在链接政府资源时何以维护自身的独立性与自主性

实践中无论是政府发起型社区基金会，还是企业发起型或者个人发起型社区基金会，都对政府表现出了很强的亲近性，将政府作为首要的资源链接对象，这既与我国现有的社会政治体制有关也与新中国成立以来慈善事业的发展特征有很大关系。在现有社会政治体制下获得行政与法律合法性是一切事件、组织存续的基础，社区基金会作为一种新兴的慈善主体，目前虽然没有出台专门的高位阶的法律法规对其具体的组织行为进行约束指导，但是其作为基金会的一种，必须遵行《基金会管理办法》及与基金会相关的组织法规，在法律法规的允许范围内开展系列服务活动，并定期向政府部门报告组织活动情况，接受政府部门的监督与管理，这是社区基金会得以存在、进行资源链接的先决条件。在法律基础上，政府部门赋予符合条件的、运作规范的社区基金会免税的资源优待，社区基金会不仅可以向捐赠人提供免税支持，吸引多主体为其捐赠，而且本身在资金往来上也会享受到政府的免税优惠，但是这种免税对象也是有选择性的，政府部门会优先考虑那些组织运作规范与风险程度较低的组织予以支持，本质上是政府对社区基金会的一种反向资助。同时，作为一种根本性权力，政府资源的再分配力量仍然在社会经济生活中占据重要位置，甚至说行政权力正在以一种新的形式参与社区基金会支持与服务过程。行政资本与经济资本也没有发生彻底分离，在市场化环境中大量的行政资本以不同的形式进入市场化交换与流通过程，在对资源的流动形成强影响力的同时也可以更轻易地转化为经济资本。正因如此，无论是何种类型的社区基金会都在试图与政府部门拉近关系，以发挥政府对于资源的调动力与转化力。社区基金会正初于发展初期，对于政府力量所蕴含的资源价值有更强烈的现实需要与更深刻的组织体验，这也是各社区基金会与政府建立较强组织关系的根本性原因。

然而，社区基金会依靠政府力量参与慈善资源的链接与竞争既有其积极性的一面，也会对社区基金会产生消极影响。其一，政府与社区基金会分属不同的组织场域，政府属于国家层面而社区基金会则是"第三域"中的社会主体，两者的运作机制与价值目标完全不同。其中，政府以自上而下的科层制为主要运作形式，以维持社会公正与稳定为主要目标，而社区基金会则是社会中的个体、组织或者单位出于公益性追求而成立的，组织结构具有扁平性、社会性的典型特征。社区基金会若过度依靠行政力量开展资源募集、组织活动则很容易走向行政化，被政府吸纳，成为官办慈善组织，极大地损害社区基金会的社会性与公益性价值。其二，组织的自主性与独立性是社区基金会区别于其他组织，保持组织活力的基本性保障，政府在帮助社区基金会动员慈善资源之时在很大程度上会有一些附属条件，社区基金会迫于对组织生存资源的现实需求，很多情况下会采取积极性的顺从或者主动迎合（详见第4章），甚至有的政府部门会直接参与、影响到社区基金会的内部决策，按照其利益偏好支配社区基金会的运作以达到自身目的，影响到组织的独立性与自主性，不仅使社区基金会内部的规范化水平与回应服务对象需求的能力产生折损，而且也限制了社区基金会与其他资源主体的链接和持续性合作关系的建立。其三，尽管社区基金会成长于社区，服务于社区，回馈于社区，具有很强的社区属性，但有限的社区服务资源与无限的居民与社区发展需求会呈现一定的结构性矛盾，社区基金会必须突破辖区的筹资范围，向全社会公开募集资源，在社区基金会、捐赠人与服务对象之间建立良好的关系。然而，社区基金会在资源动员过程中过度依赖政府部门很容易打破不同捐赠人之间的平衡关系，割裂组织、捐赠人与服务对象两两之间的双向互动关系。此种情况下捐赠人基于行政压力被动参与，一定程度上缺乏对公益慈善理念的自觉性认同与对服务对象、社会问题的责任感知，不能形成公众愉快地捐出慈善资源—放心慈善组织可以合理利用资源—再次作为捐赠人捐赠资源的良性资源动员的价值循环链，这对于社区基金会整个的发展生态是不利的。

总体而言，社区基金会对于链接政府资源表现出的偏向性，既与慈善事业在我国发展的特征有关，也与社区基金会正处于组织发展初期，资源动员能力与组织能力有限，需要外界力量的扶持存在很大关联，但是政府参与慈善资源链接具有双面性，一方面为社区基金会的资源供给提供了良好的条件，另一方面也为社区基金会发展带来了一系列限制。在慈善事业发展的当下，社区基金会如何在动员政府资源时维护好自身的社会性，做到在与主体合作、开展良性互动的同时保持自身的独立性与自主性，仍然是一个需要进一步讨论的问题，社会系统下的时间与空间的二元整合或许是一个很好的分析视角。

（二）社区基金会资源动员何以处理好商业化运作与公益性服务的关系

在社区基金会资源动员的行动过程中，商业化运作与公益性服务已经成为组织运作的一种常态化形态，且两者已经开始走向融合。从目前来看，主要存在着三种不同的融合形式，即社区基金会以商业化手段运作、企业以战略布局与承担社会责任的方式参与公益活动以此成立社区基金会或者社区基金会与企业围绕着某一个社会问题开展跨界合作。在上海市现有的社区基金会的组织生态中，社区基金会以商业化手段运作程度最高者可以说是M社区基金会，该社区基金会不仅通过举办社区暑托班、志愿者培训、心理咨询培训等方式向培训会员收取一定量的服务费用，也与商业组织合作进行企业投资，以维持资金的保值增值，联合公益界、影视界主体与商业机构举办社区公益音乐会，门票收入、公益演出的服务费成为该社区基金会重要的资金来源。此种商业化的运作方式拓展了组织发展的资源渠道，实现了跨界联合与组织资源的持续性注入。企业以战略布局与承担社会责任的方式参与公益活动以此成立社区基金会的代表即为N社区基金会，该社区基金会的成立与发展是企业直接推动的结果，从实际运作的情况来看，无论是在组织理事结构的构成、人员的安排、执行团队的组建，还是筹资额的来源、财务的独立性及项目资助额的大小上，都有发起方企业活动的痕迹，企业在社区基金会发展过程中扮演着重要角色。而社区基金会与企业围绕着某一个社会问题而开展合作的现象则比较普遍，这既体现在个人发起型的社区基金会中，也存在于企业发起型社区基金会运作过程中，在政府发起型社区基金会中同样有相似的执行逻辑，企业专项基金就是最为典型的案例。在社区基金会与商业组织的融合或者企业参与社区基金会公益活动的整体进程中，企业公益可以说既是企业承担社会责任的一种方式，也是企业塑造良好形象、提升企业社会影响力的有效手段，还是公益与商业得以融合的重要条件。

但是，我们需要注意到商业化运作与公益性服务之间也存在着张力。因为公益与商业原本分属于两个不同的组织场域，有着不同的行为动机与价值倡导，存在冲突与分离的先天性区分。公益是在利他主义价值观指导下做出相关行动，强调的是一种共享价值，注重社会公平、公正以及对于个体权利的尊重。相比之下，商业则是在利己主义下开展组织活动，具有很强的功利性，更加注重经济效益的追求，无论是从生产、流通、消费还是商品或者服务的分配来看，利益最大化始终是基本的行为准则。因价值规范与行为准则的不同，两者之间又不可避免地会出现很多新的现实问题。在社区基金会的实践场域下，经常会存在两种不同的冲突形式。一种是由社区基金会与商业主体双方过分坚持自我价值准则引发冲突。如在Y社区基金会动员企业资源的过程中，社区基金会在公平、公益的价值指导下更倾向于回应社区民众需求，解决社区的现实问题，维持社区服务的公益性，而企业则倾向于从利己主义的功利观出发，想着在社区内卖产品，以此扩大其市场范围与提高社区知名度等，两者因利益关注点不同，对于彼此的价值期待存在很大差异，由此引发矛盾与冲突。另一种出现在社区基金会商业化与企业公益化过程中，一方的行为或者环境中发出的决策信号背离了组织自身的行为准则，此种错位会引发认知失调并带来运作或者经营风险。比如社区基金会若过分强调商业化运作，就容易提高组织商业化风险，降低组织的社会公信力水平，影响到社会公众对于基金会的信任水平，提高社区基金会动员资源的成本；而商业企业过分地强调公益公平，关注社区问题与社区发展，就意味着要让利降费，总体上就会降低企业盈利水平，背离企业原有的发展轨迹。

在现阶段，使公益性服务与商业化运作融合并共同助力社区基金会的资源动员已经成为一种趋势，这种跨界合作已经非常普遍。在现有的情况下我们需要在融合的基础上尽量规避风险，合理把握公益性服务与商业化运作的界线，无论是社区基金会从事商业化活动还是商业组织走公益性之路，都应该进行有所为，有所不为的理性选择，一个基本的事实即是公益性服务与商业化运作必须在现有的法律范围之内进行。然而，我国在此方面的规定并不是非常明确，在未来的制度化规范中还需要做出进一步梳理，"道不同却相为谋"的现实情况对处理好公益性服务与商业化运作的关系，保护并平衡两者的利益及缓解其冲突提出了新的要求。

(三) 非正式制度在结构交换论中的媒介价值何以体现

布劳的结构交换论从实证主义出发，但是，它的宏观社会交换与微观交换还是存在很大差异，最明显的即是在微观结构内的交换中，个体与个体之间的交换可以说是直接的，而宏观结构中的交换更多是间接的，交换的成本与实际报酬则是远距离的，并且宏观的社会结构的组成部分是相互联系的社会结构，但是微观结构中的成分则是相互联系的个体。在此种情况下，布劳认为需要某种机制来传递不同主体间的关系结构，形成社会交换媒介，为此他提出共同价值观与制度化可以承担起这种角色。其中，制度化的核心是在共同价值观的基础之上提出一套涉及各个具体交换关系的稳定和普遍的规范，包含着使社会生活的组织原则可以持续永久存在下去的形式化的程序。在权力结构中的制度可以进一步巩固交换，布劳认为"在有文字的社会，它基本上是通过书面的文献加以传递，这些书面文献具体体现了人们共同生活的基本的形式化的价值和规范——他们的宪法和他们的法律、他们的典籍和他们的戒律"（布劳，2012：396），包含社会的整合制度、分配制度、政治制度与文化遗产的反制度成分。由此，我们可以看出布劳提出的制度化媒介更多的是侧重于一些可以用文字记载的已经成形的正式制度，对于民俗、人情与面子等非正式制度的讨论存在一定的不足之处。经过对社区基金会资源动员的行动过程分析，笔者认为，非正式制度也可以充当联结主体关系的媒介，同样对结构交换论中由微观交换主体向宏观交换主体的过渡具有很大的启示价值。

与布劳笔下的法律、典籍与成文的戒律相比，以民俗、人情与面子为代表的非正式制度往往与文化价值或传统相互关联，具有更强的稳定性，已经深深地嵌入了社会生活的各个方面，其发挥的作用甚至已经超过了正式制度所赋予的约束价值。亚里士多德曾在他的名著《政治学》中明确写道："'约定俗成的不成文的法'会比'成文的法律'更具有权威性，所涉及的事情也比成文法所涉及的事情更重要，即使一人之治比依据成文法的统治更可靠，它也不会比依据约定俗成的法律的统治更为可靠。"（亚里士多德，2009：141）在慈善公益领域，基于民俗、人情、面子之上的非正式制度对于资源的动员已经成为一种不可忽视的力量，可以说这些非正式制度所具有的实效性价值已经被大多数研究者与实践者所肯定。如赵秀梅认为通过关系可以解决那些正式制度解决不了的问题，获得制度渠道以外的资源（赵秀梅，2004）。在社区基金会的资源动员过程中我们也可以看到民俗、人情与面子这些非正式制度的作用，如 Y 社区基金会通过街道办主任的关系开展积极性的部门合作、通过领导关系让辖区内的企业为其捐赠；M 社区基金会的资源动员更是充分发挥了个人组织关系的作用。虽然这些人情、面子的资源动员措施在一定时期内遇到了危机，但是这并不能遮掩它们在资源动员中的纽带作用与带来的超出正式制度的实效价值。在慈善资源动员的场域下，这些非正式制度的应用是一种理性选择的结果，可以有效地实现个体资源、组织资源的对接与协调，最终目的都指向了慈善资源的获取与组织的生存、发展，具有很强的工具性导向，这与布劳笔下的制度化带来的可以实现微观主体向宏观主体扩展的合法性价值具有很强耦合性。

在结构交换论的制度化中，布劳认为"没有合法化价值持续承认，这些历史形式就成为空壳，没有制度形式的文化价值就是有待实现的理想；为了维持制度，二者都需要，也需要有权力群体对它们的支持"（布劳，2012：396），以民俗、人情、面子为代表的非正式制度既具有很强的合法化价值，也是长期发展中形成的，具有一定稳定的文化价值，它们和正式制度一样，都在微观结构论向宏观结构论的扩展中发挥着重要的媒介作用，是一种工具理性的价值表达，可以说是对于布劳结构交换论的一种补充与回应，在以后的宏观社会结构交换的研究中需要进一步重视。

参考文献

一 中文类

〔美〕阿尔蒙德，加布里埃尔·A.、〔美〕西德尼·维伯，1989，《公民文化——五个国家的政治态度和民主制》，徐湘林等译，华夏出版社。

〔美〕巴纳德，切斯特·I.，2014，《经理的职能》，杜子建译，北京理工大学出版社。

毕素华、张萌，2015，《联合劝募：慈善组织管理与运行的新机制研究》，《南京师大学报》（社会科学版）第6期。

边燕杰，2004，《城市居民社会资本的来源及作用：网络观点与调查发现》，《中国社会科学》第3期。

〔美〕博克斯，理查德·C.，2014，《公民治理：引领21世纪的美国社区》，孙柏瑛等译，中国人民大学出版社。

〔英〕博兰尼，迈克尔，2002，《自由的逻辑》，冯银江、李雪茹译，吉林人民出版社。

〔法〕布迪厄，皮埃尔，2012，《实践感》，蒋梓骅译，译林出版社。

〔法〕布尔迪厄、〔美〕华康德，2015，《反思社会学导引》，李猛、李康译，商务印书馆。

〔法〕布尔迪厄，皮埃尔，2015，《区分：判断力的社会批判》（上册），刘晖译，商务印书馆。

〔法〕布尔迪约，P.、〔法〕J.-C. 帕斯隆，2002，《再生产——一种教育系统理论的要点》，邢克超译，商务印书馆。

〔美〕布劳，彼得·M.，2012，《社会生活中的交换与权力》，李国武译，商务印书馆。

蔡禾，2012，《从利益诉求的视角看社会管理创新》，《社会学研究》第4期。

蔡宁、沈奇泰松、吴结兵，2009，《经济理性、社会契约与制度规范：企业慈善动机问题研究综述与扩展》，《浙江大学学报》（人文社会科学版）第2期。

蔡宁、张玉婷、沈奇泰松，2018，《政治关联如何影响社会组织有效性？——组织自主性的中介作用和制度支持的调节作用》，《浙江大学学报》（人文社会科学版）第1期。

曹锦清、陈中亚，1997，《走出"理想城堡"——中国"单位"现象研究》，海天出版社。

陈标，2015，《大历史视阈下单位制形成背景研究》，《武汉科技大学学报》（社会科学版）第1期。

陈海春、王聪，2014，《人情视角下的个人权力再分配研究》，《河南社会科学》第3期。

陈朋，2015，《地方治理视野的社区基金会运行》，《重庆社会科学》第10期。

陈其人，2014，《亚当·斯密经济理论研究》，上海人民出版社。

陈天祥、徐于琳，2011，《游走于国家与社会之间：草根志愿组织的行动策略——以广州启智队为例》，《中山大学学报》（社会科学版）第1期。

陈映芳，2010，《行动者的道德资源动员与中国社会兴起的逻辑》，《社会学研究》第4期。

成伯清，2011，《社会建设的情感维度——从社群主义的观点看》，《南京社会科学》第1期。

褚镇，2016，《政府与官办慈善组织新型关系及其构建——以深圳经济特区社会工作学院为例》，《甘肃行政学院学报》第2期。

〔美〕聪茨，奥利维尔，2016，《美国慈善史》，杨敏译，上海财经大学出版社。

崔光胜、耿静，2015，《公益创投：政府购买社会服务的新载体——以湖北省公益创投实践为例》，《湖北社会科学》第1期。

崔开云，2015，《社区基金会的美国经验及其对中国的启示》，《江淮论坛》第4期。

〔美〕登哈特，珍妮特·V.、〔美〕罗伯特·B.登哈特，2014，《新公共服务：服务，而不是掌舵》，丁煌译，中国人民大学出版社。

邓国胜、陶传进、何建宇、巩侃宁，2007，《民间组织评估体系：理论、方法与指标体系》，北京大学出版社。

邓宁华，2011，《"寄居蟹的艺术"：体制内社会组织的环境适应策略——对天津市两个省级组织的个案研究》，《公共管理学报》第 3 期。

邓玮，2013，《城市居民慈善意识影响因子分析及动员策略》，《重庆大学学报》（社会科学版）第 3 期。

〔荷〕迪克，简·梵，2014，《网络社会——新媒体的社会层面》（第二版），蔡静译，清华大学出版社。

杜玉华，2013，《社会结构：一个概念的再考评》，《社会科学》第 8 期。

范斌，2005，《非政府组织发展及其在和谐社会中的建构功能》，《马克思主义与现实》第 6 期。

范斌，2005，《论当代中国民间慈善活动的三种实现方式——以上海市民间慈善组织、慈善项目和自发活动为例》，《华东理工大学学报》（社会科学版）第 4 期。

范斌、赵欣，2012，《结构、组织与话语：社区动员的三维整合》，《学术界》第 8 期。

范斌、朱媛媛，2017，《策略性自主：社会组织与国家商酌的关系》，《江西师范大学学报》（哲学社会科学版）第 3 期。

〔美〕芳汀，简·E.，2010，《构建虚拟政府：信息技术与制度创新》，邵国松译，中国人民大学出版社。

〔美〕菲佛，杰弗里、〔美〕杰勒尔德·R. 萨兰基克，2006，《组织的外部控制：对组织资源依赖的分析》，闫蕊译，东方出版社。

费孝通，2003，《试谈扩展社会学的传统界限》，《北京大学学报》（哲学社会科学版）第 3 期。

费孝通，2013，《乡土中国》，生活·读书·新知三联书店。

冯必扬，2011，《人情社会与契约社会——基于社会交换理论的视角》，《社会科学》第 9 期。

〔美〕弗雷施曼，乔尔·L.，2013，《基金会——美国的秘密》，北京师范大学社会发展与公共政策学院社会公益研究中心译，上海财经大学出版社。

〔美〕福山，弗兰西斯，1998，《信任——社会道德与繁荣的创造》，李宛蓉译，远方出版社。

高丙中，2000，《社会团体的合法性问题》，《中国社会科学》第 2 期。
高宣扬，2004，《布迪厄的社会理论》，同济大学出版社。
〔英〕格兰德，朱利安·勒，2010，《另一只无形的手：通过选择与竞争提升公共服务》，韩波译，新华出版社。
〔英〕格利高里，德雷克、〔英〕约翰·厄里编，2011，《社会关系与空间结构》，谢礼圣、吕增奎等译，北京师范大学出版社。
耿云，2014，《国外慈善事业简论》，中国社会出版社。
宫留记，2007，《场域、惯习和资本：布迪厄与马克思在实践上的不同视域》，《河南大学学报》（社会科学版）第 3 期。
龚天平，2010，《企业公民、企业社会责任与企业伦理》，《河南社会科学》第 4 期。
〔法〕古郎士，2005，《希腊罗马古代社会研究》，李玄伯译，中国政法大学出版社。
谷志军，2015，《委托代理矛盾、问责承诺与决策问责》，《江海学刊》第 1 期。
顾昕、王旭，2005，《从国家主义到法团主义——中国市场转型过程中国家与专业团体关系的演变》，《社会学研究》第 2 期。
关信平，2014，《当前我国增强社会组织活力的制度建构与社会政策分析》，《江苏社会科学》第 3 期。
官有垣、邱连枝，2010，《非营利组织资源募集策略变迁之研究——以台湾联合劝募组织为例》，《中国非营利评论》第 1 期。
管兵，2013，《城市政府结构与社会组织发育》，《社会学研究》第 4 期。
郭敏慧，2014，《基金会慈善品牌的开发与运作——以中国扶贫基金会"'有爱·有家'慈善钢琴音乐会"为例》，《社会福利》（理论版）第 1 期。
郭圣莉，2006，《居民委员会的创建与变革：上海市个案研究》，中国社会出版社。
郭晟豪、阚萍，2012，《"经济人"与"利他主义"的一致与冲突——基于企业慈善角度》，《对外经贸》第 3 期。
郭小聪、聂勇浩，2013，《服务购买中的政府—非营利组织关系：分析视角及研究方向》，《中山大学学报》（社会科学版）第 4 期。
郭玉辉，2013，《社会交换视角下佛教慈善组织志愿者动员机制分析——以台湾慈济基金会为例》，《西安电子科技大学学报》（社会科学版）

第 5 期。

国家民间组织管理局编，2007，《中国民间组织评估》，中国社会出版社。

〔联邦德国〕哈贝马斯，1989，《交往与社会进化》，张博树译，重庆出版社。

韩承鹏，2008，《标语口号的功能研究》，《思想理论教育》第 15 期。

郝鸿军、贾丽萍，2007，《后现代合法性的确立》，《社会科学战线》第 2 期。

何兰萍，2011，《论慈善品牌建设与慈善事业的发展》，《河南师范大学学报》（哲学社会科学版）第 3 期。

何立军，2015，《善款善用视角下慈善资源的战略开发与科学配置模型构建》，《社会福利》（理论版）第 3 期。

何雪松，2017，《城市文脉、市场化遭遇与情感治理》，《探索与争鸣》第 9 期。

何雪松，2016，《情感治理：新媒体时代的重要治理维度》，《探索与争鸣》第 11 期。

何艳玲、周晓锋、张鹏举，2009，《边缘草根组织的行动策略及其解释》，《公共管理学院》第 1 期。

贺东航、孔繁斌，2011，《公共政策执行的中国经验》，《中国社会科学》第 5 期。

贺国伟，2009，《现代汉语同义词典》，上海辞书出版社。

贺雪峰，2011，《论熟人社会的人情》，《南京师大学报》（社会科学版）第 4 期。

侯均生主编，2001，《西方社会学理论教程》，南开大学出版社。

胡范铸、聂桂兰、陈佳璇、张佳，2004，《中国户外标语口号研究的问题、目标和方法》，《修辞学习》第 6 期。

黄诚，2015，《民间组织何以可能？——以"青护园"介入特殊未成年人帮扶为例》，《社会学评论》第 1 期。

黄显中，2009，《公正德性论——亚里士多德公正思想研究》，商务印书馆。

黄晓春，2015，《当代中国社会组织的制度环境与发展》，《中国社会科学》第 9 期。

黄晓春、嵇欣，2014，《非协同治理与策略性应对——社会组织自主性研究的一个理论框架》,《社会学研究》第 6 期。

黄晓春、张东苏,2015,《十字路口的中国社会组织:政策选择与发展路径》,上海人民出版社。

基金会中心网编,2013,《美国社区基金会》,社会科学文献出版社。

〔英〕吉登斯,安东尼,1998,《现代性与自我认同:现代晚期的自我与社会》,赵旭东、方文译,生活·读书·新知三联书店。

吉鹏,2013,《社会养老服务供给主体间关系解析——基于委托代理理论的视角》,《社会科学战线》第 6 期。

贾西津,2005,《第三次改革——中国非营利部门战略研究》,清华大学出版社。

金锦萍,2008,《寻求特权还是平等:非营利组织财产权利的法律保障——兼论"公益产权"概念的意义和局限性》,《中国非营利评论》第 1 期。

金英,2017,《让微公益释放更多正能量》,《人民论坛》第 31 期。

〔美〕卡斯特,曼纽尔,2006,《网络社会的崛起》,夏铸九、王志弘等译,社会科学文献出版社。

〔美〕凯特尔,唐纳德,2009,《权力共享:公共治理与私人市场》,孙迎春译,北京大学出版社。

康晓光、韩恒,2005,《分类控制:当前中国大陆国家与社会关系研究》,《社会学研究》第 6 期。

〔美〕科尔曼,詹姆斯·S.,2008,《社会理论的基础》(上),邓方译,社会科学文献出版社。

〔美〕科尔曼,詹姆斯·S.,1999,《社会理论的基础》(上、下),邓方译,社会科学文献出版社。

〔美〕克拉克,2009,《财富的分配》,陈福生、陈振骅译,商务印书馆。

孔繁斌,2012,《公共性的再生产:多中心治理的合作机制建构》,江苏人民出版社。

郎友兴、葛俊良,2014,《让基层治理有效地运行起来:基于社区的治理》,《浙江社会科学》第 7 期。

雷晓明,2005,《市民社会、社区发展与社会发展——兼评中国的社区理论研究》,《社会科学研究》第 2 期。

黎念青、温春娟,2004,《从全能政府向有限政府转型:北京的发展和不足》,《北京社会科学》第 3 期。

李惠斌、杨雪冬主编，2000，《社会资本与社会发展》，社会科学文献出版社。

李健，2016，《我国慈善组织的募用分离与政策建议》，《中国青年社会科学》第 5 期。

李进进，2016，《媒体庆典仪式话语的社会语用学研究》，博士学位论文，北京外国语大学俄语系。

李莉，2007，《社会保障改革中的类社区基金会成长》，《华中师范大学学报》（人文社会科学版）第 4 期。

李培林，2001，《理性选择理论面临的挑战及其出路》，《社会学研究》第 6 期。

〔美〕李普塞特，西摩·马丁，1997，《政治人——政治的社会基础》（最新增订版），张绍宗译，上海人民出版社。

李霞，2008，《慈善超市筹资机制的合法性分析》，《阴山学刊》第 5 期。

李亚雄，2007，《我国城市社区性质与社区建设的取向》，《社会主义研究》第 1 期。

李友梅、肖瑛、黄晓春，2012，《当代中国社会建设的公共性困境及其超越》，《中国社会科学》第 4 期。

李育红、杨永燕，2008，《文化独特的外现形式——仪式》，《广西社会科学》第 5 期。

李战刚，2017，《基金会准入与社会治理——基于中日的比较研究》，社会科学文献出版社。

李中一，2016，《口号的价值问题剖析》，《南都学坛》第 4 期。

练崇潮，2015，《人情社会、情感异化与现代人的安身立命》，《江西社会科学》第 5 期。

〔美〕林南，2005，《社会资本——关于社会结构与行动的理论》，张磊译，上海人民出版社。

刘长春、李东兴，2017，《朱健刚：社区基金会的发展需要政策空间 也要"去泡沫"》，《社会与公益》第 6 期。

刘建军，2000，《单位中国——社会调控体系重构中的个人、组织与国家》，天津人民出版社。

刘建明主编，1993，《宣传舆论学大辞典》，经济日报出版社。

刘建文，2008，《社区基金会：促进社区自治发展的新思路——产生、特征、本土化建设策略及其意义》,《云南行政学院学报》第3期。

刘俊凤,2014,《从符号学角度看党史文化的形成——基于中国共产党不同历史时期重要口号的比较分析》,《陕西师范大学学报》(哲学社会科学版)第2期。

刘培峰,2007,《结社自由及其限制》,社会科学文献出版社。

刘鹏,2011,《从分类控制走向嵌入型监管:地方政府社会组织管理政策创新》,《中国人民大学学报》第5期。

刘少杰,2006,《熟人社会存在的合理性》,《人民论坛》第10期。

刘少杰,2009,《新形势下中国城市社区建设的边缘化问题》,《甘肃社会科学》第1期。

刘少杰,2004,《以行动与结构互动为基础的社会资本研究——评林南社会资本理论的方法原则与理论视野》,《国外社会科学》第2期。

刘威,2010,《慈善资源动员与权力边界意识:国家的视角》,《东南学术》第4期。

刘秀秀,2014,《动员与参与:网络慈善的捐赠机制研究》,《福建论坛》(人文社会科学版)第1期。

刘应响、卓彩琴,2016,《残障社会工作服务中的资源动员策略模型建构——基于M机构的经验研究》,《广西社会科学》第7期。

刘有贵、蒋年云,2006,《委托代理理论述评》,《学术界》第1期。

刘志阳、邱舒敏,2014,《公益创业投资的发展与运行:欧洲实践及中国启示》,《经济社会体制比较》第2期。

龙永红,2011,《官办慈善组织的资源动员:体制依赖及其转型》,《学习与实践》第10期。

卢晖临、李雪,2007,《如何走出个案——从个案研究到扩展个案研究》,《中国社会科学》第1期。

卢咏,2014,《公益筹款》,社会科学文献出版社。

路风,1989,《单位:一种特殊的社会组织形式》,《中国社会科学》第1期。

吕振宇,2010,《公共物品供给与竞争嵌入》,经济科学出版社。

罗婧、虞鑫,2016,《志愿行为中的资源动员机制:政策、媒体与社会——以大学支教志愿活动为例》,《中国青年研究》第7期。

罗珉,2003,《组织管理学》,西南财经大学出版社。

罗文恩、周延风，2010，《中国慈善组织市场化研究——背景、模式与路径》，《管理世界》第12期。

马骏、孙麾、何艳玲主编，2012，《中国"行政国家"六十年：历史与未来》，上海人民出版社。

《马克思恩格斯选集》第二卷，2012，人民出版社。

《马克思恩格斯选集》第三卷，2012，人民出版社。

《马克思恩格斯选集》第一卷，2012，人民出版社。

马立、曹锦清，2014，《基层社会组织生长的政策支持：基于资源依赖的视角》，《上海行政学院学报》第6期。

〔美〕米格代尔，乔尔·S.，2013，《社会中的国家：国家与社会如何相互改变与相互构成》，李杨、郭一聪译，江苏人民出版社。

〔美〕米奇利，詹姆斯，2009，《社会发展——社会福利视角下的发展观》，苗正民译，格致出版社、上海人民出版社。

闵学勤，2009，《社区自治主体的二元区隔及其演化》，《社会学研究》第1期。

莫寰，2000，《社会的经济人——再评泰罗的科学管理原理》，《江西社会科学》第8期。

〔美〕纳什，约翰·F.、〔美〕劳埃德·S.沙普利、〔美〕约翰·C.海萨尼，2013，《博弈论经典》，中国人民大学出版社。

〔比〕尼森，马尔特主编，2014，《社会企业的岔路选择：市场、公共政策与市民社会》，伍巧芳译，法律出版社。

聂莉娜，2008，《新时期户外标语口号的语用特点》，《南通大学学报》（社会科学版）第4期。

〔美〕诺思，道格拉斯，2014，《理解经济变迁过程》，钟正生等译，中国人民大学出版社。

〔美〕帕特南，罗伯特·D.，2001，《使民主运转起来：现代意大利的公民传统》，王列、赖海榕译，江西人民出版社。

潘乃穆、潘乃和编，2000，《潘光旦文集》第十卷，北京大学出版社。

潘小娟，2007，《社区行政化问题探究》，《国家行政学院学报》第1期。

潘屹，2007，《慈善组织、政府与市场》，《学海》第6期。

戚攻，2003，《网络社会的本质：一种数字化社会关系结构》，《重庆大学学报》（社会科学版）第1期。

秦晖，2007，《农民需要怎样的"集体主义"——民间组织资源与现代国家整合》，《东南学术》第 1 期。

秦晖，1999，《政府与企业以外的现代化——中西公益事业史比较研究》，浙江人民出版社。

曲丽涛，2016，《当代中国网络公益的发展与规范研究》，《求实》第 1 期。

饶锦兴、王筱昀，2014，《社区基金会的全球视野与中国价值》，《开放导报》第 5 期。

任慧颖，2005，《非营利组织的社会行动与第三领域的建构》，博士论文学位论文，上海大学社会学系。

〔美〕萨拉蒙，莱斯特·M.，2008，《公共服务中的伙伴——现代福利国家中政府与非营利组织的关系》，田凯译，商务印书馆。

沈阳、刘朝阳、芦何秋、吴恋，2013，《微公益传播的动员模式研究》，《新闻与传播研究》第 3 期。

沈原，2007，《社会的生产》，《社会》第 2 期。

〔波兰〕什托姆普卡，彼得，2005，《信任：一种社会学理论》，程胜利译，中华书局。

石国亮，2012，《慈善组织公信力重塑过程中第三方评估机制研究》，《中国行政管理》第 9 期。

石国亮、廖鸿，2015，《慈善组织公信力的危机与重建》，《马克思主义与现实》第 6 期。

石荔菠，2007，《论亚里士多德政治学中的"至善"》，《天府新论》第 3 期。

〔美〕史蒂文斯，乔·B.，2003，《集体选择经济学》，杨晓维等译，上海人民出版社。

〔美〕斯科特，W. 理查德、〔美〕杰拉尔德·F. 戴维斯，2011，《组织理论——理性、自然与开放系统的视角》，高俊山译，中国人民大学出版社。

〔美〕斯科特，W. 理查德，2010，《制度与组织——思想观念与物质利益》（第 3 版），姚伟、王黎芳译，中国人民大学出版社。

〔英〕斯密，亚当，2015a，《道德情操论》，蒋自强、钦北愚、朱钟棣、沈凯璋译，商务印书馆。

〔英〕斯密，亚当，2015b，《国富论》，郭大力、王亚南译，商务印书馆。

佀传振，2007，《从单位制到社区制：国家与社会治理空间的转换》，《北京科技大学学报》（社会科学版）第3期。

宋辰婷、刘秀秀，2014，《网络公益中认同的力量——以"免费午餐"为例》，《人文杂志》第2期。

宋程成、蔡宁、王诗宗，2013，《跨部门协同中非营利组织自主性的形成机制——来自政治关联的解释》，《公共管理学报》第4期。

宋娟，2011，《美国社区基金会对我国养老保障制度改革的启示》，《甘肃金融》第5期。

宋鑫华、周玉琴，2007，《公民社会：制约政府权力的第三道防线》，《学习与实践》第5期。

孙贵平、刘奥运，2017，《美国慈善基金会资助演进与非洲高等教育发展重构》，《现代教育论丛》第5期。

孙立平，2001，《"过程－事件分析"与对当代中国农村社会生活的洞察》，载王汉生、杨善华主编《农村基层政权运行与村民自治》，中国社会科学出版社。

孙倩，2003，《美国的社区基金会介绍》，《社区》第7期。

孙秋云、周浪，2016，《文化社会学的内涵、发展与研究再审视》，《中南民族大学学报》（人文社会科学版）第4期。

孙语圣、宋启芳，2013，《中国红十字会资源动员的条件与路径》，《文化学刊》第4期。

〔美〕泰勒，弗雷德里克，2012，《科学管理原理》，黄榛译，北京理工大学出版社。

唐慧玲，2012，《现代性语境下的后单位制社会整合》，《海南大学学报》（人文社会科学版）第2期。

唐有财、王天夫，2017，《社区认同、骨干动员和组织赋权：社区参与式治理的实现路径》，《中国行政管理》第2期。

陶传进，2005，《环境治理：以社区为基础》，社会科学文献出版社。

田晋，2017，《民族地区农村非营利组织资源汲取能力研究》，《农村经济与科技》第14期。

田蓉，2017，《从"准资源平台"迈向社区领导者——社区基金会功能三角在地化实践反思》，《河北学刊》第1期。

田舒，2016，《"三社联动"：破解社区治理困境的创新机制》，《理论月刊》第 4 期。

田毅鹏，2016，《单位制与"工业主义"》，《学海》第 4 期。

童星、罗军，2001，《网络社会：一种新的、现实的社会存在方式》，《江苏社会科学》第 5 期。

〔美〕托马斯，约翰·克莱顿，2014，《公共决策中的公民参与》，孙柏瑛等译，中国人民大学出版社。

万林艳，2000，《网络时代的主体状况》，《中国人民大学学报》第 2 期。

汪太贤，2001，《西方法治主义的源与流》，法律出版社。

王菲，2012，《我国非营利组织"公益产权"研究》，《山东行政学院学报》第 4 期。

王富伟，2012，《个案研究的意义和限度——基于知识的增长》，《社会学研究》第 5 期。

王国伟，2010，《资源动员：城市社区公共服务资源获得机制研究》，《学术探索》第 2 期。

王海洲，2008，《合法性的争夺——政治记忆的多重刻写》，江苏人民出版社。

王汉生、杨善华主编，2001，《农村基层政权运行与村民自治》，中国社会科学出版社。

王建军、叶金莲，2006，《社区基金会：地位与前景——对一个类社区基金会的个案研究》，《华中师范大学学报》（人文社会科学版）第 6 期。

王瑾、周荣庭主编，2016，《互联网＋公益：玩转公益新媒体》，电子工业出版社。

王名，2009，《走向公民社会——我国社会组织发展的历史及趋势》，《吉林大学社会科学学报》第 3 期。

王思斌，2014，《社会治理结构的进化与社会工作的服务型治理》，《北京大学学报》（哲学社会科学版）第 6 期。

王涛，2013，《人、城邦与善——亚里士多德政治理论研究》，上海人民出版社。

王巍，2006，《社区基金会：社区自治发展的新思路》，《宁夏党校学报》第 1 期。

王卫平、黄鸿山、曾桂林，2011，《中国慈善史纲》，中国劳动社会保障出版社。

王信贤，2006，《争辩中的中国社会组织研究："国家－社会"关系的视角》，台北：韦伯文化国际出版有限公司。

王颖、折晓叶、孙炳耀，1993，《社会中间层——改革与中国的社团组织》，中国发展出版社。

王玉生、盛志宏、李燕，2014，《网络公益组织资源动员策略探析——以广西公益联盟的成员组织为例》，《学术论坛》第 8 期。

王云中，2004，《论马克思资源配置理论的依据、内容和特点》，《经济评论》第 1 期。

〔德〕韦伯，马克斯，1997，《经济与社会》（上卷），林荣远译，商务印书馆。

文军、高艺多，2017，《社区情感治理：何以可能，何以可为？》《华东师范大学学报》（哲学社会科学版）第 6 期。

文军，2012，《中国社会组织发展的角色困境及其出路》，《江苏行政学院学报》第 1 期。

文军主编，2006，《西方社会学理论：经典传统与当代转向》，上海人民出版社。

翁士洪，2015，《官办非营利组织的内卷化研究——以中国青少年发展基金会为例》，《甘肃行政学院学报》第 4 期。

〔美〕沃哈恩，帕特里夏，2006，《亚当·斯密及其留给现代资本主义的遗产》，夏镇平译，上海译文出版社。

吴瑾菁，2015，《古典经济学派经济伦理思想研究》，中国社会科学出版社。

吴磊，2017，《"合法性—有效性"框架下社区基金会发展的影响因素分析——基于上海和深圳的案例》，《社会科学辑刊》第 2 期。

武靖国、毛寿龙，2017，《从"操作规则"到"规则的规则"——我国慈善组织治理结构的演进》，《社会政策研究》第 1 期。

〔德〕西美尔，2002，《货币哲学》，陈戎女、耿开君、文聘元译，华夏出版社。

席恒，2003，《公与私：公共事业运行机制研究》，商务印书馆。

夏学銮，2004，《网络社会学建构》，《北京大学学报》（哲学社会科学版）第 1 期。

向德平、申可君，2013，《社区自治与基层社会治理模式的重构》，《甘肃社会科学》第 2 期。

谢静，2012，《公益传播中的共意动员与联盟建构——民间组织的合作领域生产》，《开放时代》第 12 期。

谢水明、宋颜蓉，2002，《新经济下对泰罗"经济人"假设的再认识》，《安徽师范大学学报》（人文社会科学版）第 1 期。

谢舜、周鸿，2005，《科尔曼理性选择理论评述》，《思想战线》第 2 期。

辛甜，2002，《社会网络与慈善筹资——上海市慈善基金会个案研究》，《华东理工大学学报》（社会科学版）第 4 期。

徐家良，2012，《第三部门资源困境与三圈互动：以秦巴山区七个组织为例》，《中国第三部门研究》第 1 期。

徐家良、侯志伟，2013，《中国慈善体制改革的三重路径及其演进逻辑——基于三个案例的比较分析》，《北京行政学院学报》第 3 期。

徐家良、刘春帅，2016，《资源依赖理论视域下我国社区基金会运行模式研究——基于上海和深圳个案》，《浙江学刊》第 1 期。

徐家良，2017，《中国社区基金会关系建构与发展策略》，《社会科学辑刊》第 2 期。

徐永祥主编，2004，《社区工作》，高等教育出版社。

徐宇珊、韩俊魁，2009，《非营利组织筹款模式研究——兼论世界宣明会筹款模式》，《中国非营利评论》第 1 期。

徐宇珊、苏群敏，2015，《社区基金会的"形"与"神"》，《中国社会组织》第 3 期。

徐宇珊，2017，《我国社区基金会的功能定位与实现路径——基于美国社区基金会与地方联合劝募经验的启发与借鉴》，《中国行政管理》第 7 期。

徐宇珊，2015，《以"永久捐赠基金"为基础的社区基金会——以布鲁明顿和门罗县社区基金会为例》，《中国社会组织》第 7 期。

许纪霖，2015，《现代中国的家国天下与自我认同》，《复旦学报》（社会科学版）第 5 期。

薛艺兵，2003，《对仪式现象的人类学解释》（上），《广西民族研究》第 2 期。

〔古希腊〕亚里士多德，2009，《政治学》，吴寿彭译，商务印书馆。

严志兰、邓伟志，2014，《中国城市社区治理面临的挑战与路径创新探析》,《上海行政学院学报》第4期。

燕连福,2017,《试论中国古代"家"的内涵、功能与意义》,《贵州社会科学》第3期。

杨爱平、余雁鸿,2012,《选择性应付:居委会行动逻辑的组织分析——以G市L社区为例》,《社会学研究》第4期。

杨光斌,2016,《合法性概念的滥用与重述》,《政治学研究》第2期。

杨贵华等,2010,《自组织:社区能力建设的新视域——城市社区自组织能力研究》,社会科学文献出版社。

杨贵华,2014,《转型与创生:"村改居"社区组织建设》,社会科学文献出版社。

杨家诚,2016,《自组织管理:"互联网+"时代的组织管理新模式》,人民邮电出版社。

杨敏、杨玉宏,2013,《"服务-治理-管理"新型关系与社区治理新探索》,《思想战线》第3期。

杨明刚、商婷婷,2008,《秉承慈善新理念建构公益大品牌——慈善品牌的内涵与基本特征初探》,《华东理工大学学报》(社会科学版)第4期。

杨珊,2013,《论慈善公益组织的法律地位》,《西南交通大学学报》(社会科学版)第6期。

杨善华主编,1999,《当代西方社会学理论》,北京大学出版社。

杨淑琴、王柳丽,2010,《国家权力的介入与社区概念嬗变——对中国城市社区建设实践的理论反思》,《学术界》第6期。

杨团主编,2015,《中国慈善发展报告(2015)》,社会科学文献出版社。

杨伟伟,2015,《社区基金会成长之谜》,《决策》第12期。

杨志云,2016,《策略性收放:中国社会组织监管机制的新阐释》,《行政管理改革》第6期。

姚迈新,2012,《资源相互依赖理论视角下的社区社会组织发展——以广州为例》,《岭南学刊》第5期。

姚锐敏,2013,《困境与出路:社会组织公信力建设问题研究》,《中州学刊》第1期。

于建嵘,2011,《破解"政绩共同体"的行为逻辑》,《廉政文化研究》第1期。

于俊文主编，1990，《西方经济思想辞典》，福建人民出版社。

余维臻、万国伟，2014，《"新农合"营销动因、路径与策略研究——非营利组织资源依赖视角》，《华南理工大学学报》（社会科学版）第2期。

俞可平等，2002，《中国公民社会的兴起与治理的变迁》，社会科学文献出版社。

俞可平，2015，《论国家治理现代化》（修订版），社会科学文献出版社。

俞楠、张辉，2006，《自治与共治："合作主义"视角下的社区治理模式》，《理论与改革》第6期。

俞祖成，2017，《日本社区基金会的发展及其启示》，《社会主义研究》第3期。

虞维华，2005，《非政府组织与政府的关系——资源相互依赖理论的视角》，《公共管理学报》第2期。

玉苗、慈勤英，2013，《"倚靠体制，面向社会"：体制外公益组织"准社会化动员"的个案研究》，《甘肃社会科学》第4期。

原珂、许亚敏、刘凤，2016，《英美社区基金会的发展及其启示》，《社会主义研究》第6期。

翟学伟，2004，《人情、面子与权力的再生产——情理社会中的社会交换方式》，《社会学研究》第5期。

战洋，2014，《作为团结机制的慈善及其困境——一则政治人类学分析》，《清华大学学报》（哲学社会科学版）第5期。

张国平，2012，《论我国公益组织与财团法人制度的契合》，《江苏社会科学》第1期。

张戟晖，2016，《社会组织自主性的合法性基础及其有效性影响研究》，博士学位论文，浙江大学行政管理系。

张建宏、郑义炜，2013，《国际组织研究中的委托代理理论初探》，《外交评论》（外交学院学报）第4期。

张紧跟、庄文嘉，2008，《非正式政治：一个草根NGO的行动策略——以广州业主委员会联谊会筹备委员会为例》，《社会学研究》第2期。

张静，2000，《基层政权——乡村制度诸问题》，浙江人民出版社。

张鹏、李萍、赵文博，2016，《破解慈善公信力困境：可追溯系统原理运用的理论与实证》，《社会科学研究》第3期。

张秀兰、徐月宾、〔美〕梅志里编，2007，《中国发展型社会政策论纲》，中国劳动社会保障出版社。

张缨，2001，《科尔曼法人行动理论述评》，《中国社会科学院研究生院学报》第 4 期。

章敏敏、夏建中，2014，《社区基金会的运作模式及在我国的发展研究——基于深圳市社区基金会的调研》，《中州学刊》第 12 期。

章友德、周松青，2007，《资源动员与网络中的民间救助》，《社会》第 3 期。

赵辉、田志龙，2014，《伙伴关系、结构嵌入与绩效：对公益性 CSR 项目实施的多案例研究》，《管理世界》第 6 期。

赵敏，2013，《微博时代的微公益理念社会化现状分析》，《重庆邮电大学学报》（社会科学版）第 1 期。

赵蜀蓉、陈绍刚、王少卓，2014，《委托代理理论及其在行政管理中的应用研究述评》，《中国行政管理》第 12 期。

赵秀梅，2004，《中国 NGO 对政府的策略：一个初步考察》，《开放时代》第 6 期。

郑功成，1997，《论慈善事业》，《中国社会工作》第 3 期。

郑杭生、黄家亮，2012，《当前我国社会管理和社区治理的新趋势》，《甘肃社会科学》第 6 期。

郑杭生，2019，《社会学概论新修》（第五版），中国人民大学出版社。

郑杭生、赵文龙，2003，《社会学研究中"社会结构"的涵义辨析》，《西安交通大学学报》（社会科学版）第 2 期。

郑中玉、何明升，2004，《"网络社会"的概念辨析》，《社会学研究》第 1 期。

周爱萍，2017，《宗教非营利组织的慈善资源动员机制分析——以台湾慈济基金会为例》，《学会》第 2 期。

周红云，2003，《社会资本：布迪厄、科尔曼和帕特南的比较》，《经济社会体制比较》第 4 期。

周批改、周亚平，2004，《国外非营利组织的资金来源及启示》，《东南学术》第 1 期。

周秋光、王猛，2015，《当代中国慈善发展转型中的抉择》，《上海财经大学学报》第 1 期。

周如南、何立军、陈敏仪，2017，《社区基金会的动员与运作机制研究——以深圳市为例》，《中共浙江省委党校学报》第 2 期。

周晓虹，2016，《社会心态、情感治理与媒介变革》，《探索与争鸣》第11期。

周延风，2015，《我国慈善组织品牌建设策略与困境分析》，《社会科学家》第1期。

朱力、龙永红，2012，《我国现代慈善资源的动员机制》，《南京社会科学》第1期。

朱耀垠，2015，《社区基金会在社区治理创新中的纽带作用》，《中国社会组织》第3期。

朱照南，2016，《社区基金会的发展路径与挑战——以美国印第安纳州门罗社区基金会为例》，《中国社会组织》第19期。

朱志伟，2014，《国内非营利组织公信力评估体系的综述研究》，《辽宁教育行政学院学报》第5期。

朱志伟，2018，《联合与重构：社区基金会发展路径的个案研究——一个资源依赖的分析视角》，《浙江工商大学学报》第1期。

朱志伟、刘振，2018，《重塑与创新："互联网+"视域下的社会组织监管机制研究》，《电子政务》第2期。

朱志伟、徐家良，2020，《公益组织如何嵌入扶贫场域？——基于S基金会扶贫参与策略的案例研究》，《公共行政评论》第3期。

《资本论》第一卷，2004，人民出版社。

资中筠，2003，《散财之道——美国现代公益基金会述评》，上海人民出版社。

〔日〕佐佐木毅、〔韩〕金泰昌主编，2009，《国家·人·公共性》，金熙德、唐永亮译，人民出版社。

二　英文类

Agard, K. A. 1992. "Characteristics of Community Foundations at Different Ages and Asset Sizes." Ed. D. diss., Western Michigan University.

Agard, K. A. and H. Monroe. 1997. *Community Foundation Primer: An Outline for Discussion and an Initial Organization Start-up Kit.* Washington, D. C.: Council of Michigan Foundations.

Andreoni, J. 2007. "Giving Gifts to Groups: How Altruism Depends on the Number of Recipients." *Journal of Public Economics* 91 (9): 1731 -

1749.

Bacharach, S. B. and E. J. Lawler. 1981. "Power and Tactics in Bargaining." *ILR Review* 34 (2): 219.

Ballard, C. S. 2007. *Community Foundations and Community Leadership*. Arlington: CFLeads and Community Foundation Leadership Team, Council on Foundations.

Bargh, John A. and Katelyn Y. A. McKenna. 2004. "The Internet and Social Life." *Review of Psychology* 55 (1): 573–590.

Bernholz, L., Katherine Fulton, and Gabriel Kasper. 2005. *On the Brink of New Promise: The Future of US Community Foundations*. San Francisco, CA: Blueprint Research & Design and the Monitor Company Group.

Blau, P. M. and R. K. Merton. 1981. *Continuities in Structural Inquiry*. Beverly Hills, CA: Sage Publications.

Brooks, S. M. 2002. "Social Protection and Economic Integration: The Political of Pension Reform in an Era of Capital Mobility." *Comparative Political Studies*, 35 (5): 491–523.

Carman, J. G. 2001. "Community Foundations: A Growing Resource for Community Development." *Nonprofit Management & Leadership* 12 (1): 7–24.

Carroll, A. B. 1979. "A Three-Dimensional Conceptual Model of Corporate Performance." *The Academic of Management Review* 4 (4): 497–505.

Carson, E. D. 2013. "Redefining Community Foundations." *Stanford Social Innovation Review* 11 (1): 21–22.

Carson, Emmett D. 2015. "21st–Century Community Foundations: A Question of Geography and Identity." Foundation Center.

Coleman, J. 1999. *Foundations of Social Theory*. Cambridge: The Belknap Press of Harvard University Press.

Council of Michigan Foundations. 1998. *Community Foundation Primer: An Outline for Discussion and Initial Organization Start-up Kit*. Michigan: Grand Haven.

Council on Foundations. 1992. "Building Successful Community Foundations: The Basics Report." Washington, D. C.

Daly, S. 2008. "Institutional Innovation in Philanthropy: Community Foundations in the UK. " *Voluntas*: *International Journal of Voluntary & Nonprofit Organizations* 19 (3): 219 – 241.

Dolnicar, S. and K. Lazarevski. 2009. "Marketing in Non-profit Organizations: An International Perspective. " *International Marketing Review* 26 (3): 275 – 291.

Drummer, C. and Roxann Marshburn. 2014. "Philanthropy and Private Foundations: Expanding Revenue Sources. " *New Directions for Community Colleges* 2014 (168): 77 – 89.

Easterling, D. 2011. " Promoting Community Leadership among Community Foundations: The Role of the Social Capital Benchmark Survey. " *The Foundation Review* 3 (1): 81 ~ 98.

Easterling, D. 2008. "The Leadership Role of Community Foundations in Building Social Capital. " *National Civic Review* 97 (4): 39 – 51.

Esping-Andersen, G. 1999. *Social Foundations of Postindustrial Economies.* New York: Oxford University Press.

Evans, J. Kerrie Bridson, and Ruth Rentschler. 2012. "Drivers, Impediments and Manifestations of Brand Orientation: An International Museum Study. " *European Journal of Marketing* 46 (11/12): 1457 – 1475.

Feurt, S. L. 1999. "International Perspective: Models, Experience and Best Practice. " In *Community Foundations in Civil Society.* Germany: Bertelsmann Foundation.

Flexner, A. 2011. " Is Social Work a Profession?" *Research on Social Work Practice* 2 (11) .

Frumkin, P. 1997. "Fidelity and Philanthropy: Two Challenges to Community Foundations. " *Nonprofit Management and Leadership* 8 (1): 65 – 76.

Fulton, K. and Andrew Blau. 2005. *Looking Out for the Future: An Orientation for Twenty-first Century Philanthropists.* Cambridge: Monitor Group.

Glazer, A. and Konrad, K. A. 1996. "A Signaling Explanation for Charity. " *American Economic Review* 86 (4): 1019 – 1028.

Glomm, G. and R. Lagunoff. 1998. "A Tiebout Theory of Public Vs Private Provision of Collective Goods. " *Journal of Public Economics* 68 (1): 91 – 112.

Graddy, E. A. and D. L. Morgan. 2006. "Community Foundations, Organizational Strategy, and Public Policy." *Nonprofit and Voluntary Sector Quarterly* 35 (4): 606 – 630.

Graddy, E. and Lili Wang. 2009. "Community Foundation Development and Social Capital." *Nonprofit and Voluntary Sector Quarterly* 38 (3): 392 – 412.

Guo, C. and William A. Brown. 2006. "Community Foundation Performance: Bridging Community Resources and Needs." *Nonprofit and Voluntary Sector Quarterly* 35 (2): 267 – 287.

Guo, C. and W. Lai. 2017. "Community Foundations in China: In Search of Identity?" *Voluntas: International Journal of Voluntary & Nonprofit Organizations* 20 (3): 647 – 663.

Guo, C. and Z. Zhang. 2013. "Mapping the Representational Dimensions of Nonprofit Organizations in China." *Pubilc Adminstration* 91 (2).

Hall, P. D. 1989. *The Community Foundation in America, 1914 – 1987.* In *Philanthropic Giving: Studies in Varieties and Goals*, edited by R. Magat. New York: Oxford University Press.

Hamilton, R., J. Parzen, and P. Brown. 2004. *Community Change Makers: The Leadership Roles of Community Foundations.* Chicago: Chapin Hall Center for Children at the University of Chicago.

Hammack, D. C. 1989. "Community Foundations: The Delicate Question of Purpose." In *An Agile Servant: Community by Community Foundations*, edited by R. Magat. Washington, D. C.: Foundation Center.

Hankinson, P. 2001. "Brand Orientation in the Charity Sector: A Framework for Discussion and Research." *International Journal of Nonprofit and Voluntary Sector Marketing* 6 (3): 231 – 242.

Harrow, J. and Tobias Jung. 2016. "Philanthropy and Community Development: The Vital Signs of Community Foundation?" *Community Development Journal* 51 (1): 132 – 152.

Hart, C. W. M. 1943. "The Hawthorne Experiments." *Canadian Journal of Economics* 9 (2): 150 – 163.

Hawkins, Darren G., David A. Lake, Daniel L. Nielson, and Michael J. Tierney. 2006. "Delegation under Anarchy: States, International Organizations and Principal-agent Theory." *Environmentalist* 32 (1): 1–40.

Hoyt, C. R. 1996. *Legal Compendium for Community Foundations*. Council On Foundations.

Hu, M. and C. Guo. 2016. "Fundraising Policy Reform and Its Impact on Nonprofits in China: A View from the Trenches." *Nonprofit Policy Forum* 7 (2): 213–236.

Hungerman, D. M. 2005. "Are Church and State Substitutes? Evidence from the 1996 Welfare Reform." *Journal of Public Economics* 89 (12): 2245–2267.

Izawa, M. R., Michael D. French, and Alan Hedge. 2011. "Shining New Light on the Hawthorne Illumination Experiments." *Human Factors* 53 (5): 528–547.

Jung, T., Jenny Harrow, and Susan D. Phillips. 2013. "Developing a Better Understanding of Community Foundations in the UK's Localisms." *Policy & Politics* 43 (3): 409–427.

Kania, J., Emily Gorin, and Valerie Bockstette. 2009. "Raising Money While Raising Hell: Catalytic Community Leadership and Successful Fundraising for Community Foundations." FSG Social Impact Advisors.

Keyes, L. C., A. Schwartz, A. Vidal, and R. Bratt. 1996. "Networks and Nonprofits: Opportunities and Challenges in the Era of Federal Devolution." *Housing Policy Debate* 7 (2): 201–229.

Khieng, S. and Heidi Dahes. 2015. "Resource Dependence and Effects of Founding Diversification Strategies among NGOs in Cabmodia." *Voluntas: International Journal of Voluntary and Nonprofit Organizations* (26): 1412–1437.

Kinser, Sarah E. 2009. "Caught between Two Paradigms: Changes in the Community Foundation Field and the Rhetoric of Community Foundation Websites." PhD diss., Lambuth University.

Kojima, K., J. Y. Choe, T. Ohtomo, and Y. Tsujinaka. 2012. "The Corporatist System and Social Organization in China." *Management and Organization Review* 8 (3): 609–628.

Kylander, N. and Christopher Stone. 2012. "The Role of Brand in the Nonprofit

Sector." *Stanford Social Innovation Review* 10 (2): 36 – 41.

Lai, W., J. Zhu, L. Tao, and A. J. Spires. 2015. "Bounded by the State: Government Priorities and the Development of Private Philanthropic Foundations in China." *The China Quarterly* 224: 1083 – 1092.

Lawrence, P. R. and J. W. Lorsch. 1987. "Differentiation and Integration in Complex Organization." *Administrative Science Quarterly* (12): 1 – 47.

Lawrence, P. R. 1993. "The Contingency Approach to Organization Design." *California Management Review* (29): 29 – 40.

Lema, A. and Kristian Ruby. 2007. "Between Fragmented Authoritarianism and Policy Coordination: Creating a Chinese Market for Wind Energy." *Energy Policy* 35 (7): 3879 – 3890.

Lieberthal, K. and Michel Oksenberg. 2001. *Policy Making in China: Leaders, Structures, and Processes*. Princeton: Princeton University Press.

Lindsay, G. and Alan Murphy. 1996. "Marketing the Solution Not the Problem." *Journal of Marketing Management* 12 (8): 707 – 718.

Lowe, J. S. 2004. "Community Foundation: What Do They Offer Community Development?" *Journal of Urban Affairs* 26 (2): 221 – 240.

Lu, Yiyi. 2009. *Non-governmental Organizations in China: The Rise of Dependent Autonomy*. New York: Routledge.

Lyon, L. 1987. *The Community in Urban Society*. Philadelphia: Temple University Press.

Mabey, C. and T. Freeman. 2010. "Reflections on Leadership and Place." *Policy Studies* 31 (4): 505 – 522.

Maker, S. F. 2008. *Framework for Community Leadership by a Community Foundation*. Arlington: Council on Foundations.

Malombe, J. 2000. *Community Development Foundations: Emerging Partnership*. Washington, D. C.: The World Bank.

Martin, D. G. 2004. "Nonprofit Foundations and Grassroots Organizing: Reshaping Urban Governance." *The Professional Geographer* 56 (3): 394 – 405.

Mayer, S. E. 1994. *Building Community Capacity: The Potential of Community Foundations*. Minneapolis: Rainbow Research, Inc.

McCarthy, J. D. and M. N. Zald. 1977. "Resource Mobilization and Social

Movements: A Partial Theory." *American Journal of Sociology* 23 (6): 1212 – 1241.

McKenna, K. Y. A. and John A. Bargh. 1998. "Coming Out in the Age of the Internet: Identify 'Demarginalization' through Virtual Group Participation." *Journal of Personality and Psychology* 75 (3): 681 – 694.

Midgley, J. 2003. "Social Development: The Intellectual Heritage." *Journal of International Development* 15 (7): 831 – 844.

Miller, T. L. and Curtis L. Wesley II. 2010. "Assessing Mission and Resources for Social Change: An Organizational Identity Perspective on Social Venture Capitalists' Decision Criteria." *Entrepreneurship Theory and Practice* 34 (4): 705 – 733.

National Committee for Responsive Philanthropy. 1994. *Community Foundations and the Disenfranchised: A Summary Study of Ten Top Community Foundations' Responsiveness to Low Income and Other Historically Disenfranchised Groups in America.* Washington, D. C.

Oberschall, A. 1973. *Social Conflict and Social Movements.* Englewood Cliffs: Prentice Hall.

Ostrander, S. 2007. "The Growth of Donor Control: Revisiting the Social Relations of Philanthropy." *Nonprofit and Voluntary Sector Quarterly* 36 (2): 356 – 372.

Parmar, I. 2015. "The 'Big 3' Foundations and American Global Power." *American Journal of Economics and Sociology* 74 (4): 676 – 703.

Pitcher, B. L. 1981. "The Hawthorne Experiments: Statistical Evidence for a Learning Hypothesis." *Social Forces* 60 (1): 133 – 149.

Polinger, K. J. 1979. "Communities: A Survey of Theories and Methods of Research." *Contemporary Sociology* 2 (6): 616 – 618.

Pugalis, L. 2011. "The Evolutionary 'Waves' of Place-Shaping: Pre, During and Post-recession." *Journal of Town & City Management* 2 (3): 263 – 279.

Putnam, R. D. 1995. "Tuning in, Tuning out: The Strange Disappearance of Social Capital in America." *Political Science and Politics* 28 (4): 664 – 683.

Ready, K. J. 2011. "Social Media Strategies in Nonprofit Organizations." *International Journal of Strategic Management* 11 (3): 1 – 8.

Reiner, T. A. and J. Wolpert. 1991. "The Nonprofit Sector in the Metropolitan Economy." *Economic Geography* 57 (1): 23 –33.

Ribar, David C. and Mark O. Wilhelm. 2002. "Altruistic and Joy-of-Giving Motivations in Charitable Behavior." *Journal of Political Economy.* 110 (2): 425 –457.

Roelofs, J. 1987. "Foundations and Social Change Organizations: The Mask of Pluralism." *The Insurgent Sociologist* 7 (14): 31 –72.

Ruef, M. and W. R. Scott. 1998. "A Multidimensional Model of Organizational Legitimacy: Hospital Survival in Changing Institutional Environments." *Administrative Science Quarterly* 43 (4): 877 –904.

Ružić, D. and Antun Biloš. 2011. "Social Networks as a Support of Marketing for Nonprofit Organization." *International Journal of Strategic Management* 11 (3): 179 –203.

Sacks, E. W. 2000. *The Growth of Community Foundations around the World: An Examination of the Vitality of the Community Foundation Movement.* Washington, D. C.: Council on Foundations.

Saegert, S., J. P. Thompson, and M. R. Warren, eds. 2001. *Social Capital and Poor Communities.* Russell Sage.

Salamon, Lester M. 1999. "The Nonprofit Sector at a Crossroads: The Case of America." *Voluntas: International Journal of Voluntary and Nonprofit Organazations* 10 (1): 5 –23.

Salamon, L. M., H. K. Anheier, and Associates. 1999. "Civil Society in Comparative Perspective." in *Global Civil Society: Dimensions of the Nonprofit Sector,* by Lester M. Salamon, Helmut K. Anheier, Regina List, Stefan Toepler, S. Wojciech Sokolowski and Associates. Baltimore, MD: Johns Hopkins Center for Civil Society Studies.

Saxton, G. D., Chao Guo, and William A. Brown. 2007. "New Dimensions of Nonprofit Responsiveness: The Application and Promise of Internet-Based Technologies." *Public Performance and Management Review* 31 (2): 114 –173.

Scott, W. Richard, MartinRuef, Peter J. Mendel, and Carol A. Caronna. 2000. *Institutional Change and Healthcare Organizations : From Professional Dom-*

inance to Managed Care. Chicago: University of Chicago Press.

Snow, David and Robert D. Benford. 1988. "International Social Movement Research." In *International Social Movement Research*, edited by Bert Klandermans, Hanspeter Kriesi, Sidney Tarrow. London: JAI Press.

Stake, R. E. 2005. "Qualitative Case Studies." In *The Sage Handbook of Qualitative Research*, edited by N. K. Denzin and Y. S. Lincoln. Thousand Oaks, CA: Sage Publications.

Stoecker, R. 1997. "The CDC Model of Urban Redevelopment: A Critique and an Alternative." *Journal of Urban Affairs* 19 (1): 1 – 22.

Suchman, M. C. 1995. "Managing Legitimacy: Strategic and Institutional Approaches." *Academy of Management Review* 20 (3): 571 – 610.

Sugden, R. 1982. "On the Economics of Philanthropy." *Economic Journal* 92 (36): 341 – 350.

Sullivan, H. 2007. "Interpreting Community Leadership in English Local Government." *Policy & Politics* 35 (1): 141 – 164.

Tapp, A. 1996. "Charity Brands: A Qualitative Study of Current Practice." *International Journal of Nonprofit and Voluntary Sector Marketing* 1 (4): 327 – 336.

Taylor, C. 1991. "Models of Civil Society." *Public Culture* 3 (1): 95 – 118.

Taylor, M. and D. Warburton. 2003. "Legitimacy and the Role of UK Third Sector Organizations in the Policy Process." *Voluntas: International Journal of Voluntary and Nonprofit Organizations* 14 (3): 321 – 338.

Tilly, C. 1979. "From Mobilization to Revolution." *American Historical Review* (1): 307 – 336.

Tittle, D. 1992. *Rebuilding Cleveland: The Cleveland Foundation and Its Evolving Urban Strategy*. Columbus, OH: Ohio State University Press.

Townsend, James R. 1969. *Political Participation in Communist China*. Berkeley and Los Angeles: University of California Press.

Walkenhorst, P. 2002. *Building Philanthropic and Social Capital: The Work of Community Foundations*. Germany: Verlag Bertelsmann Stiftung.

Wang, L., Elizabeth Graddy, and Donald Morgan. 2011. "The Development of Community-Based Foundations in East Asia." *Public Management Review*

13 (8): 1151 –1178.

Yin, J. S. 1998. "The Community Development Industry System: A Case Study of Politics and Institutions in Cleveland 1967 –1997. " *Journal of Urban Affairs* 20 (2): 131 –157.

后　记

　　本书的成功出版，首先得益于苏州大学人文社会科学处出版基金对本书的资助。这本书是笔者在博士学位论文的基础上修改而成。笔者对社区基金会的关注可追溯到 2016 年，当时在华东理工大学范斌教授的带领下前往上海市民政局调研。当时基金会管理处的马处长和老师就建议我们可以多关注社区基金会，基金会管理处委托我们对上海市所有的社区基金会做整体性调研，这激发了笔者对社区基金会的兴趣。社区基金会是一个很特别的组织，它既是社区社会组织，也是基金会，如果真正服务于社区可以解决很多社区治理难题。但是，社区基金会如果想真正地做到回应使命与公众期待，充分发挥优势，就需要注重筹资问题。在社会组织的慈善生态中，社区基金会的公众认知度并不很高，要从已有劝募市场中"分一杯羹"可以说既是一个技术活，也是一种艺术，值得进一步关注与研究。对此，作为组织社会学领域的研究者，笔者也期待与社区基金会一同成长，为提炼社区基金会发展模式与机制，及组织创新贡献一份力量。在此情况下，笔者对社区基金会资源动员过程给予了长期关注，并将其作为笔者的博士学位论文选题。时至今日得以出版，也算是对自己博士研究成果的一个总结。

　　当下，社区基金会已经成为创新社会治理、加强基层建设的重要力量，是"五社联动"的重要主体。如果将 2008 年作为社区基金会发展的元年，那么经过 15 年的发展，现在的社区基金会到底给社区带来了什么？在笔者看来，至少有三方面的成果值得说一说。其一，社区基金会的出现与发展回应了社区居民和社区发展的需求。社区基金会成长于社区、服务于社区，在满足社区居民多样化需求、提升社区生活品质方面做了很多工作，对社区服务增"量"提"质"发挥着积极作用。其二，社区基金会促进了社区慈善力量的壮大。在 2008 年以前，社区的慈善力量很少，主要是居民自组织及文娱团队，社区社会组织与慈善超市等慈善主体也正处于发展初期。随着社会治理理念的转变,社区基金会出现以后,社区慈善形态开始增多,特别是社区慈善基金,如社区共治金、社区自治金即是在社区基金会出现以后才广泛兴起。其三,社区基金会优化政府、市场、社会及居民间的关系。社区基金会的发展是政府放权的结果,实践中的社区基金会链接着政府、市场与各类社会组织,真实的社区情境让居民参与变得更加方便,更加低成本,为多主体协同参与基层治理创造了良好的条件。未来,相信社区基金会可以在打造社区慈善共同体、促进第三次分配社区化中做出新的探索与贡献。

在此,非常感谢本书的编辑,她们为本书的出版提供了大量帮助,提出了宝贵的意见。同时,也感谢我的夫人王小微女士一直以来的陪伴与支持,正是因为她无微不至的照顾,我才可以安心去写好这本书。此外,也要感谢为本书调研提供便利的所有学术同人。

诚然,由于笔者学术水平有限,书中难免有不足之处,恳请广大读者批评指正。

图书在版编目（CIP）数据

社区基金会资源动员的行动过程研究 / 朱志伟著. -- 北京：社会科学文献出版社，2023.2
ISBN 978 - 7 - 5228 - 1131 - 4

Ⅰ.①社… Ⅱ.①朱… Ⅲ.①社区 - 基金会 - 行动 - 研究 - 中国 Ⅳ.①D669.3

中国版本图书馆 CIP 数据核字（2022）第 220440 号

社区基金会资源动员的行动过程研究

著　者 / 朱志伟

出 版 人 / 王利民
责任编辑 / 杨桂凤
文稿编辑 / 陈彩伊
责任印制 / 王京美

出　版 / 社会科学文献出版社・群学出版分社（010）59367002
　　　　地址：北京市北三环中路甲 29 号院华龙大厦　邮编：100029
　　　　网址：www.ssap.com.cn
发　行 / 社会科学文献出版社（010）59367028
印　装 / 三河市龙林印务有限公司

规　格 / 开　本：787mm × 1092mm　1/16
　　　　印　张：16　字　数：270 千字
版　次 / 2023 年 2 月第 1 版　2023 年 2 月第 1 次印刷
书　号 / ISBN 978 - 7 - 5228 - 1131 - 4
定　价 / 118.00 元

读者服务电话：4008918866

版权所有　翻印必究